轨道交通实训课新理念新形态活页式教材

铁道供电技术实训指导

（二）接触网

主　编／游　刚　曾　洁
李　慧　王　婷
副主编／白　瑜　魏玉梅

西南交通大学出版社
·成　都·

图书在版编目（CIP）数据

铁道供电技术实训指导. 二，接触网 / 游刚等主编
. —成都：西南交通大学出版社，2023.6
轨道交通实训课新理念新形态活页式教材
ISBN 978-7-5643-9341-0

Ⅰ. ①铁… Ⅱ. ①游… Ⅲ. ①电气化铁道－接触网－高等职业教育－教学参考资料 Ⅳ. ①U223.6

中国国家版本馆 CIP 数据核字（2023）第 104791 号

Tiedao Gongdian Jishu Shixun Zhidao
(Ēr) Jiechuwang
铁道供电技术实训指导
（二）接触网

主编　游　刚　曾　洁
　　　李　慧　王　婷

责任编辑 / 张文越
封面设计 / 墨创文化

西南交通大学出版社出版发行
（四川省成都市金牛区二环路北一段 111 号西南交通大学创新大厦 21 楼　610031）
发行部电话：028-87600564　　028-87600533
网址：http://www.xnjdcbs.com
印刷：四川玖艺呈现印刷有限公司

成品尺寸　185 mm × 260 mm
印张　14.5　　字数　327 千
版次　2023 年 6 月第 1 版　　印次　2023 年 6 月第 1 次

书号　ISBN 978-7-5643-9341-0
定价　48.00 元

课件咨询电话：028-81435775
图书如有印装质量问题　本社负责退换

前言
PREFACE

本书是依据高等职业铁道供电技术专业开设的接触网课程的培养目标和特点，为了更好地利用现有实训教学设备、很好地开展理实一体化教学，积极探索出的符合企业接触网工岗位实训的指导教材。本书突破传统的教学模式，落实“课堂如职场、上课如上岗”的要求，实现“突出技能、模块培训、单项合成、岗位落标、动态评价”的培养目标，着力解决“重理论、轻实作，重课堂、轻现场”的问题，切实提高培训质量和效果，具有一定的实用性和可操作性。

本书遵循模块教学的特点，为了满足课程教学的需要，在调查分析学生面对岗位所需基本技能的基础上，突出了岗位的实作技能，加深了学生对接触网基础设备的理解，使学生熟悉接触网作业的标准化流程和检修工艺。学生通过实训，应熟悉接触网的专业工具、零部件及材料的使用要求，理解接触网图纸的设计标准，掌握接触网基础作业和检修作业的标准化流程和检修工艺。

本书在内容上分为 5 个项目，每个项目的任务按照从认知到实训的顺序编排。项目一为接触网图纸识别，如接触网平面布置图、接触网装配图的识别；项目二为接触网常用工具材料介绍，如验电器、紧线器、校正扳手、等电位线、接触线校直器的认知和使用；项目三为接触网基础作业，如巡视作业、验电作业、装配作业等；项目四为接触网检修作业，如接触网悬挂检修作业、支柱检查作业、线岔检修作业、锚段关节检修作业、附加悬挂检修作业等；项目五为接触网应急处置，如设备故障抢修作业程序、事故抢修应急处理方案、接触线断线故障处理作业、承力索断线故障处理作业等。

本书作为实训指导教材，突出了培训内容，简化了实训程序，满足了学生学习的需求。本书内容安排合理、针对性强、理论深度适中。

本书由贵阳职业技术学院游刚、曾洁、李慧、王婷任主编，白瑜、魏玉梅任副主编。其中：项目一、项目二由曾洁、李慧两人共同编写，项目三由游刚、王婷、白瑜三人共同编写；项目四由游刚、白瑜、魏玉梅三人共同编写，项目五由曾洁、李慧、王婷三人共同编写，附录由游刚编写。

本书在编写过程中得到了有关人士的大力帮助和指导，特别是来自现场从事接触网运行检修维护技术人员、捷安高科等有关单位的大力支持和帮助，专家张天平、李佳、潘旭东、刘自祥、张丹、梅飞对本书的编写提出了宝贵意见，在此一并表示感谢。

由于编者水平有限，书中不妥之处在所难免，欢迎广大读者提出宝贵意见和建议。

编　者

2023 年 3 月

目录
CONTENTS

项目一 接触网图纸识别

任务一 接触网平面布置图识别

一、实训目的

（1）认识接触网平面布置图图例符号意义。

（2）掌握接触网平面布置图识别能力。

二、思政目标

（1）树立标准化作业意识。

（2）具有团队合作、深入细致的工作精神。

（3）树立大局观念、时间观念，吃苦耐劳的精神。

三、理论链接

接触网平面布置图是接触网施工的主要依据，它以图例的形式，反映了接网布置情况，铁路线路情况，沿线地质情况，接触网设备的种类、类型、数量及其安装位置等，如图 1-1-1 所示。接触网平面布置图分为站场平面布置图、区间平面布置图、隧道平面布置图。接触

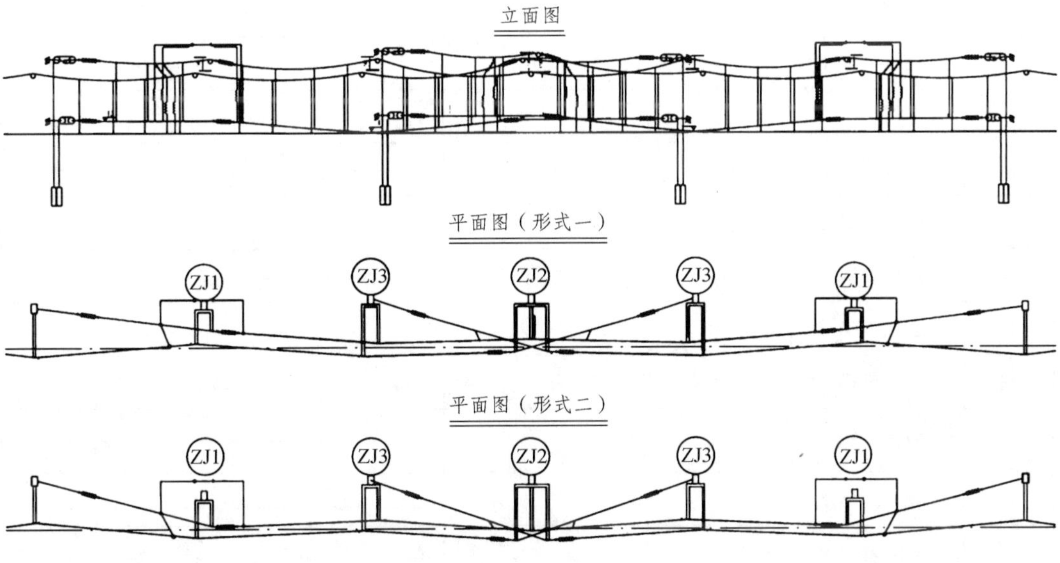

图 1-1-1 接触网平面布置图（单位：mm）

网平面布置图是按照一定的比例缩小的俯视图，一般车站按 1∶1000 的比例缩小，区间按 1∶2000 的比例尺缩小。接触网平面布置图是接触网最基本的图纸。

从平面布置图里可以查到支柱的位置、支柱间的跨距、侧面限界、基础类型、支柱类型、悬挂类型、腕臂装配图号、下锚安装图号、附加线安装图号、接地情况等。所以了解和掌握接触网平面布置图非常重要。

从以下几个方面了解接触网平面布置图：

1. 图例

在接触网平面布置图中，铁路线路及设备、接触网布置等用规定的图例符号来表示，其内容如表 1-1-1 所示：

表 1-1-1　接触网平面布置图图例

（1）本标准适用于一般的站场及区间接触网平面。
（2）本标准采用的线条宽度规定为以下三种：
① 粗型　宽度为 0.9 mm；
② 中型　宽度为 0.6 mm；
③ 细型　宽度为 0.3 mm。
（3）符号中所注尺寸单位为 mm，适用比例尺 1∶1000 及 1∶2000 的接触网平面。
（4）规定符号如下。

序号	名称	符号
1	电化的正线(区间图中允许用中型线条)	（粗）
2	电化的站线及段管线等	（中）
3	非电化既有线路	（中）
4	预留线路	（细）
5	接触悬挂非工作支、供电线及分区亭引出线	（细）
6	加强线	（细）
7	回流线	（细）
8	正馈线(AF 线)	（细）
9	保护线(PW 线)	（细）
10	架空线(GW 线)	（细）
11	接触线硬锚、供电线及分区亭引出线下锚	
12	承力索硬锚	
13	接触线补偿下锚	
14	承力索补偿下锚	

续表

15	链形悬挂硬锚	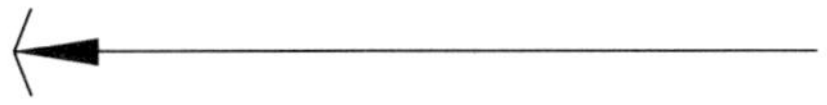
16	半补偿链形悬挂下锚	
17	全补偿链形悬挂下锚	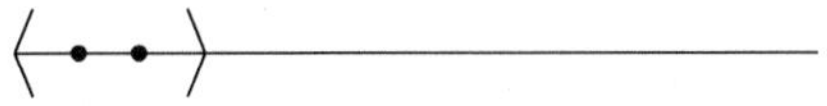
18	加强线下锚	
19	回流线下锚	
20	正馈线(AF)下锚	
21	保护线(PW)下锚	
22	架空线(GW)下锚	
23	区间曲线及其头尾	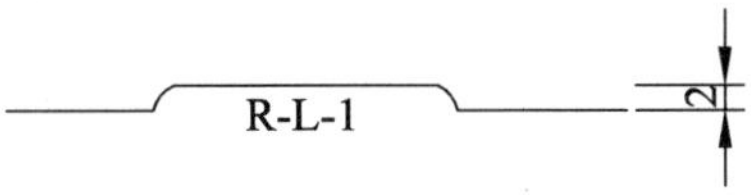
24	站场曲线及其头尾	
25	拉出值 300 mm	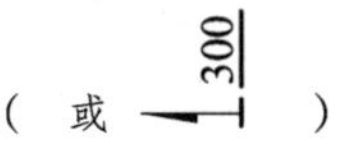
26	拉出值 150 mm	
27	区间单线腕臂钢筋混凝土柱	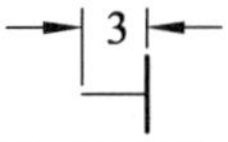
28	区间单线腕臂钢柱	
29	站场单线腕臂钢筋混凝土柱	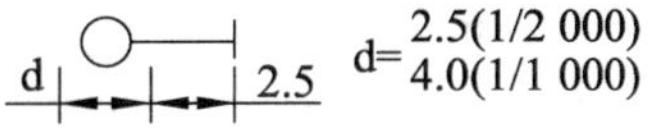
30	站场单线腕臂钢柱	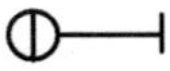
31	站场单线定位钢筋混凝土柱	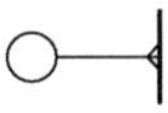
32	站场双线腕臂钢柱	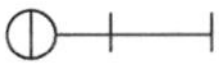
33	站场钢筋混凝土柱软横跨	
34	站场钢柱软横跨	
35	站场钢柱硬横跨	
36	非绝缘关节	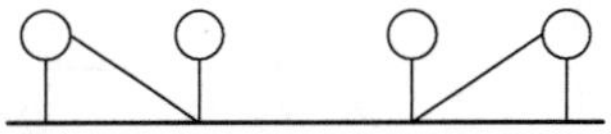
37	绝缘关节	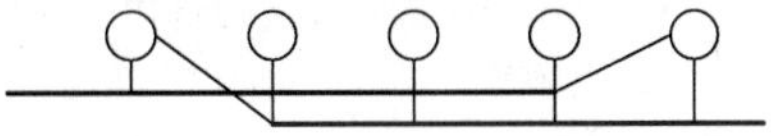

续表

38	站场全补偿链形悬挂中心锚结（虚线为锚结拉线）	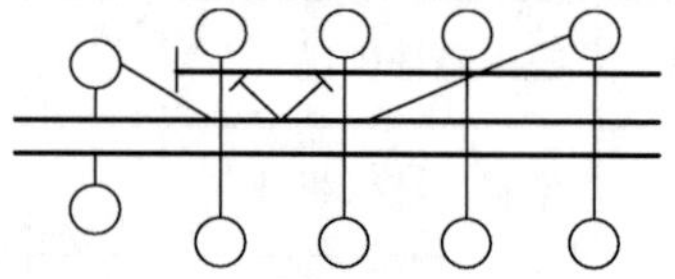
39	半补偿链形悬挂中心锚结、简单悬挂中心锚结	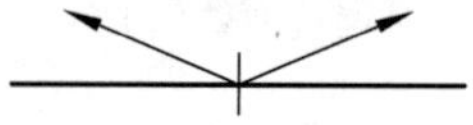
40	区间全补偿链形悬挂中心锚结	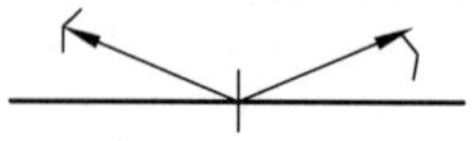
41	分段绝缘子串	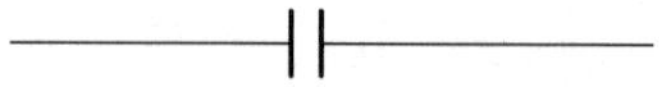
42	分段绝缘器	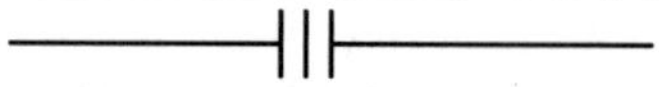
43	分相绝缘器（三根绝缘棒）	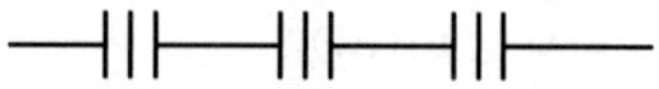
44	股道间电连接	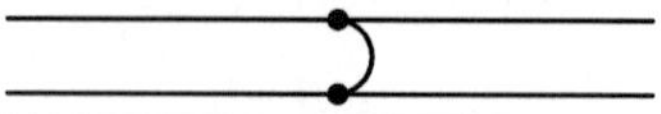
45	常开隔离开关	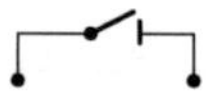
46	常合隔离开关	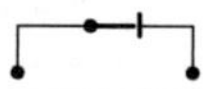
47	带分的带接地刀闸的隔离开关	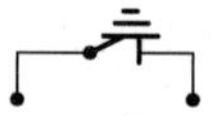
48	带合的带接地刀闸的隔离开关	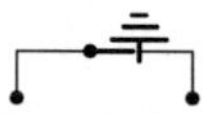
49	管形避雷器	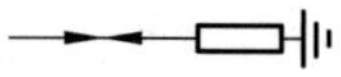
50	区间隧道	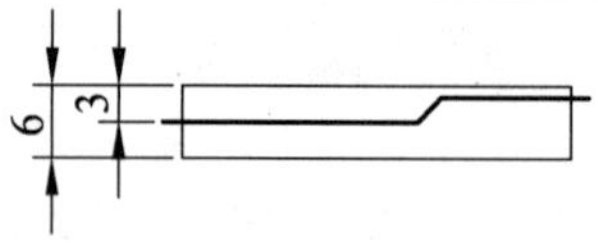
51	站场隧道	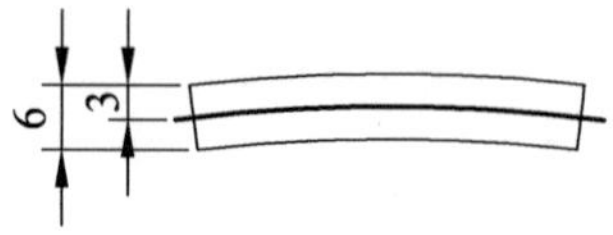
52	隧道内非绝缘关节（全补偿悬挂下锚）	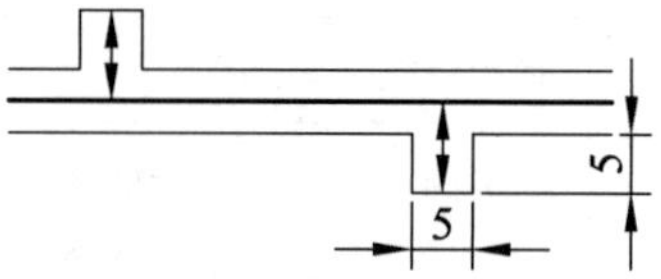
53	隧道内绝缘关节（全补偿悬挂下锚）	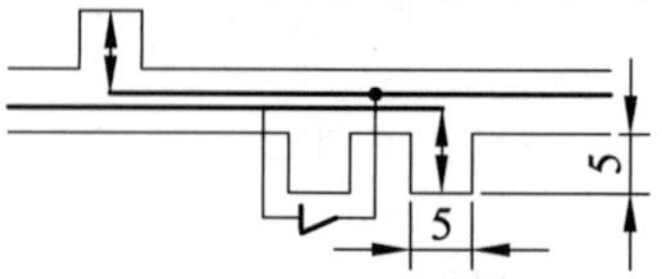
54	上承式栓焊桥梁及设计电化线路在上面的立交桥、拱桥等	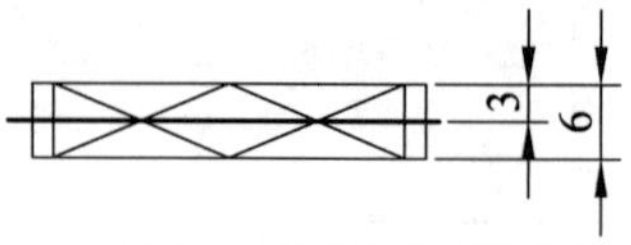

续表

55	下承式栓焊桥梁	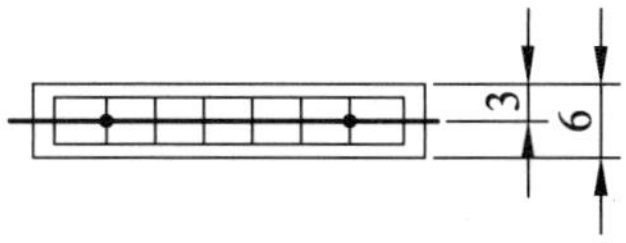
56	小桥、涵渠	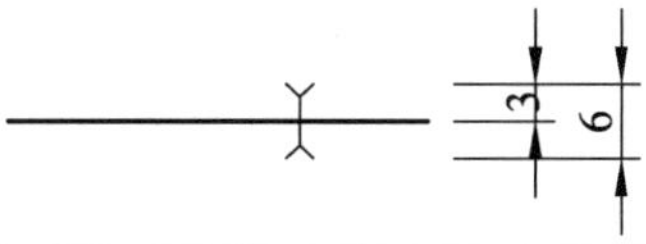
57	设计电化线路在下面的立交桥	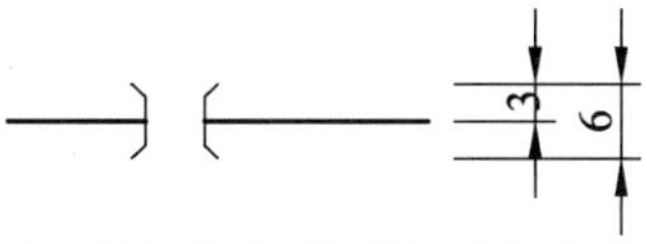
58	架空水槽、水管	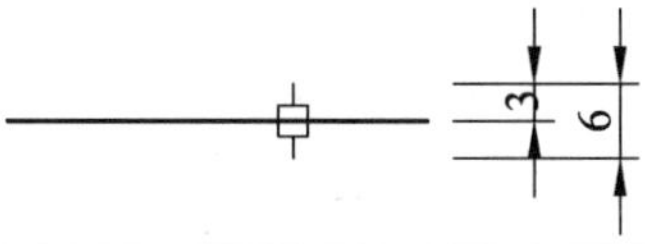
59	天桥	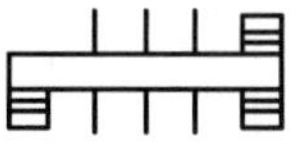
60	地道	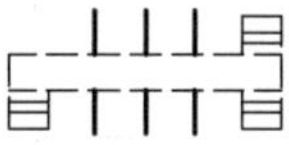
61	渗沟	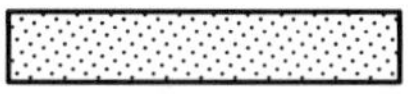
62	雨棚	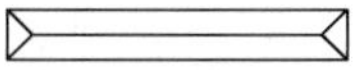
63	仓库	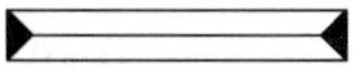
64	站房	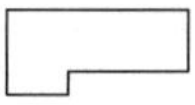
65	路肩挡墙	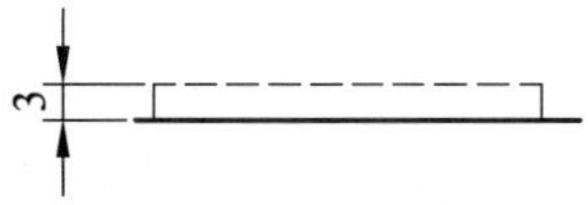
66	托盘式路基墙	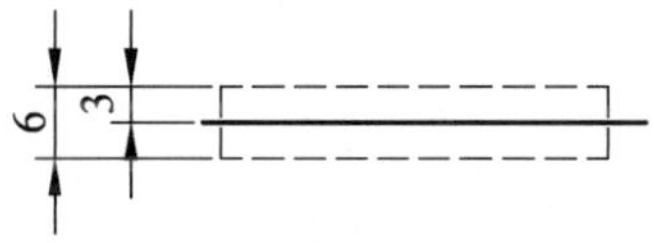
67	有限界门的平交道	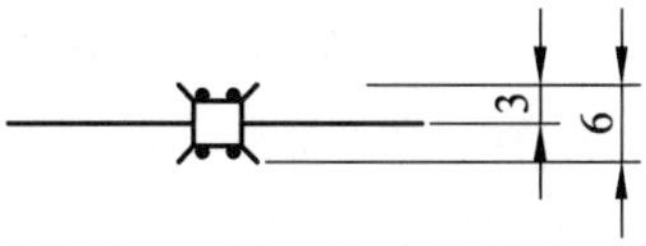
68	区间长(短)链标记	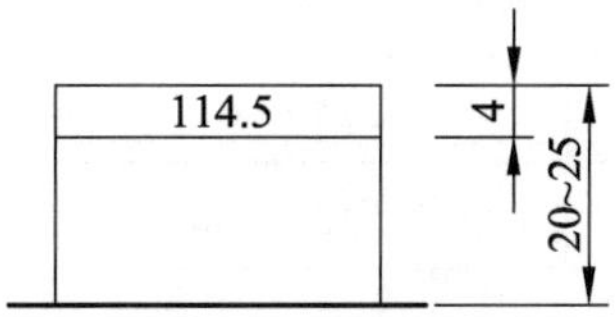
69	回流线跨越接触悬挂	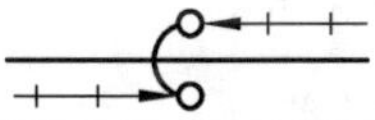
70	吸上线位置	

续表

71	吸流变压器	
72	水鹤	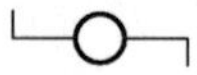
73	进站高柱色灯信号机	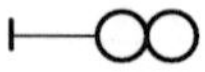
74	通过高柱色灯信号机	
75	区间公里标	
76	机车检查坑	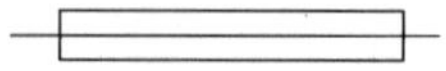
77	接触网起测点	
78	接触网工区	
79	区间横向电连接	
80	扼流变压器	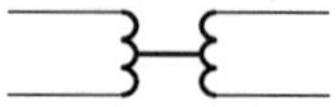
81	AT 区段双极隔离开关	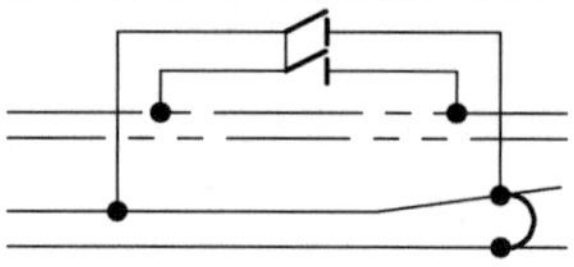
82	AT 区段区间 AEPW 线在钢柱上悬挂	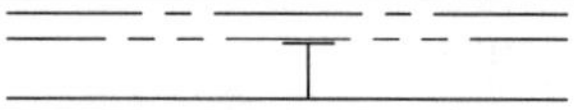
83	AT 区段区间 AEPW 线在钢筋混凝土柱上悬挂	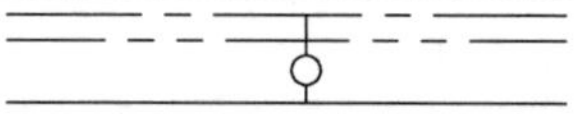
84	AT 区段站场 AEPW 线在钢筋混凝土柱上悬挂	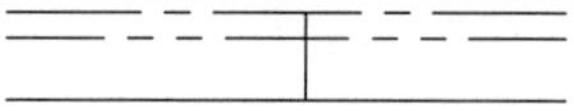
85	架空线在站场钢筋混凝土柱上悬挂	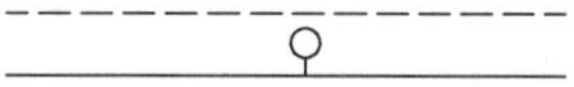
86	AT 区段 AEPW 线在钢筋混凝土柱上下锚	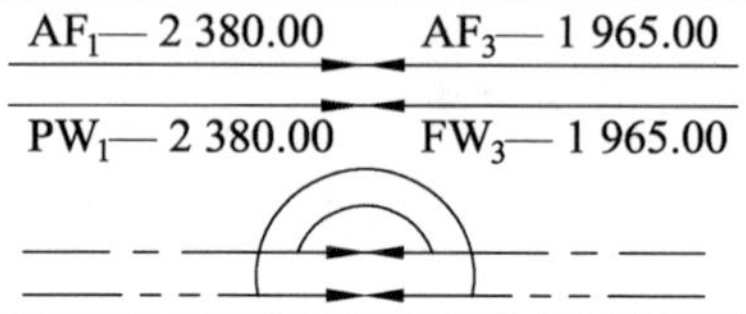
87	接触悬挂锚段下锚	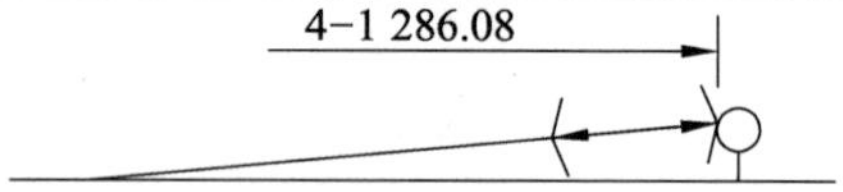
88	道岔想好及编号	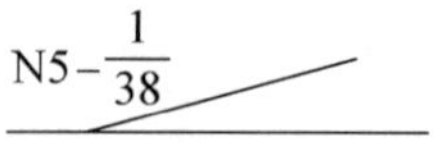
89	跨距长度(m)	65
90	土壤安息角	30°
91	土壤承压力(MPa)	200
92	火花间隙	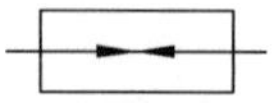
93	放电器	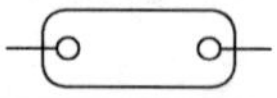
94	接地极	

2. 说明

拿到图纸后首先要看说明，了解其原则。说明的主要内容有：

①接触悬挂类型。

②接触悬挂导线类型。

③接触悬挂工作支接触线高度。

④其他说明：如接地、定位器采用等。

四、实训要求

（1）实训时间：根据课程标准设置要求。

（2）实训形式：实习指导教师统一讲解示范，学生分组练习，综合考核。

（3）准备工作：接触网平面布置图。

（4）作业安全注意事项：无。

五、实训作业步骤

1. 作业流程（如图 1-1-2 所示）

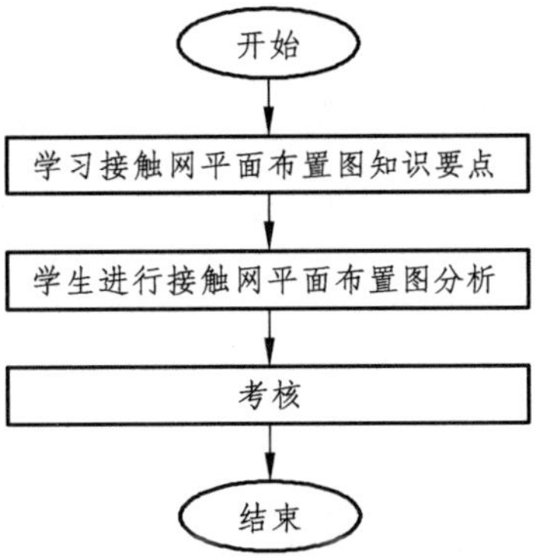

图 1-1-2　作业流程

2. 作业步骤（如表 1-1-2 所示）

表 1-1-2　作业步骤

序号	作业步骤
1	指导教师讲解接触网平面布置图知识要点
2	跟随指导教师，学习接触网平面布置图主要内容
3	学生按照要求对接触网平面布置图进行分析
4	完成实训报告，回答思考题

六、实训考核标准

识别接触网平面图的类型，并按照要求说明表中符号的名称或意义，具体考核评价表见表 1-1-3 所示：

表 1-1-3　考核评价表

<table>
<tr><td colspan="8">项目及配分</td><td>扣分</td><td>得分</td></tr>
<tr><td rowspan="9">识图</td><td rowspan="9">100</td><td colspan="6">说明：
①不能判断站场或区间平面图扣 10 分；
②每个符号不能说明设备名称或意义扣 5 分；
③损坏图纸立即停止作业，为失败；
④每个符号回答时间为 1 min。</td><td></td><td></td></tr>
<tr><td>编号</td><td>1</td><td>2</td><td>3</td><td>4</td><td>5</td><td></td><td></td></tr>
<tr><td>名称或意义</td><td></td><td></td><td></td><td></td><td></td><td></td><td></td></tr>
<tr><td>编号</td><td>6</td><td>7</td><td>8</td><td>9</td><td>10</td><td></td><td></td></tr>
<tr><td>名称或意义</td><td></td><td></td><td></td><td></td><td></td><td></td><td></td></tr>
<tr><td>编号</td><td>11</td><td>12</td><td>13</td><td>14</td><td>15</td><td></td><td></td></tr>
<tr><td>名称或意义</td><td></td><td></td><td></td><td></td><td></td><td></td><td></td></tr>
<tr><td>编号</td><td>16</td><td>17</td><td>18</td><td>19</td><td>20</td><td></td><td></td></tr>
<tr><td>名称或意义</td><td></td><td></td><td></td><td></td><td></td><td></td><td></td></tr>
<tr><td>合计</td><td>100</td><td colspan="6"></td><td></td><td></td></tr>
</table>

七、思考题

（1）接触网平面布置图设计要求是什么？

（2）如果设计一个五跨绝缘锚段关节的接触网平面布置图，该如何设计？

任务二　接触网装配图识别

一、实训目的

（1）认识接触网结构的设备。

（2）了解接触网结构设备组成部分。

二、思政目标

（1）树立标准化作业意识。

（2）具有团队合作、深入细致的工作精神。

（3）树立大局观念、时间观念，吃苦耐劳的精神。

三、理论链接

1. 腕臂支撑装置

分为钢腕臂支撑装置（G 型）和铝合金腕臂支撑装置（L 型），其中钢腕臂支撑装置根据管材分为直焊缝钢管腕臂支撑装置（ZG 型）和无缝钢管腕臂支撑装置（WG 型），如图 1-2-1 所示。

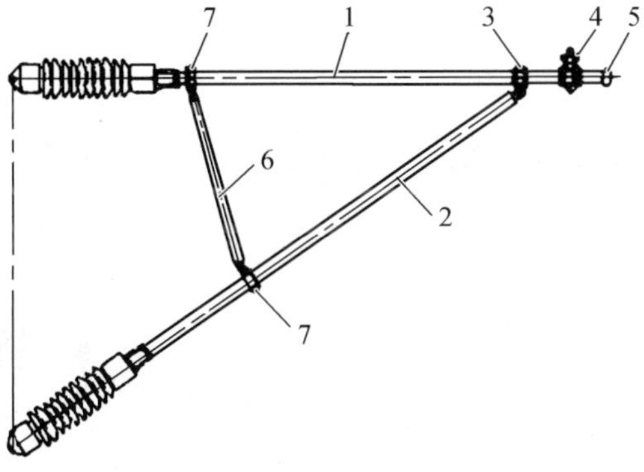

图 1-2-1　钢腕臂支撑装置（G 型）

图 1-2-1 中图注 1、2、3、4、5、6、7 零件名称详见表 1-2-1 所示。

铝合金腕臂支撑装置平腕臂和斜腕臂连接的方式有两种，分别为套管座连接和套管单耳连接方式，如图 1-2-2 所示。

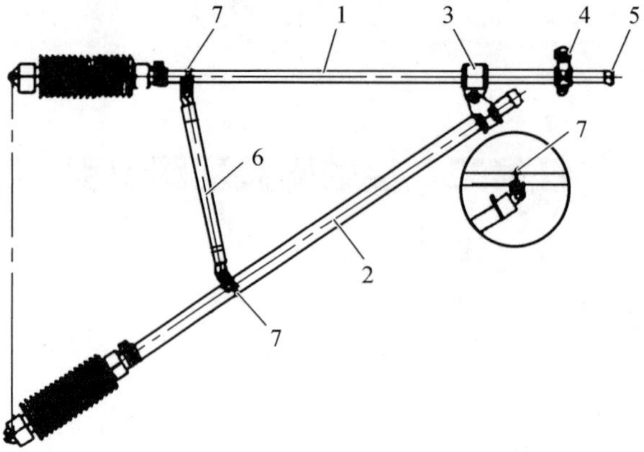

图 1-2-2　铝合金腕臂支撑装置(L 型)

图 1-2-2 中图注 1、2、3、4、5、6、7 零件名称详见表 1-2-1 所示。

腕臂支撑装置组成，如表 1-2-1 所示。

表 1-2-1　腕臂支撑装置零件一览表

型号		零件 1	零件 2	零件 3	零件 4	零件 5	零件 6	零件 7	零件 8
G	ZG	PZG 型平腕臂	XZG 型斜腕臂	G 型套管双耳	G 型承力索座	管帽	G 型支撑管卡子	G 型支撑管卡子	—
	WG	PWG 型平腕臂	XZG 型斜腕臂	G 型套管双耳	G 型承力索座	管帽	G 型支撑管卡子	G 型支撑管卡子	—
L		PL 型平腕臂	XL 型斜腕臂	套管座	L 型承力索座	管帽	L 型支撑	L 型套管单耳	套管双耳

2. 限位定位装置

腕臂结构按限位定位装置分为铝合金定位器管(L 型)及钢定位器管(G1、G2 型)两类，如图 1-2-3～图 1-2-5 所示。

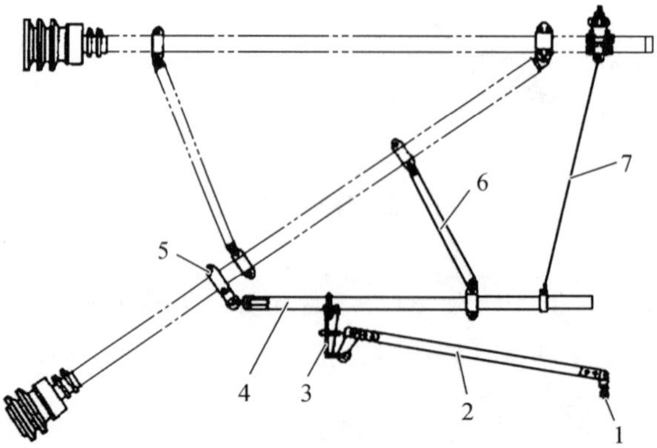

图 1-2-3　L 型限位定位装置安装示意图

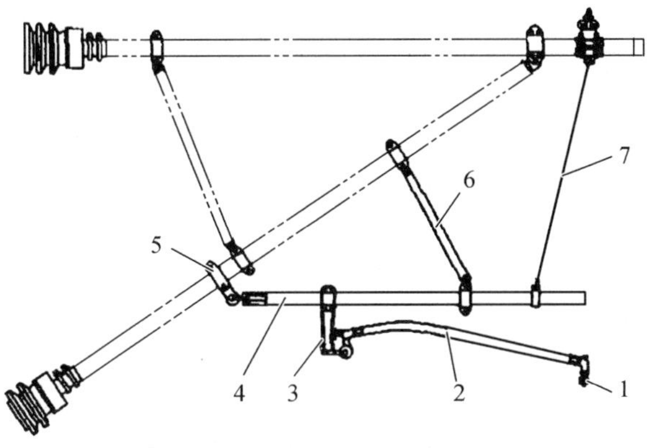

图 1-2-4　G1 型限位定位装置安装示意图

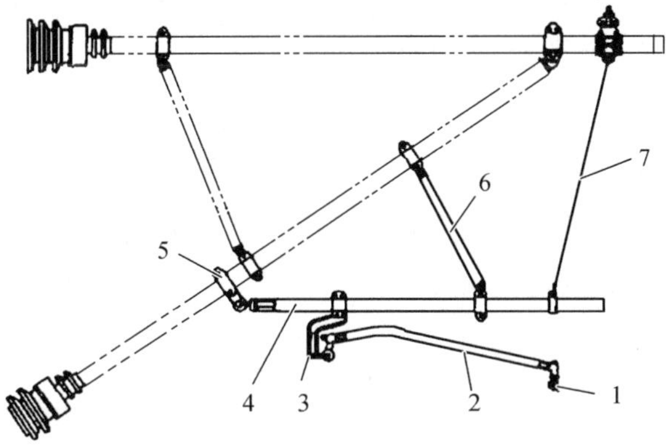

图 1-2-5　G2 型限位定位装置安装示意图

图 1-2-3～图 1-2-5 中图注 1、2、3、4、5、6、7 零件名称详见表 1-2-2 所示。

软横跨结构按限位定位装置分为铝合金定位器管（L 型）及钢定位器管（RG 型）两类，如图 1-2-6、图 1-2-7 所示。

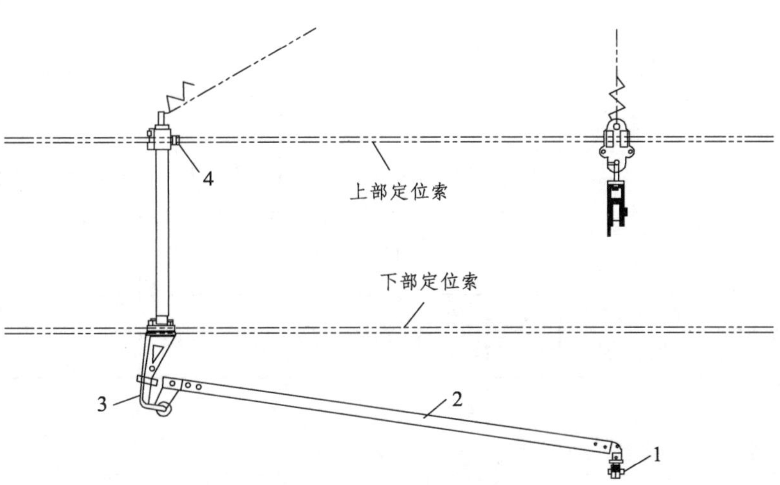

图 1-2-6　RL 型限位定位装置安装示意图

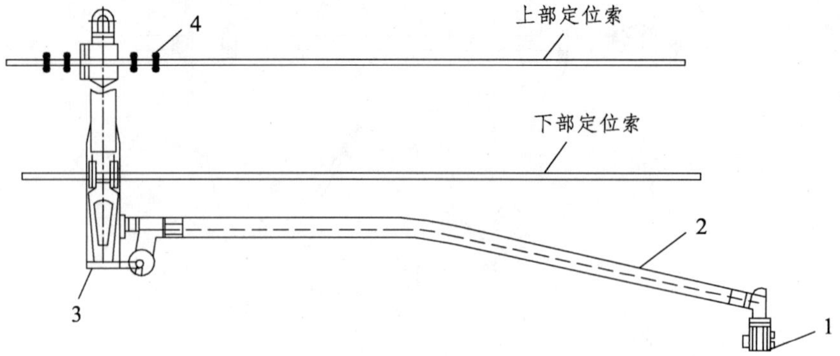

图 1-2-7 RG 型限位定位装置安装示意图

图 1-2-6、图 1-2-7 中图注 1、2、3、4 零件名称详见表 1-2-2 所示。
限位定位装置组成，如表 1-2-2 所示。

表 1-2-2 限位定位装置零件一览表

型号	零件 1	零件 2	零件 3	零件 4	零件 5	零件 6	零件 7
L1z	定位线夹	L 型限位定位器	L 型定位支座	G 型定位管	定位环	G 型定位管支撑	—
L1d	定位线夹	L 型限位定位器	L 型定位支座	G 型定位管	定位环	—	定位管吊线+定位管卡子
L2z	定位线夹	L 型限位定位器	L 型定位支座	L 型定位管	套管单耳+旋转双耳	L 型定位管支撑	—
L2d	定位线夹	L 型限位定位器	L 型定位支座	L 型定位管	套管单耳+旋转双耳	—	定位管吊线+吊线固定钩
G1z	定位线夹	G 型限位定位器	G1 型定位支座	G 型定位管	定位环	G 型定位管支撑	—
G1d	定位线夹	G 型限位定位器	G1 型定位支座	G 型定位管	定位环	—	定位管吊线+定位管卡子
G2z	定位线夹	G 型限位定位器	G2 型定位支座	G 型定位管	定位环	G 型定位管支撑	—
G2d	定位线夹	G 型限位定位器	G2 型定位支座	G 型定位管	定位环	—	定位管吊线+定位管卡子
RL	定位线夹	L 型限位定位器	RL 型定位支座	钢线卡子	—	—	—
RG	定位线夹	RG 型限位定位器	RG 型定位支座	钢线卡子	—	—	—

3. 非限位定位装形式

工作支非限位定位装置，如图 1-2-8～图 1-2-14 所示。

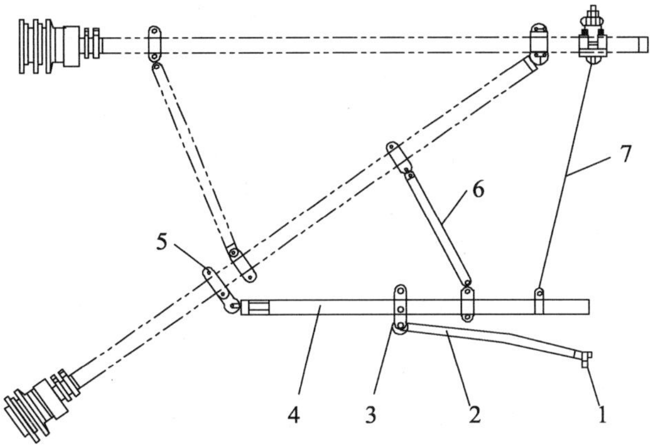

图 1-2-8　ZL、ZG 型工作支非限位定位装置安装示意图

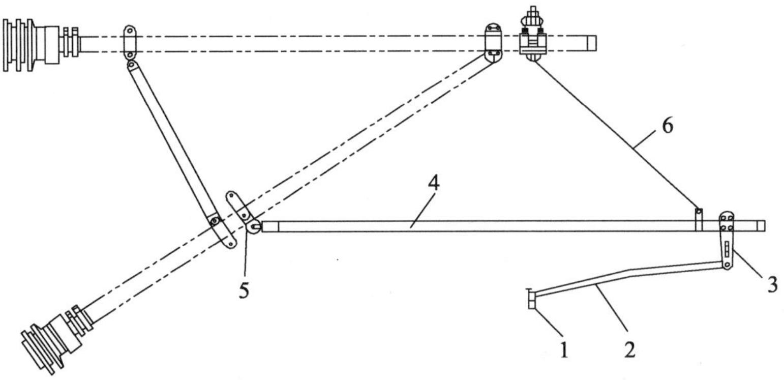

图 1-2-9　FL、FG 型工作支非限位定位装置安装示意图

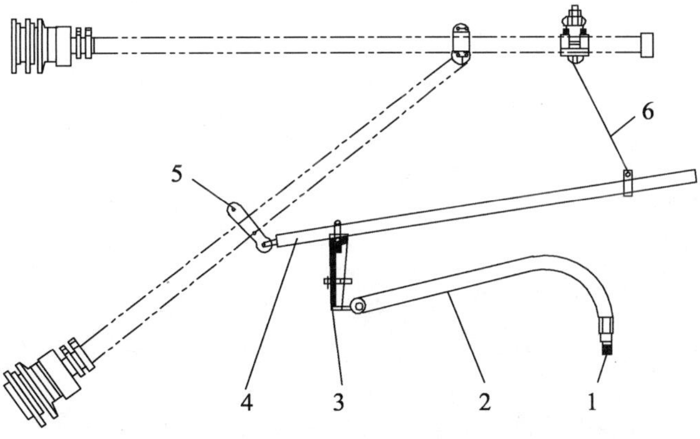

图 1-2-10　TL、TG 型工作支非限位定位装置安装示意图

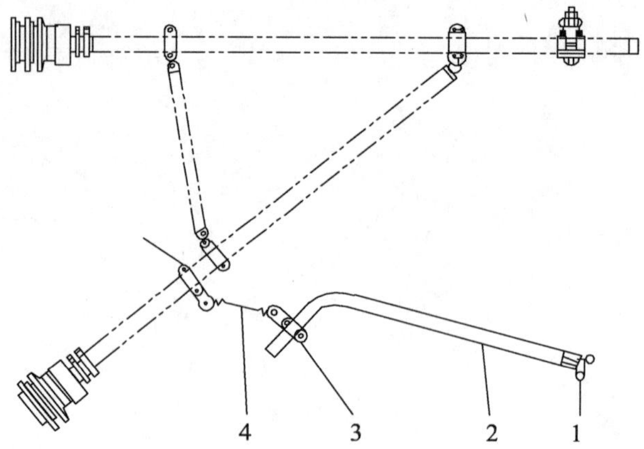

图 1-2-11　RDL、RDG 型工作支非限位定位装置安装示意图

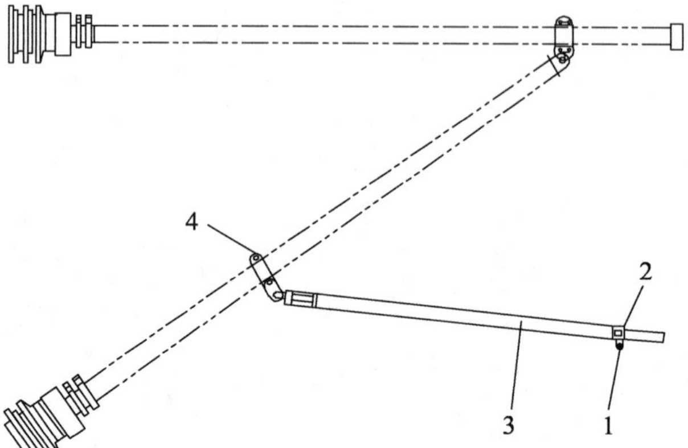

图 1-2-12　ZC1、ZC2 型工作支非限位定位装置安装示意图

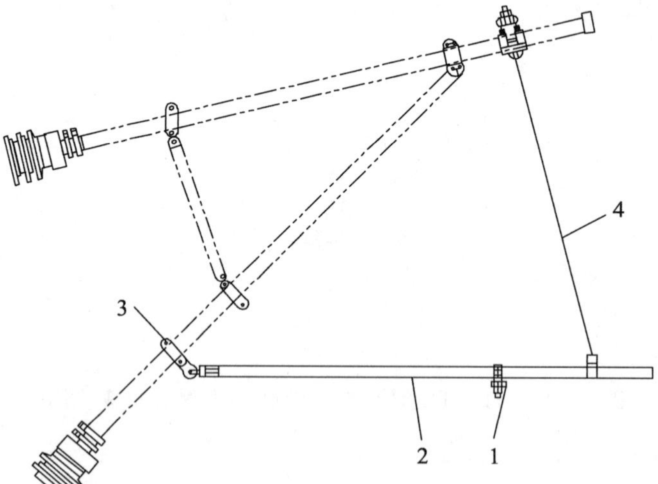

图 1-2-13　FG 型非工作支定位装置安装示意图

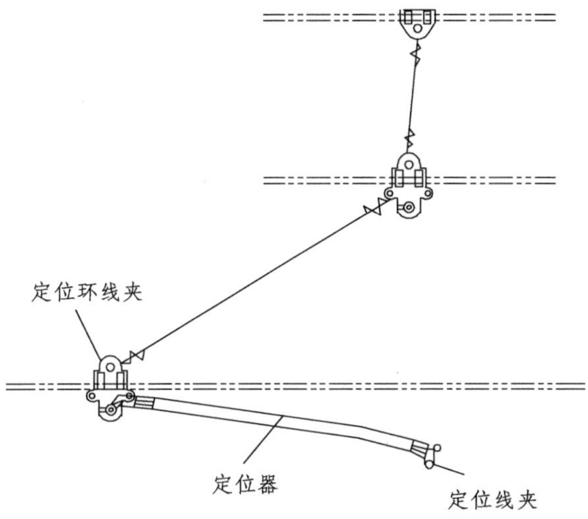

图 1-2-14　RHL、RHG 型软横跨非限位定位装置安装示意图

图 1-2-8～图 1-2-14 中图注 1、2、3、4 零件名称详见表 1-2-3 所示。

非限位定位装置组成，如表 1-2-3 所示。

表 1-2-3　非限位定位装置零件一览表

型号	零件 1	零件 2	零件 3	零件 4	零件 5	零件 6	零件 7
ZLz	定位线夹	L 型定位器	48 型定位环	定位管	60 型定位环	定位管支撑	—
ZLd	定位线夹	L 型定位器	48 型定位环	定位管	60 型定位环	—	定位管吊线+定位管卡子
ZGz	定位线夹	G 型定位器	48 型定位环	定位管	60 型定位环	定位管支撑	—
ZGd	定位线夹	G 型定位器	48 型定位环	定位管	60 型定位环	—	定位管吊线+定位管卡子
FL	定位线夹	L 型定位器	48 型长定位环	定位管	60 型定位环	定位管吊线+定位管卡子	—
FG	定位线夹	G 型定位器	48 型长定位环	定位管	60 型定位环	定位管吊线+定位管卡子	—
TL	定位线夹	TL 型定位器	L 型定位支座	定位管	60 型定位环	定位管吊线+定位管卡子	—
TG	定位线夹	TG 型定位器	TG 型定位支座	定位管	60 型定位环	定位管吊线+定位管卡子	—
RDL	定位线夹	L 型软定位器	34 型定位环	软定位器拉线	60 型定位环	—	—
RDG	定位线夹	G 型软定位器	34 型定位环	软定位器拉线	60 型定位环	—	—
ZC1	定位线夹	支撑器	定位管	60 型定位环	—	—	—

续表

型号	零件 1	零件 2	零件 3	零件 4	零件 5	零件 6	零件 7
ZC2	定位线夹	长支持器	定位管	60 型定位环	—	—	—
FGG	G 型锚支定位卡子	G 型定位管	60 型定位环	定位管吊线+定位管卡子	—	—	—
FGL	L 型锚支定位卡子	L 型定位管	套管单耳+旋转双耳	定位管吊线+吊线固定钩	—	—	—
RHL	定位线夹	L 型定位器	定位环线夹	—	—	—	—
RHG	定位线夹	G 型定位器	定位环线夹	—	—	—	—

四、实训要求

（1）实训时间：根据课程标准设置要求。

（2）实训形式：实习指导教师统一讲解示范，学生分组练习，综合考核。

（3）准备工作：接触网平面布置图。

（4）作业安全注意事项：无。

五、实训作业步骤

1. 作业流程（如图 1-2-15 所示）

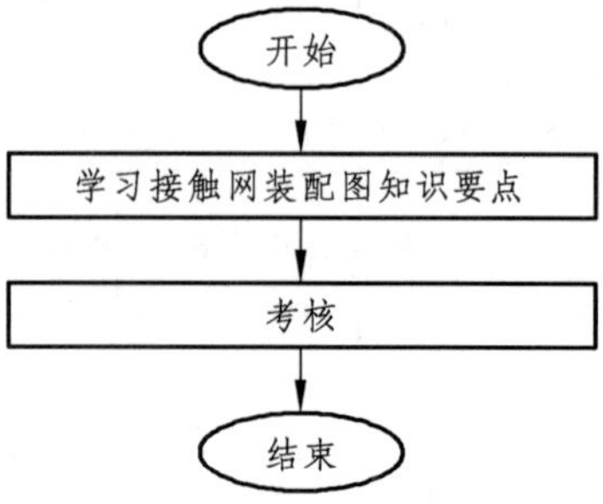

图 1-2-15　作业流程

2. 作业步骤（如表 1-2-4 所示）

表 1-2-4　作业步骤

序号	作业步骤
1	指导教师讲解接触网装配图知识要点
2	跟随指导教师，学习接触网装配图主要内容
3	考核接触网装配图知识点
4	完成实训报告，回答思考题

六、实训考核标准(如表 1-2-5 所示)

表 1-2-5　实训考核标准

项目	考核内容及评分标准	配分	扣分情况
识图	1. 识别是哪种设备的装配图，无法识别扣 10 分;	10	
	2. 了解设备组成部分，少一项扣 5 分	90	
总　分		100	

七、思考题

(1) 定位支撑设备有几种类型?

(2) 装配图上的图号命名规则是什么?

项目二

接触网常用工具材料介绍

任务一　接触网常用工具介绍

一、实训目的

（1）认识接触网常用的工具。

（2）掌握接触网常用工具的使用方法和注意事项。

二、思政目标

（1）树立标准化作业意识。

（2）具有团队合作、深入细致的工作精神。

（3）树立大局观念、时间观念，吃苦耐劳的精神。

三、理论链接

在接触网作业中，为了保证作业安全和效率，经常需要用到各类型的工具，常用工具一般分为：防护类工具、登高类工具、测量类工具、校正类工具、绝缘类工具、仪表类工具、紧线类工具、接线类工具、其他工具。

本任务主要对作业中常用的馈线紧线器、导线校正扳手、倒角刀、等电位线、非接触式验电器、接触线校直器等工具进行介绍。

1. 馈线紧线器（如图 2-1-1 所示）

图 2-1-1　馈线紧线器

1) 概述

本工具用于接触网各类线材的长度的调整，适用于 35～150 m 承力索、20～35 m 供电馈线、4～22 m 补偿绳等接触网导线长度的调整。

2) 配套工具

导线切刀、线夹、力矩扳手

3) 使用方法

①在使用紧线器前，请先确认紧线器的额定张力是否大于需要紧线的张力值，确保需要紧线张力值在紧线器额定工作张力以内；

②针对不同材质的导线选用相应的紧线器，导线的直径要在紧线器的标准紧线范围以内；

③打开紧线器的防滑安全挡板，将导线放入紧线器槽内；

④关闭紧线器的防滑安全挡板，确保导线已完全入槽；

⑤将紧线器挂环与手扳葫芦相连。

2. 导线校正扳手（如图 2-1-2 所示）

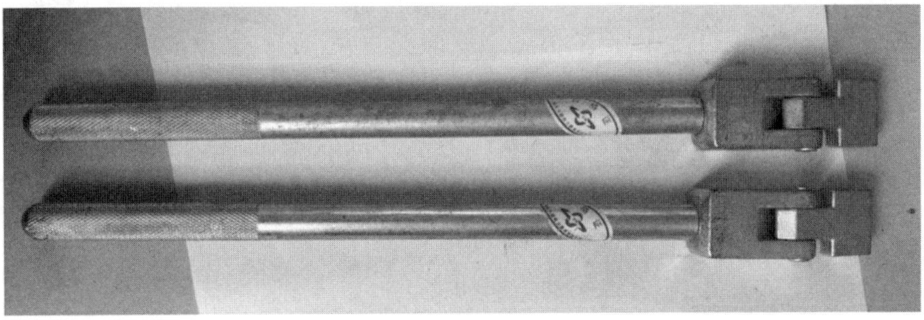

图 2-1-2 导线校正扳手

1) 概述

本工具用于调整、校正接触网导线扭面，消除硬点。

2) 使用方法

①使用前，检查校正部位无裂痕、无碰伤、无变形；

②当导线扭弯变形时，两把扳手配合使用，确认扳手入槽，绕导线中轴线扭面消除。

3) 注意事项

①使用过程中严禁敲击导线，切不能伤及导线面；

②在扭动扳手时，要确认入槽，防止滑脱伤人。

3. 倒角刀（如图 2-1-3 所示）

1) 概述

本工具适用于各种 10 kV 以下、外径为 35～300 mm 的架空电缆绝缘层的剥除。

图 2-1-3　倒角刀

2）使用说明

①操作简单：螺旋式（左螺旋或右螺旋）；

②刀刃可调整深度最大值为 2 mm，调整的旋钮刻画为 0～0.9 mm，每个刻画进刀深度为 0.1 mm；

③刀刃可随时在前进过程中调节深度；

④刀刃最低硬度：52HRC；

⑤刀刃可更换。

4. 等电位线（如图 2-1-4 所示）

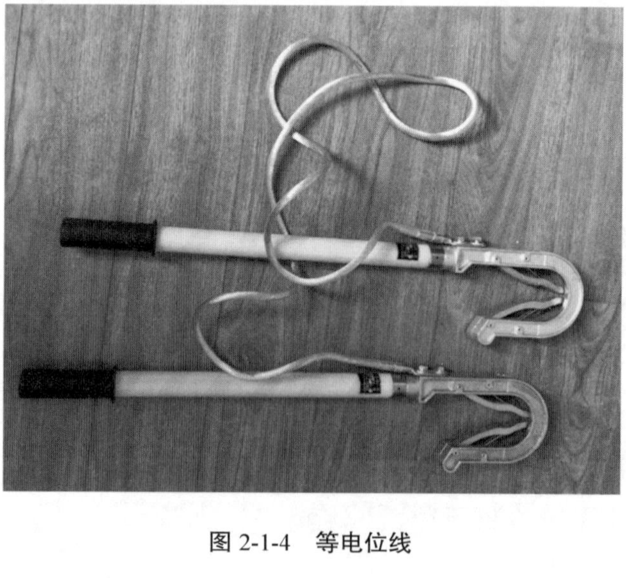

图 2-1-4　等电位线

1）概述

本工具用于绝缘两侧等电位，消除感应电。

2）使用方法

①连接时，应先连接低压侧，再连接高压侧。

②拆除时，应先拆除高压侧，再拆除低压侧。

3）注意事项

①装设时，人体不得触及等电位线本体；

②每次使用前，须认真检查有无损坏，并用清洁干燥的抹布擦拭有效绝缘部分后，再用 2500 V 兆欧表分段测量（电极宽 2 cm，极间距 2 cm）有效绝缘部分的绝缘电阻，不得低于 100 MΩ，或测量整个有效绝缘部分的绝缘电阻不低于 10,000 MΩ；

③应存放在室内并离地存放，室内要保持清洁、干燥、通风良好，并采取防潮措施；

④在运输和使用中要经常保持清洁干燥，切勿损伤，其管口要密封。

5. 非接触式验电器（如图 2-1-5 所示）

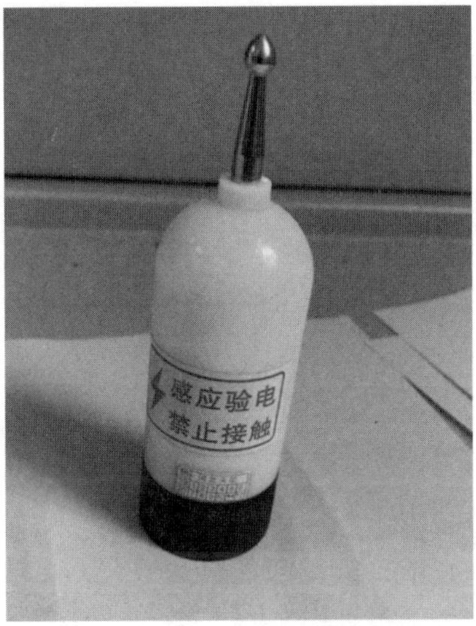

图 2-1-5　非接触式验电器

1）使用要求

①本工具具有自检和抗干扰功能，自检时具有声、光等信号显示；

②验电前自检良好后，现场检查确认声、光信号显示正常（有条件的，可在同等电压等级带电设备上检查其性能），然后再在停电设备上验电。

2）注意事项

①每次使用前，须认真检查有无损坏，并用清洁干燥的抹布擦拭有效绝缘部分后，再用 2500 V 兆欧表分段测量（电极宽 2 cm，极间距 2 cm）有效绝缘部分的绝缘电阻，不得低于 100 MΩ，或测量整个有效绝缘部分的绝缘电阻不低于 10 000 MΩ；

②应存放在室内并离地存放，室内要保持清洁、干燥、通风良好，并采取防潮措施；
③在运输和使用中要经常保持清洁干燥，切勿损伤，其管口要密封。

6. 接触线校直器（如图 2-1-6 所示）

图 2-1-6　接触线校直器

1）概述

本工具适用于 85～150 mm^2 接触线的校直作业。

2）使用方法

①转动手轮打开装置，如图 2-1-7 所示；

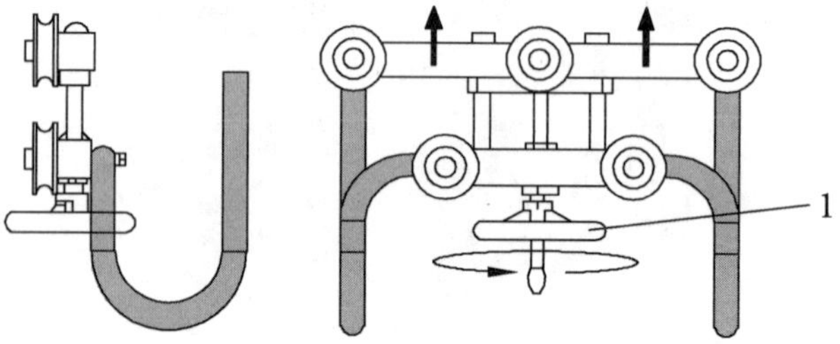

图 2-1-7　步骤

②把三个轮子放在靠近弯曲接触线附近，如图 2-1-8 所示；

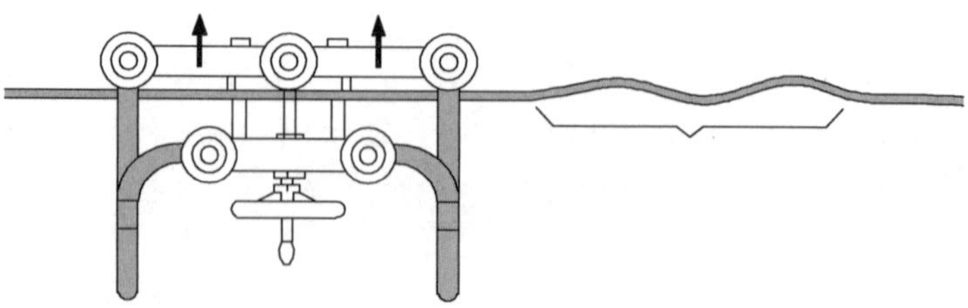

图 2-1-8　步骤

③转动手轮关闭下面两个轮子直到将接触线推到校直器，只需将接触线推到可以使轮子方便移动即可，如图 2-1-9 所示；

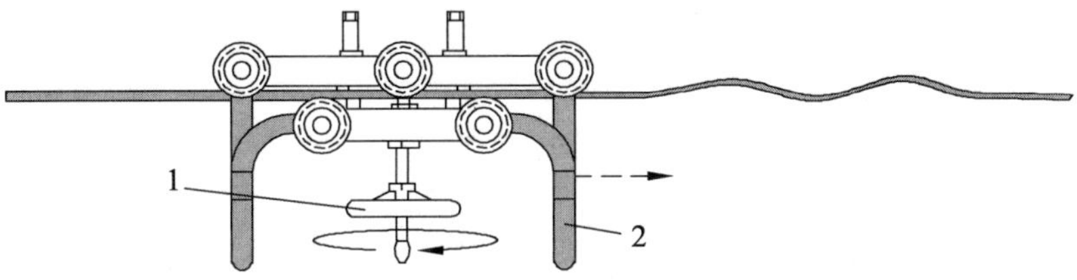

图 2-1-9　步骤

④用手柄沿着要校直的接触线扭歪部位来回移动，如图 2-1-10 所示；

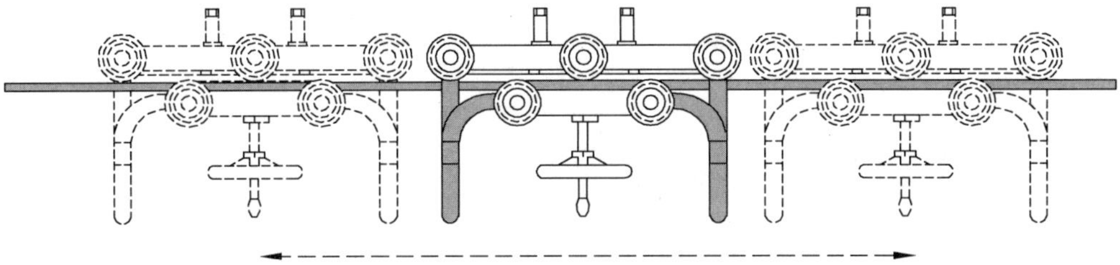

图 2-1-10　步骤

⑤几次操作后，如必要，拧紧手轮重复操作；
⑥继续操作直到接触线完全校直为止；
⑦操作完成后，打开手轮，从接触线上取下工具；
⑧使用完工具后，用清洁布擦掉脏物；
⑨定期给手轮和滑槽销上油。

四、实训要求

（1）实训时间：根据课程标准设置要求。
（2）实训形式：实习指导教师统一讲解示范，学生分组练习，综合考核。
（3）准备工作：实训配套的相应接触网工具。
（4）作业安全注意事项：无。

五、实训作业步骤

1. 作业流程(如图 2-1-11 所示)

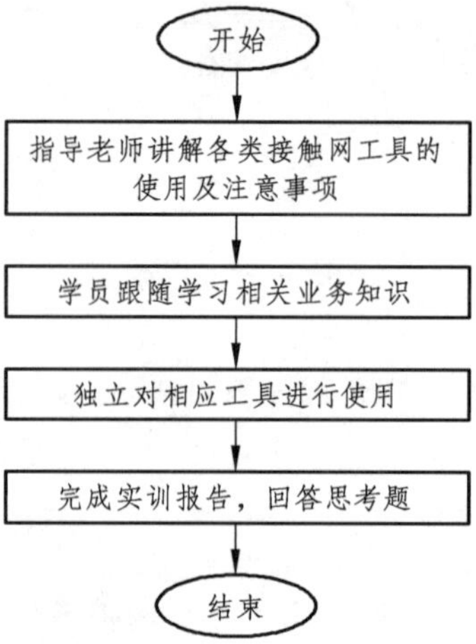

图 2-1-11　作业流程

2. 作业步骤(如表 2-1-1 所示)

表 2-1-1　作业步骤

序号	作业步骤
1	指导教师讲解接触网工具的知识要点及使用方法
2	学员跟随指导教师，学习接触网工具的内容
3	可独立使用配套接触网工具
4	完成实训报告，回答思考题

六、实训考核标准(如表 2-1-2 所示)

表 2-1-2　实训考核标准

项目	考核内容及评分标准	配分	扣分情况
实操作业	对提供的工具进行功能介绍，无法识别扣 10 分	20	
	使用提供的工具，没有按照要求和遵循注意事项的，出现一次扣 5 分	80	
总分		100	

七、思考题

(1)非接触式验电器有哪些注意事项?

(2)接触网防护类工具有哪些?

任务二　接触网常用材料介绍

一、实训目的

（1）认知并掌握接触网常用材料类型。
（2）掌握接触网常用材料的用途。

二、思政目标

（1）树立标准化作业意识。
（2）具有团队合作、深入细致的工作精神。
（3）树立大局观念、时间观念，吃苦耐劳的精神。

三、理论链接

为保证机车正常运行，对接触网的材料使用都有严格的要求，不同类型结构的接触网所需的材料不同，一般都对材质、型号、距离、角度、长度等属性有严格要求。

本任务主要对作业中常用的承力索电连接线夹、承力索中心锚结线夹、定位环线夹、悬吊滑轮、双耳楔形线夹、套管双耳等材料进行介绍。

1. 承力索电连接线夹（如图 2-2-1 所示）

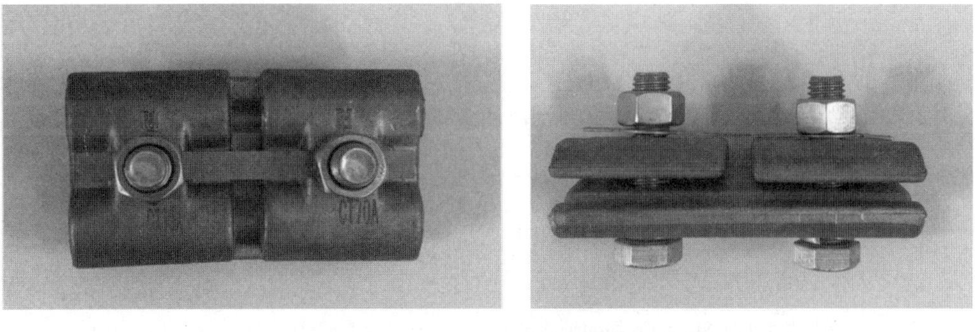

图 2-2-1　承力索电连接线夹

1）概述

本零件属于电连接类型零件，用于接触网中铜合金承力索或软铜绞线与软铜绞线之间的并沟连接处，根据线索直径选择相应型号。

2）零件示意图（如图 2-2-2 所示）

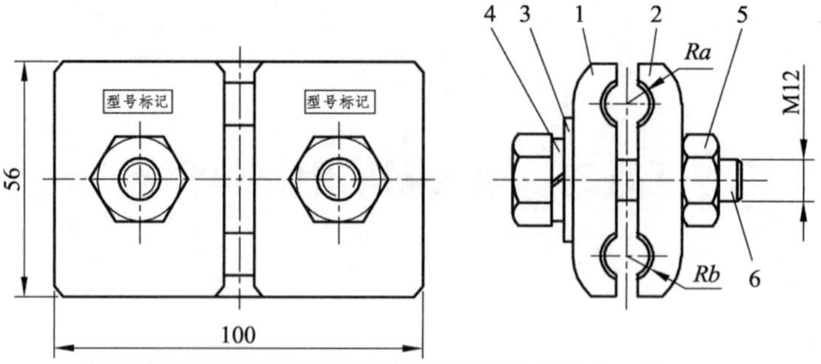

零件型号	*Ra*/mm	*Rb*/mm	适用范围
T70	5.5	7.2	TJ70与TJR95
T95	6.5	7.2	TJ95或GJ100与TJR95
T120	7.2	7.2	TJ120或TJR95与TJR95
T70B	5.5	8.0	TJ70与TJR120
T95B	6.5	8.0	TJ95与TJR120
T120B	7.2	8.0	TJ120或TJR95与TJR120

图 2-2-2　承力索电连接线夹零件示意图

3）使用说明

①根据安装示意图或装配图材料表检查零部件是否齐全、检查零部件是否有影响使用的质量缺陷或变形、各零部件的型号是否一致；

②将安装处的电连接线及电连接线夹内表面用砂带（或砂纸）打磨，分别均匀地涂一层复合导电膏脂；

③卸下螺栓，将夹板加持线索后穿入螺栓，保证线夹安装正确并密切贴合线索，软铜绞线露出 10～20 mm 为宜，依次穿入止动垫圈、弹垫和螺母，紧固到标准力矩后将止动垫片双耳折起；

④注意绞线不应有散股现象。

4）注意事项

①螺栓的紧固力矩 44～56 N・m；

②组装电连接线夹之前，需用钢刷对线夹表面进行清除灰尘及处理氧化铁的操作；

③紧固螺栓时应注意受力均衡，紧固过程中不能咬死、发热。

④注意防松螺母方向（标记向外）。

2. 承力索中心锚结线夹（如图 2-2-3 所示）

图 2-2-3　承力索中心锚结线夹

1）概述

本零件适用于电气化铁道接触网系统中心锚结处，70、95、120、150 型铜承力索与承力索中心锚结绳及接触线中心锚接绳之间的固定和连接。

2）零件示意图（如图 2-2-4 所示）

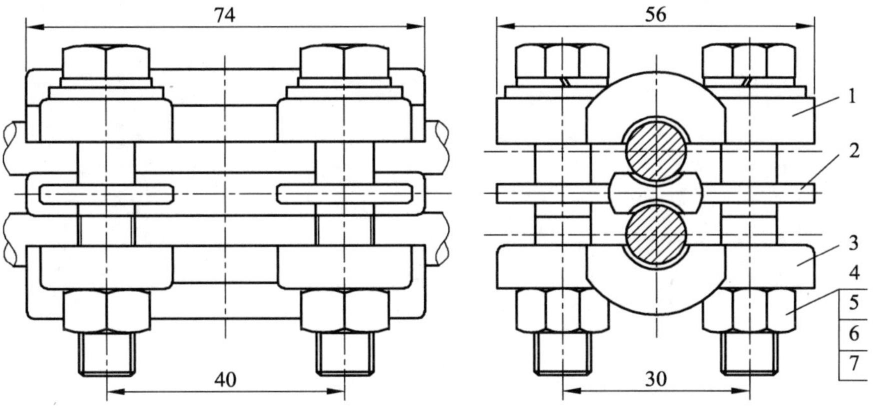

1. 上夹板　2. 中夹板　3. 下夹板　4. 螺栓 M12×65

5. 螺母 M12　6. 弹簧垫圈　7. 双耳止动垫 12

图 2-2-4　承力索中心锚结线夹零件示意图

3）使用说明

①根据安装示意图或装配图材料表检查零部件是否齐全、检查零件是否有影响使用的质量缺陷或变形、紧固件之间配合是否灵活，规格型号是否一致；

②用砂纸或钢刷清洁中心锚接线夹与线索接触部位的杂物和氧化皮；

③松开螺栓，将线夹本体上夹板挂在承力索上，锚结绳置于中夹板和下夹板之间，保证上夹板和中夹板夹持承力索，中夹板和下夹板夹持中心锚结绳，中心锚结绳的绳头采用铁丝捆扎，不得散股。螺栓依次穿过上夹板（光孔）、中夹板、下夹板（螺纹孔）、止动垫、弹垫后，拧上螺母；

④调整线夹至要求的位置，用扭矩扳手交替紧固 4 个螺栓到紧固力矩。然后用扭矩扳手交替紧固螺母至标准力矩，注意止动垫圈与螺母的相对位置，并弯折止动垫圈，止动垫的长肢端弯折靠近本体端，短肢端靠近螺母侧边，轻轻敲击使其密贴到本体和螺母侧。禁止止动垫的长肢和短肢未掰或长肢贴向螺母，短肢贴向本体，禁止止动垫的长肢和短肢同时掰向螺母或者本体侧；

⑤检查安装是否到位，确保线夹不得偏斜。

4）注意事项

①线夹与承力索及锚接绳之间夹持应牢固，且无滑动现象；

②螺栓紧固时应注意受力均衡，紧固过程中不能咬扣、发热；

③螺栓、螺母应无松动。

3. 定位环线夹(如图 2-2-5 所示)

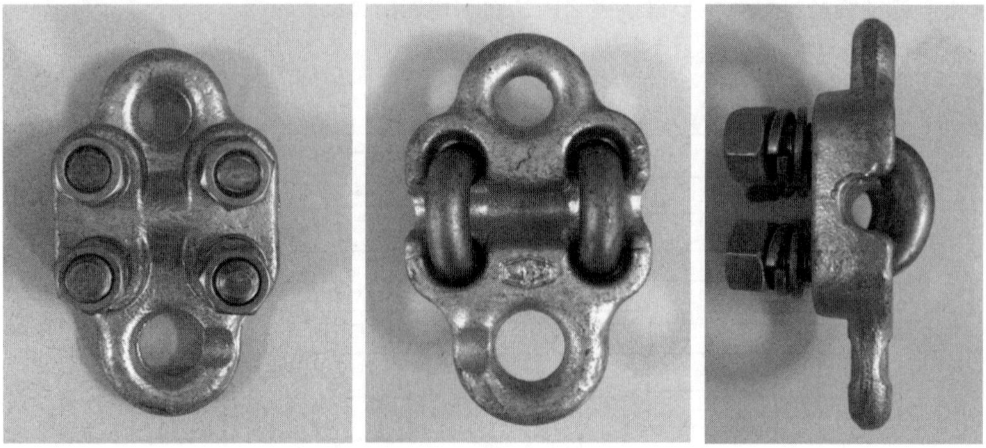

图 2-2-5　定位环线夹

1)概述

本零件用于软横跨 GJ50～80 定位索上安装定位器或者悬吊接触悬挂。

2)零件示意图(如图 2-2-6 所示)

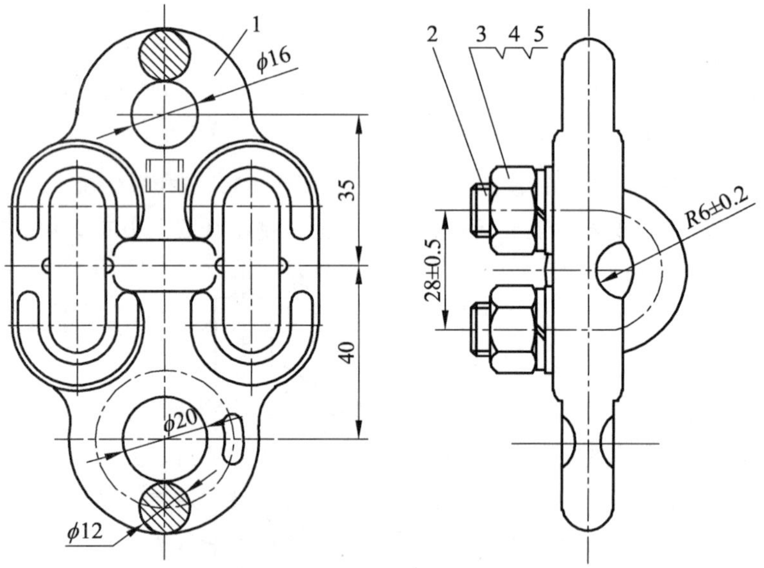

1. 定位环线夹本体　2. U 螺栓 12×28×50×25　3. 螺母 M12　4. 垫圈 12　5. 垫圈 12

图 2-2-6　定位环线夹零件示意图

3)使用说明

①根据安装示意图或装配图材料表检查零部件是否齐全；检查零部件是否有影响使用的质量缺陷或变形，紧固件之间的配合是否灵活；

②松开各螺栓，将定位索按安装位置放入定位环线夹本体圆弧槽内(根据线路要求加装保护衬垫，保护衬垫的合口方向应偏离受力方向)，装上 U 螺栓，装止动垫圈、弹垫、螺母，用扭矩扳手交替紧固螺母至标准力矩，注意止动垫圈与螺母的相对位置，并弯折止动垫圈，短肢端靠近螺母侧边，轻轻敲击使其密贴螺母侧。禁止止动垫短肢未掰、短肢贴向本体；

③安装时注意定位环线夹的扁口应背离受力方向。

4)注意事项

①螺栓紧固力矩为 44～56 N·m；

②各螺栓、螺母应无松动；

③各连接部件应牢固可靠,功能完好。

4. 悬吊滑轮(如图 2-2-7 所示)

图 2-2-7 悬吊滑轮

1)概述

本零件适用悬挂类型零件，适用于悬挂直径不大于 20 mm 的承力索和弹性吊索。

2)零件示意图(如图 2-2-8 所示)

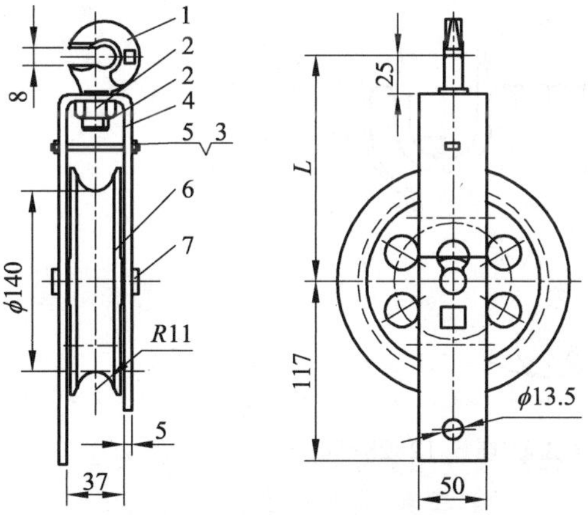

型号	L	参考重力/kg
T1	162	
T2	222	

1-吊钩 2-螺母 M14 3-开口销 4×20 4-140 型框架 5-轮轴 6-140 型滑轮 7-轴

图 2-2-8 零件示意图

3) 使用说明

①根据安装示意图或装配图材料表检查零部件是否齐全，检查零部件是否有影响使用的质量缺陷或变形，紧固件配合是否灵活；

②安装时吊钩钩头的开口应对准绞环圆环凹口推入定位环线夹的挂环处，不可强扭或敲打；

③将防止轮体跳动的开口销取下，滑轮轮体和轮轴取下，将包覆好预绞丝保护条线索或者弹性吊索放入悬吊滑轮框架内，悬吊滑轮轮体孔对正滑轮框架的葫芦孔，穿入滑轮轴，线索置于滑轮轮槽内，并将轮轴向下推入葫芦孔的小孔处；

④检查滑轮轮动是否灵活，然后穿入防止轮体跳动的开口销并掰弯，开口销两肢折弯角度大于 100°；

⑤安装完应检查，不能有卡滞等异常情况。

4) 注意事项

①安装后悬吊滑轮转动灵活；

②定期进行检查；

③各连接部件应牢固可靠，功能完好。

5. 双耳楔形线夹（如图 2-2-9 所示）

图 2-2-9　双耳楔形线夹

1) 概述

本零件适用于铜合金承力索、横向承力索及上下部定位索等终端与耳环类零件连接处。

2) 零件示意图（如图 2-2-10 所示）

3) 使用说明

①根据安装示意图或装配图材料表检查零部件是否齐全；检查零部件是否有影响使用的质量缺陷或变形，紧固件配合是否灵活，各零部件的型号是否一致；

②将铜绞线端头穿入本体，并按接触网施工有关规定留好线头长度，并弯回头圆弧半径，在楔子上套好铜合金绞线，压入线夹本体内，用钢丝卡子把予留线头卡牢或用铁线捆扎；

③线索的承力侧必须按要求安装；

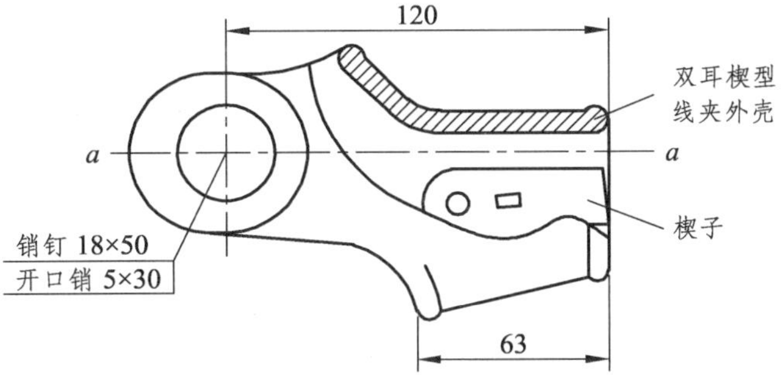

型号	适用镀锌钢绞线型号	楔子型号	总重/kg
70	LXGJ70~LXGJ80	70~80	1.19
50	LXGJ50	50	1.17

图 2-2-10　零件示意图

④用螺栓销与耳环型零件连接后，应即时拧上螺母并在螺栓销孔内装入开口销并掰弯，折弯角度大于 100°；

⑤安装完应检查，绞线应与楔子两侧圆弧密贴，杵头、杵窝、锁紧销应接触良好。

4) 注意事项

①承力侧必须按轴线安装；

②定期进行检查；

③线索应无滑动。

6. 套管双耳（如图 2-2-11 所示）

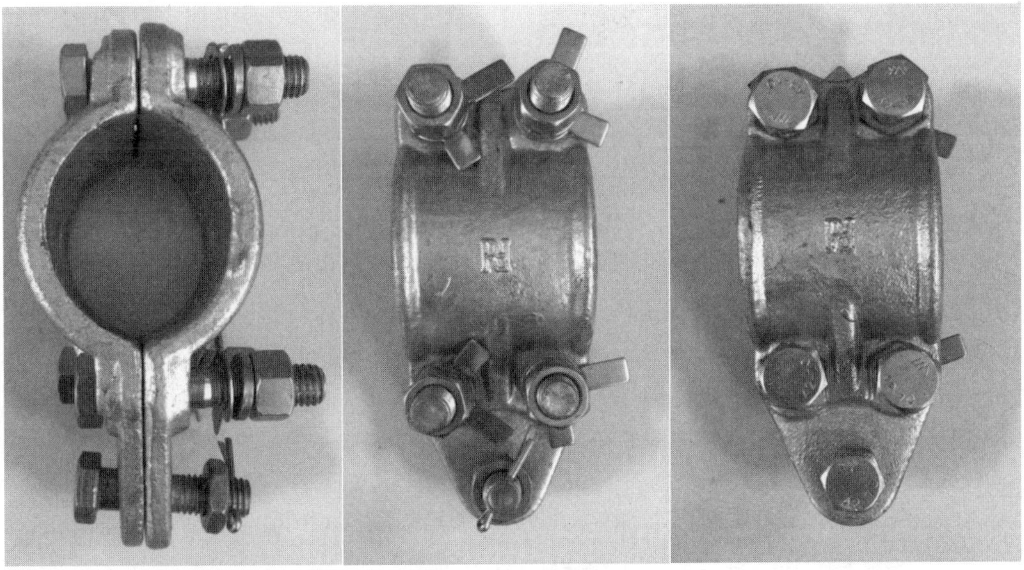

图 2-2-11　套管双耳

1）概述

本零件适用于在腕臂或定位管上连接耳环式零件。

2）零件示意图（如图 2-2-12 所示）

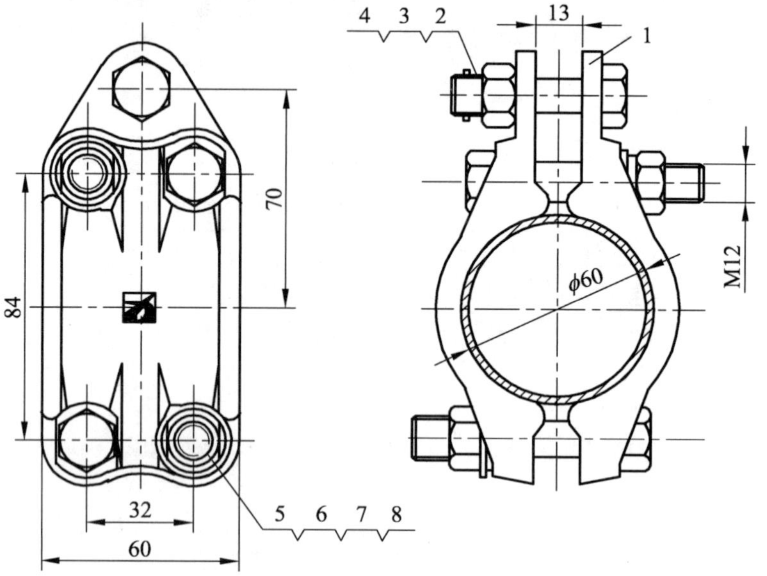

1-套管抱箍　2-螺母同 M12　3-螺栓销 M12×45×25　4-开口销 3×25

5-螺栓 M12×60　6-螺母 M12　7-弹簧垫圈 12　8-双耳止动垫圈 12

图 2-2-12　零件示意图

3）使用说明

①根据安装示意图或装配图材料表检查零部件是否齐全，检查零部件是否有影响使用的质量缺陷或变形，紧固件之间的配合是否灵活；

②卸下螺栓，将两片套管抱箍合抱在腕臂上，穿入螺栓，螺帽固定在六方凹槽内，依次穿入止动垫圈、弹垫和螺母，并预紧螺母；

③调整两片抱箍之间的相互位置，使抱箍的内圆弧与腕臂管密贴，且双耳端部内侧开口距离为 11～14 mm；

④用扭矩扳手交替紧固到标准力矩，注意止动垫圈与螺母的相对位置，并弯折止动垫圈，止动垫的长肢端弯折靠近本体端，短肢端靠近螺母侧边，轻轻敲击使其密贴到本体和螺母侧。禁止止动垫的长肢和短肢未掰或长肢贴向螺母，短肢贴向本体，禁止止动垫的长肢和短肢同时掰向螺母或者本体侧；

⑤检查双耳内侧之间的距离应不小于 11 mm。确认能够与连接零件（斜腕臂）的单耳部位连接；

⑥将连接零件（斜腕臂）的单耳置于双耳之间，穿上螺栓销，在确认单耳能自由转动的情况下，拧紧螺母，穿上开口销，两肢掰开夹角大于 100°。

4）注意事项

①安装后，两片抱箍应保持平行；

②紧固螺栓时应注意受力均衡，紧固过程中螺纹不能咬扣、发热；

③注意止动垫长肢和短肢必须与螺母或本体的侧边密贴；

④螺栓紧固力矩为 44~56 N·m。

四、实训要求

（1）实训时间：根据课程标准设置要求。

（2）实训形式：实习指导教师统一讲解示范，学生分组练习，综合考核。

（3）准备工作：接触网平面布置图。

（4）作业安全注意事项：无。

五、实训作业步骤

1. 作业流程（如图 2-2-13 所示）

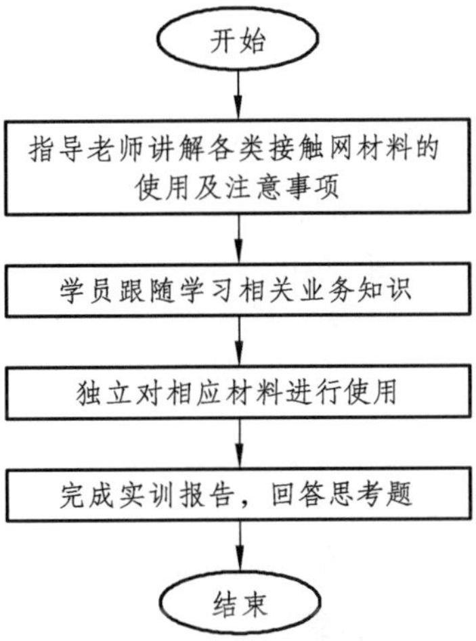

图 2-2-13　作业流程

2. 作业步骤（如表 2-2-1 所示）

表 2-2-1　作业步骤

序号	作业步骤
1	指导教师讲解接触网装配图知识要点
2	跟随指导教师，学习接触网装配图主要内容
3	考核接触网装配图知识点
4	完成实训报告，回答思考题

六、实训考核标准（如表 2-2-2 所示）

表 2-2-2　实训考核评分表

项目	考核内容及评分标准	配分	扣分情况
实操作业	对提供的材料进行功能介绍，无法识别扣 10 分	20	
	使用提供的材料，没有按照要求和遵循注意事项的，出现一次扣 5 分	80	
总分			

七、思考题

（1）请列举两种接触网材料。

（2）接触网 L 型支撑装置上的材料有哪些?

项目三　接触网基础作业

任务一　高铁接触网步行巡视作业

一、实训目的

（1）掌握高铁接触网设备运行状态。

（2）掌握高铁接触网设备巡视要点。

（3）了解巡视检查的周期和分类。

二、思政目标

（1）树立标准化作业意识。

（2）具有团队合作、深入细致的工作精神。

（3）树立大局观念、时间观念，吃苦耐劳的精神。

三、理论链接

高铁铁路步行巡视分为防护栏内步行巡视、防护栏外步行巡视。

1. 防护栏内步行巡视

防护栏内区间一般不进行步行巡视，特殊情况下需进行巡视检查时必须在天窗点内或本线路封锁邻线限速 160 km/h 及以下条件进行，并告知供电调度，在本线、邻线同时封锁或本线封锁邻线限速情况下进行，并在车间（调度所）设置驻站（调度所）联络员进行行车防护。车站、动车所巡视周期为 3 个月，隧道内巡视周期为 12 个月。防护栏外巡视周期 3 个月。

2. 防护栏外步行巡视

在高铁铁路护栏外进行了网外步行巡视，巡视周期为 3 个月。

1）支柱（如图 3-1-1 所示）

巡视要点：

（1）对于混凝土支柱巡视要点主要是：表面无裂纹，无破损露筋，倾斜率满足技术要求，基坑无塌陷。

（2）对于钢柱巡视要点主要是：钢柱无锈蚀、主角钢无弯曲变形、焊接处无开焊，倾斜率满足技术要求，基础帽完好、无裂纹、破损、表面无积水。

（3）支柱防护桩完好、无碰撞破损。

(a)横腹杆式预应力钢筋混凝土支柱　(b)等径圆钢柱　(c) H 型钢柱

图 3-1-1　支柱

2)电连接(如图 3-1-2 所示)

巡视要点:

图 3-1-2　电连接

（1）电连接无断股、散股，安装时不得低于接触底线面，电连接线夹压接到位,无松动、脱槽。

（2）电连接线留有一定的裕度，满足接触线和承力索因温度变化伸缩的要求。

（3）承力索/接触线电连结线夹：安装牢固不打弓，螺母齐全，本体无裂纹。

3. 整体吊弦(如图 3-1-3 所示)

巡视要点:

（1）吊弦应处在受力状态，线索无断股、散股和损伤现象。

（2）线夹安装牢固，螺母齐全，防松垫片状态良好。

（3）线鼻子、钳压管压接牢固无松动，本体无裂纹。

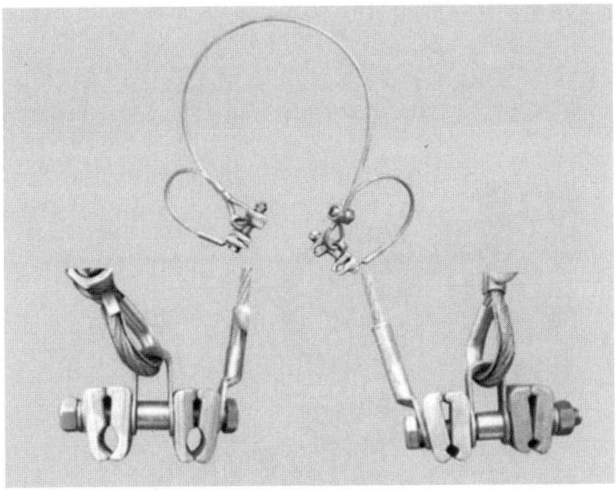

图 3-1-3　整体吊弦

（4）接触线吊弦线夹安装端正、不打弓。

（5）可调式吊弦的调整螺栓紧固可靠，线索在该处无松动。

4. 支撑及定位装置（如图 3-1-4 所示）

巡视要点：

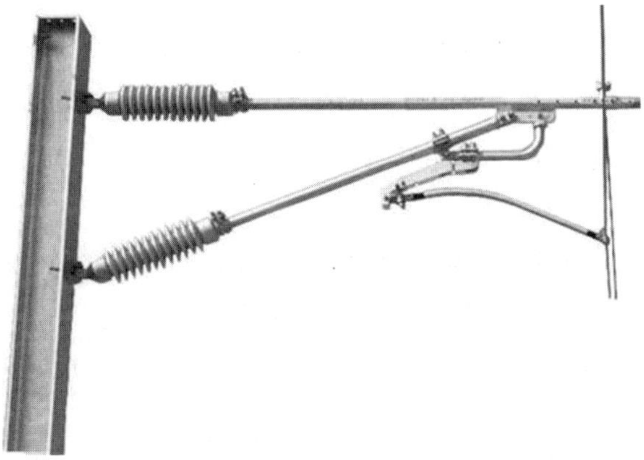

图 3-1-4　支撑及定位装置

（1）腕臂上下底座：开口销无丢失，销钉、螺栓连接状态良好，本体无裂纹，固定螺栓的螺母齐全。

（2）棒式绝缘子：瓷体无破损、弯曲及放电闪络，瓷体间连接牢靠，铁件无裂痕，与平、斜腕臂连接的螺栓销、U 螺栓的螺母齐全、无松动、压板无裂纹，无严重污秽。

（3）斜腕臂：不应弯曲，与套管双耳连接的单耳不得有裂纹，焊接处不得有开焊。

（4）平腕臂：除曲线内侧、下锚非工作支等受力较大处，不应弯曲，管帽无丢失。

（5）等电位线、斜拉线无散股、断股现象。

5. 棘轮补偿装置（如图 3-1-5 所示）

巡视要点：

图 3-1-5　棘轮补偿装置

（1）下锚角钢：安装水平牢固、无滑落，固定螺栓的螺母无松动、丢失。

（2）承锚双环杆：焊接处无开焊，连接的销钉、螺栓销螺母齐全、开口销无丢失。

（3）补偿装置：传动灵活，补偿绳无出槽、断股、起泡。

（4）承锚杵环杆：本体无弯曲、焊接处无开焊，连接的螺栓销螺母齐全、开口销无丢失。

（5）耳环悬式绝缘子，杵头悬式绝缘子串：瓷体无破损、无严重污秽、无闪络痕迹，瓷铁间连接牢靠，铁件无裂纹，弹簧销无丢失。

（6）接地跳线固定板：连接牢固，销钉的开口销无丢失，无放电烧伤痕迹。

（7）单联碗头挂板，承力索、接触线终端锚固线夹：铁件无裂痕，弹簧销无丢失，螺栓销螺母齐全、开口销无丢失，线索在线夹内无松动。

（8）并沟线夹：本体无裂痕、无放电烧伤痕迹，螺母齐全。

（9）线锚双环杆：焊接处无开焊，连接的销钉、螺栓销螺母齐全、开口销无丢失，不应与承力索补偿绳相磨。

（10）止动块间隙无卡滞现象。

6. 分段绝缘器（如图 3-1-6 所示）

巡视要点：

（1）各零部件连接紧固、可靠，螺母无松动、开口销无丢失。

（2）接触线固定线夹处、铜滑板处无打弓现象。

（3）滑道无扭曲、变形，与桥绝缘子连接缝隙处无严重的碳粉结垢。

（4）绝缘件无严重污秽。

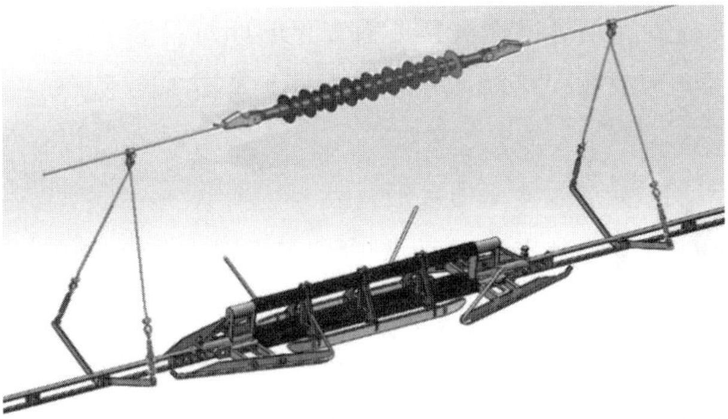

图 3-1-6　分段绝缘器

（5）调节吊弦处在受力状态，调整螺丝无松动。

7. 绝缘子(如图 3-1-7 所示)

巡视要点：

(a)棒式绝缘子　　(b)悬式绝缘子

图 3-1-7　绝缘子

（1）绝缘子本体无破损、无闪络放电痕迹，表面光洁、釉面无损伤、釉面剥落不大于 300 mm^2、无严重污秽，与铁件结合牢固、无松动。

（2）绝缘子的铁件无锈蚀，悬式绝缘子弹簧销无丢失，棒式绝缘子螺母无松动、销钉连接可靠、开口销无丢失。

四、实训要求

（1）实训时间：根据课程标准设置要求。

（2）实训形式：实习指导教师统一讲解示范，学生分组练习，综合考核。

（3）准备工作：

①人员准备：巡视人员按规定穿戴工作服、安全帽、黄色反光防护服、个人工具，携

带望远镜和通信工具，夜间及隧道巡视还要有充足照明灯具。

②材料准备：供电示意图、接触网平面布置图、车站配线图(站细)、接触网第三种工作票及当次作业相关资料。

③按高速铁路步行巡视作业具体项目配备。

④工具准备，工具清单如表 3-1-1 所示：

表 3-1-1 工具清单

序号	工具名称	型号	单位	数量	备注
1	对讲机 (GSM-R 手持终端)		台	2-3	驻站联络员、工作领导人、相关人员
2	音视频记录仪		台	3	工作领导人 1 名、两端防护人员各 1 名
3	防护信号旗 (信号灯)		台	2	含昼间防护信号旗、夜间信号灯等
4	录音笔		支	1	驻站联络员
5	行车防护记录本		本	1	驻站联络员
6	高速铁路岗位 培训合格证		本	1	驻站联络员
7	个人工具		副	1	根据现场实际需要确定增加数量
8	记录本		台	1	
9	笔		本	1	
10	照明工具		支	1	根据现场实际需要确定增加数量
11	工具包		台	1	
12	望远镜		台	1	
13	砍刀		把	2	根据现场实际需要确定增加数量
14	一体化综合防护机		台	3	一体化综合防护区段防护栏内巡视携带

4. 作业安全注意事项

(1)高速铁路防护栏内步行巡视必须在天窗点内或区段线路封锁情况下开展，特殊情况下必须开展“天窗点外”步行巡视时，必须在本线、邻线同时封锁或本线封锁、邻线限速 160 km/h 及以下条件下进行，并在车站(调度所)设置驻站(调度所)联络员进行行车防护。

(2)天窗点内高架桥区段巡视，巡视人员应尽量避免在电缆沟盖板上行走，严禁依靠线路护栏。防止电缆沟盖板、护栏断裂、脱落造成巡视人员踩空、掉落。

(3)任何情况下巡视，对接触网都必须以有电对待，巡视人员不得攀登支柱，巡视过程中原则上不得上道巡视，如确需上道观察设备或穿越铁路时，必须相互监护进行，并时刻注意避让列车。

五、实训作业步骤

以高铁防护栏内步行巡视作业为实训内容，作业流程和步骤详情如下：

1. 作业流程（如图 3-1-8 所示）

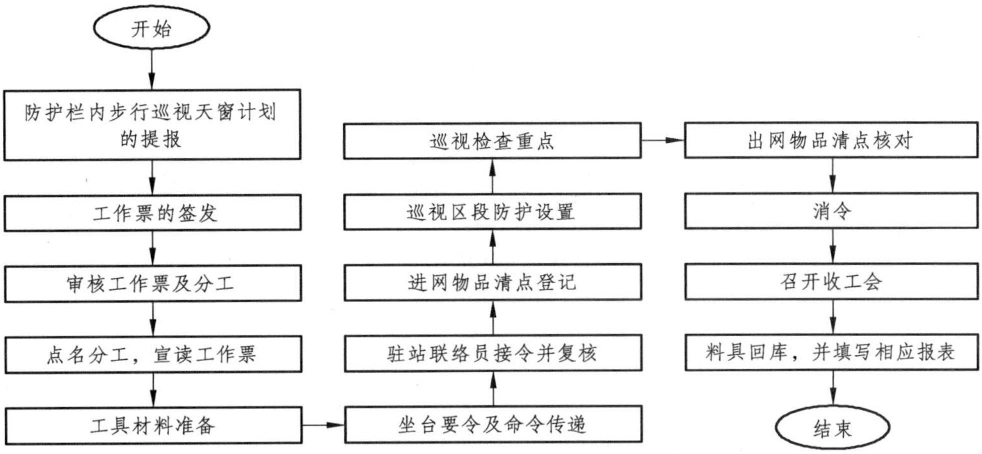

图 3-1-8　作业流程

2. 作业步骤（如表 3-1-2 所示）

表 3-1-2　作业步骤

序号	工作内容	工作要求	注意事项
步骤 1	防护栏内步行巡视天窗计划的提报	(1) 工区根据批复的月度施工计划或周综合维修计划，提前三天将接触网巡视作业计划报车间审核； (2) 车间提前三天审核通过后将审核后的巡视计划录入“×××铁路局综合维修天窗管理系统”，并上报段综合调度台。	
步骤 2	工作票的签发	(1) 正式计划下达后，由安全等级不低于四级的人员担当工作票签发人； (2) 发票人在点名分工前 6 h 将签发的《接触网第三种工作票》交给工作领导人。	风险点： 通信不畅，传递信息错误 卡控措施： (1) 增设区间电话值守人员，采用手机等通信工具作为辅助通信工具； (2) 信息传递使用规范用语
步骤 3	审核工作票及分工	(1) 工作领导人接票后认真审核和熟悉工作票内容，核对当日计划内容是否与工作票内容一致； (2) 对工作票内容有不同意见，及时向发票人提出，经认真分析，确认无误后签字；	

续表

序号	工作内容	工作要求	注意事项
		(3) 根据作业分组情况认真填写《接触网作业分工表》，明确每名作业组成员分工，及各自作业范围	
步骤 4	点名分工，宣读工作票	(1) 工作领导人组织所有作业组成员进行点名，宣读工作票及接触网作业分工表，将本次作业任务、安全风险点及卡控措施逐项分解落实到人； (2) 询问所有作业组成员是否掌握当日作业内容及安全措施，并进行抽问	
步骤 5	工具材料准备	(1) 工作领导人组织作业组成员准备当日作业所需工具材料； (2) 所有工具材料准备完毕后，由工作领导人组织进行工具材料状态检查，并填写《高速铁路进出网物品清单》； (3) 检查清点时一人检查、一人记录，完毕后相互签字确认	
步骤 6	坐台要令及命令传递	(1) 执行电子登销记或纸质登销记区段需设置驻站联络员； (2) 一体化综合防护区段无须设置驻站联络员，由工作领导人通过一体化综合防护机进行防护及命令传达	
步骤 7	驻站联络员接令并复核	(1) 工作领导人指定一名安全等级不低于三级的作业组成员担当驻站联络员； (2) 驻站联络员在施工开始前 60 min 到达请点车站运转室(信号楼)，复核当日下达日班计划作业内容、作业地点是否与实际作业内容相符，并在车站电子登销记系统或《行车设备检查登记簿》上登记； (3) 驻站联络员得到工作领导人确认做好施工准备、具备开工条件通知后，向车站值班员申请作业； (4) 驻站联络员接到列车调度发布的施工调度命令后，复核调度命令正确无误后，将施工调度命令复诵给工作领导人共同确认	
步骤 8	进网物品清点登记	(1) 由工作领导人组织在进网通道口对所有进网物品进行统一清点登记； (2) 一人清点、一人记录，填写《高速铁路进出网物品清单》并签字确认	风险点： 进网物品清点不仔细，登记不全。 卡控措施： 严格执行高速铁路进出网物品清点要求，由工作领导人组织执行“一人清点、一人记录”确保所有进网料具全部登记完全

续表

序号	工作内容	工作要求	注意事项
步骤 9	巡视区段防护设置	(1) 按照《铁路技术管理规程》规定在作业组两端设置行车防护人员； (2) 区间作业时设置在作业组两端各 800 m 处，不足 800 m 时应站在距进站信号机（反向进站信号机）20 m 附近； (3) 在尽头线上作业时，工作领导人经与列车调度员（车站值班员）联系确认尽头一端无列车、轨道车时，则尽头一端可不设防护； (4) 防护人员应站在列车前进方向左侧，保持 3.3 m 以上的限界，且不影响瞭望，严禁上道	
步骤 10	巡视检查重点	(1) 外部隐患。线路附近邻近施工、轻飘物、彩钢瓦、树竹藤蔓有无侵界，各项上跨桥附属物、线缆有无脱落、断散股等影响接触网运行安全的情况； (2) 各类线索、引线有无散股、断股，弛度是否满足要求； (3) 支撑、定位、补偿装置，各类零部件有无锈蚀、脱落、跳槽，*a* 值、*b* 值是否满足技术规定； (4) 支柱、基础有无破损、倾斜，标识标志是否齐备、清晰； (5) 各单项设备开关、避雷器、分段器等各部螺栓连接牢固，无电蚀、闪络现象； (6) 自动过分相地面磁感应器有无缺失、破裂、丢失	风险点： 巡视人员劳动安全风险。 卡控措施： (1) 巡视人员按照规定穿戴好劳动防护用品，夏季巡视随身携带防暑降温药品； (2) 高价桥区段巡视时避免在电缆盖板上行走，严禁依靠线路护栏； (3) 雨季湿滑、陡峭（隧道口 等）区段抓稳扶牢，减速慢行
步骤 11	出网物品清点核对	(1) 巡视作业完成后，由工作领导人组织巡视人员下道撤至安全地带，并通知两端防护人员撤出防护，并就地对所携带工具进行清点记录； (2) 待所有作业成员全部返回至出网通道口处，由工作领导人组织对所有进网物品进行逐一清点核对； (3) 一人清点，一人记录，填写《高速铁路进出网物品清单》并签字确认	风险点： 作业工具材料遗留在作业现场。 卡控措施： 逐一核对接触网入网工具材料单，确保每一项都准确无误
步骤 12	消令	(1) 工作领导人确认进出网物品清点核对无误，所有人员料具全部撤至网外，并锁闭好出网通道门； (2) 通知驻站联络员消除区间线路封锁或限速命令	
步骤 13	召开收工会	(1) 所有作业人员全部返回工区后，	

续表

序号	工作内容	工作要求	注意事项
		由工作领导人组织召开作业收工会; (2) 对当日完成工作进行总结，指出当日作业中存在问题	
步骤 14	料具回库，并填写相应报表	(1) 由工作领导人组织将当日所使用的工具材料清理入库，做好相关消耗记录; (2) 及时填写值班日志、巡视记录及报表	

六、实训考核标准(如表 3-1-3 所示)

表 3-1-3　实训考核评分表

完成时间：________ min

项目	序号	考核内容及评分标准	配分	扣分	得分	备注
准备工作	1	人员着装整齐，安全劳保用品齐全。个人着装、安全劳保用品一项不合格扣 2 分	10			
	2	巡视工具型号选择正确、作业开始前摆放整齐，并进行检查。巡视工具选错一项扣 2 分，未进行检查扣 2～5 分	10			
作业程序	1	按标准流程进行实训，流程步骤出现问题时，每次扣 5 分	50			
	2	选择正确的工作票，按要求进行签发，不符合规定的每次扣 5 分				
	3	按要求对设备进行巡视，巡视设备有遗漏时，每次扣 5 分				
	4	对巡视设备的项点按要求进行巡视和确认，项点有遗漏时，每次扣 5 分				
安全及其他	1	出现意外伤害事故立即停止考核，成绩为不合格。	30			
	2	工具遗漏在现场时，出现一次扣 5 分				
	3	考核时间为 10 min，每超时 1 min 扣 2 分，超时 5min 停止考核				
合计			100			

七、思考题

(1) 夜间高铁防护栏内巡视时的要点及注意事项有哪些?

(2) 在巡视过程中，当发现设备故障、缺陷或其他外部影响因素时，应该怎么处理?

任务二　支柱攀登作业

一、实训目的

（1）熟悉攀登支柱作业程序及标准。

（2）了解攀登作业的安全知识。

（3）掌握攀登支柱的基本方法和技能。

二、思政目标

（1）树立标准化作业意识。

（2）具有团队合作、深入细致的工作精神。

（3）树立大局观念、时间观念，吃苦耐劳的精神。

三、理论链接

支柱是接触网的支持设备，它在接触网中应用最广泛，用来承受接触悬挂和支持设备的负荷，并将其固定在规定高度上。接触网支柱，按其使用材质分为预应力钢筋混凝土支柱和钢柱两大类。预应力钢筋混凝土支柱有矩形横腹杆式、环形等径、锥形。钢支柱有 H 型钢支柱、桁架式支柱、圆管式支柱。

1. 预应力钢筋混凝土支柱（如图 3-2-1 所示）

图 3-2-1　横腹杆式预应力钢筋混凝土支柱

（1）特点：成本低、寿命长、使用中无须进行维修维护。

（2）用途：一般用于中间柱、定位柱，抢修线路时可作为临时柱就地直埋。

2. 钢柱

（1）矩形格构钢柱(G150/13)，如图 3-2-2 所示。

图 3-2-2　矩形格构式钢柱

①特点：质量小、容量大、容易攀爬。

②用途：一般用于硬横跨柱，多用于全补偿链形悬挂的站场上。

（2）等径圆钢柱(BGZ5-10)，如图 3-2-3 所示。

图 3-2-3　等径圆钢柱

①特点：强度高、容量大、抗碰撞，安装不受方向性限制且受力均匀。
②用途：一般用于硬横跨柱、多用于全补偿链形悬挂的站场上。
（3）H 型钢柱（GHT240B/9），如图 3-2-4 所示。

图 3-2-4　H 型钢柱

①特点：容量大、抗碰撞，运输与安装方便。
②用途：多用于在接触网中受力要求大的支柱，如锚柱、转换柱、道岔柱等。
③采用脚扣攀登 H 型支柱时，要注意脚扣型号要与支柱型号相匹配。
④H 支柱脚扣型号：A 型——用于 A 型支柱攀登；B 型——B、C、D 型支柱攀登。

四、实训要求

（1）实训时间：根据课程标准设置要求。
（2）实训形式：实习指导教师统一讲解示范，学生分组练习，综合考核。
（3）准备工作：
①人员准备，人员清单如表 3-2-1 所示。

表 3-2-1　人员清单

序号	人员类型	数量	作业内容
1	工作领导人	1	现场监护，宣读工作票及人员安排
2	高空作业人员	1	准备个人工具，攀登支柱

②材料准备，材料清单如表 3-2-2 所示。

表 3-2-2　材料清单

序号	名称	规格	单位	数量	备注
1	工作服	在安全试验周期内	件	2	现场作业人员每人 1 套

③工具准备，工具清单如表 3-2-3 所示。

表 3-2-3　工具清单

序号	名称	规格	单位	数量	备注
1	安全帽	有永久标识	顶	2	现场作业人员每人 1 顶
2	安全带	单钩或双钩	条	1	现场作业人员每人 1 条
3	绝缘靴	标称电压 5 kV 以上	双	2	现场作业人员每人 1 双
4	绝缘手套	有明显持久的标记	双	1	现场作业人员每人 1 双
5	脚扣	在安全试验周期内	双	1	支柱侧作业人员使用

（4）作业安全注意事项，如表 3-2-4 所示。

表 3-2-4　作业安全注意事项

序号	安全事项
1	两条线路相互靠近，清扫检修作业应设专人监护，专职监护人不得兼任其他工作
2	作业人员应着装整齐
3	杆塔上作业转位时不得失去安全带保护
4	登杆时注意抓稳踏牢
5	应在工作区范围设立标示牌或护栏
6	登杆前应检查杆身是否倾斜或破损，拉线是否牢固，杆根及基础是否牢固
7	登杆前应先检查杆上有无障碍，杆型较复杂的要先考虑登杆的路径
8	杆上、杆下的作业人员应戴安全帽，上下作业人员应呼应，杆下不准有人，同时应注意行人及车辆，必要时应有专人看护
9	采用脚扣攀登 H 型支柱时，要注意脚扣型号要与支柱型号相匹配。 A 型脚扣：用于 A 型支柱攀登；B 型脚扣：用于 B、C、D 型支柱攀登

五、实训作业步骤

以 H 型钢柱攀登作业为实训内容，作业流程和步骤详情如下：

1. 作业流程（如图 3-2-5 所示）

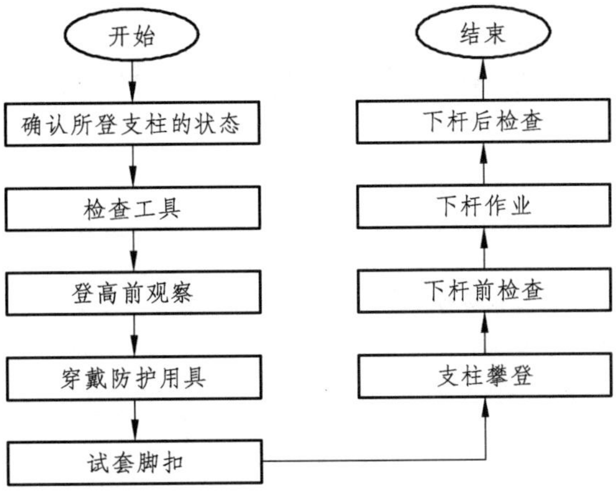

图 3-2-5　作业流程

2. 作业步骤（如表 3-2-5 所示）

表 3-2-5　作业步骤

序号	工作内容	工作要求	注意事项
步骤 1	确认攀登支柱的状态	(1) 确认位置； (2) 确认是否停电并采取安全措施； (3) 检查支柱状态是否良好，支柱基础是否牢固	应在工作区范围设立标示牌或护栏
步骤 2	检查工具	检查安全带、安全帽、绝缘靴（脚扣）状态是否良好	
步骤 3	登高前观察	(1) 观察支柱上有无其他设备； (2) 选择攀登方向和条件	(1) 登杆前应检查杆身是否倾斜或破损，拉线是否牢固，杆根及基础是否牢固； (2) 登杆前应先检查杆上有无障碍，杆型较复杂的要先考虑登杆的路径
步骤 4	穿戴防护用具	穿戴好工作服和防护用具，检查并扎好安全带，将安全带系在臀部上部位置	
步骤 5	试套脚扣	调节脚扣带的松紧适当，以不从脚面滑脱为宜；将右脚扣套在杆根向上约 30 cm 处，左脚扣套在右脚扣上部约 30 cm 处，两脚扣的踏盘水平错开约 30 cm；根据个人的习惯，先穿上系好安全脚扣，再利用人体重量分别对两脚扣进行冲击试验	

续表

序号	工作内容	工作要求	注意事项
步骤 6	支柱攀登	(1)右手抱电杆底部后倾，左腿和右手同时用力向上登高一步，(左脚)上移，(右手)抱电杆，腚部后倾，同时用力又可上一步，交替攀登，每攀登一步都必须踩实，直至攀登至工作点。上杆过程中两手不得同时脱离电杆，脚扣可根据电杆的直径进行调节大小范围； (2)调整右脚扣时，人体的重心移至左脚扣上，右脚扣脱离电杆，收腹，右肩抵住电杆，右手臂抱住电杆，用左手调整脚扣开度使脚扣的开度与杆直径相吻合。右脚扣套上电杆，人体重心转移至右脚扣，左手拢住电杆，同时右肩脱离电杆，人体站直。调整左脚扣时的操作程序与此相反； (3)上杆至作业点处时，应先系好安全带的保险绳，然后调整围杆带，保险绳应系在牢固的构件上，并检查确已系好后方可受力。右手握住保险挂钩绕到电杆后交于左手，同时右手抱电杆，左手将挂钩挂在腰带的另一侧钩环，并将保险装置锁住。双脚交叉蹬紧脚扣，开始进行作业	(1)登杆作业时电杆下不得站人，防止东西坠落； (2)杆塔上作业转位时不得失去安全带保护； (3)采用脚扣攀登 H 型支柱时，要注意脚扣型号要与支柱型号相匹配
步骤 7	下杆前工作	(1)下杆前检查是否有工具遗留在支柱上； (2)选择下杆方向，准备下杆	
步骤 8	下杆作业	下杆时，身子向前倾安全带向下移动，左脚扣脱离电杆并端平，右脚弯曲至与大腿面水平，左脚向下套住电杆，前后防滑条和脚扣金属母材同时与电杆面接触，左手托住围杆带与左脚同步向下移动左脚扣缓缓得力，人体重心移至左脚扣。右腿的操作程序与此相反	
步骤 9	下杆后检查	(1)下杆后检查支柱状态是否良好，确认支柱基础是否牢固； (2)检查工具是否齐全，状态是否良好	

六、实训考核标准(如表 3-2-6 所示)

表 3-2-6　实训考核评分表

完成时间：________min

项目	序号	考核内容及评分标准	配分	扣分	得分	备注
准备工作	1	人员着装整齐，安全劳保用品齐全。个人着装、安全劳保用品一项不合格扣 2 分	10			
	2	攀登工具型号选择正确、作业开始前摆放整齐，并进行检查。攀登工具选错一项扣 2 分，未进行检查扣 2～5 分	10			

续表

项目	序号	考核内容及评分标准	配分	扣分	得分	备注
作业程序	1	熟练掌握运用、正确使用安全带，不符合规定的每次扣 15 分	50			
	2	攀登前检查支柱状态，观察支柱上有无其他设备，选好攀登方向和条件，不按规定的每次扣 5 分				
安全及其他	1	出现意外伤害事故立即停止考核，成绩为不合格	30			
	2	安全带保险扣脱落、安全帽掉落每件扣 10 分				
	3	上、下支柱时，手、脚打滑一次扣 10 分				
	4	考核时间为 10 min，每超时 1 min 扣 2 分，超时 5 min 停止考核				
合计			100			

七、思考题

（1）支柱的类型有哪些?

（2）攀登支柱要注意的安全措施有哪些?

任务三　登车梯作业

一、实训目的

（1）熟悉登车梯作业程序及标准。
（2）了解登车梯作业的安全知识。
（3）掌握登车梯作业的基本方法和技能。

二、思政目标

（1）树立标准化作业意识。
（2）具有团队合作、深入细致的工作精神。
（3）树立大局观念、时间观念，吃苦耐劳的精神。

三、理论链接

车梯是接触网日常维护检修必不可少的辅助工具，是接触网高空作业的重要工具之一。它分为绝缘车梯(如图 3-3-1 所示)和非绝缘车梯。

图 3-3-1　绝缘车梯

在施工车梯时，车梯应该有指定负责人，在施工时台上的施工人员应按照施工接触网检修专用车梯的规范进行施工，所用的部件应该安全摆放。推车时，推车员需要注意施工作业台上人员的安全，车梯行驶速度不能超过 5 km/h，且不能突然起停。登车梯的人和车梯负责人应对其进行呼叫并配合。

工作领导人和推车梯人员，要时刻注意和保持车梯的稳定状态，在曲线线路和大风天气作业时，应采取防止车梯倾倒措施；在大坡道作业时应采取用刹车等防滑移的措施。在施工时，施工人员在超出车梯框架作业时一定要将安全带系在接触线上，不能将安全带系在车梯台架上。在地面推梯的过程中，要注意推车的速度稳定。

四、实训要求

（1）实训时间：根据课程标准设置要求。

（2）实训形式：实习指导教师统一讲解示范，学生分组练习，综合考核。

（3）准备工作：

①人员准备，人员清单如表 3-3-1 所示。

表 3-3-1　人员清单

序号	人员类型	数量	作业内容
1	车梯负责人	1	现场监护，宣读工作票及人员安排
2	车梯作业人员	6	车梯作业

②材料准备，材料清单如表 3-3-2 所示。

表 3-3-2　材料清单

序号	名称	规格	单位	数量	备注
1	工作服	在安全试验周期内	件	2	现场作业人员每人 1 套

③工具准备，工具清单如表 3-3-3 所示。

表 3-3-3　工具清单

序号	名称	规格	单位	数量	备注
1	安全帽	有永久标识	顶	2	现场作业人员每人 1 顶
2	安全带	单钩或双钩	条	1	现场作业人员每人 1 条
3	绝缘靴	标称电压 5 kV 以上	双	2	现场作业人员每人 1 双
4	绝缘手套	有明显的持久标记	双	1	现场作业人员每人 1 双
5	车梯	在安全试验周期内	架	1	

（4）作业安全注意事项，如表 3-3-4 所示。

表 3-3-4 作业　安全注意事项

序号	安全事项
1	线路上使用车梯作业时，必须指定一名车梯负责人，每台车梯出车作业时不得少于六人，作业平台施工不得超过两人
2	平台严禁放置零散料具，推扶车梯人员必须服从平台作业人员指挥
3	车梯作业时严禁两人同侧上下车梯
4	车梯上有人作业时推动速度直线线路不得超过 5 km/h，曲线线路不得超过 3 km/h，推进时要尽量保持匀速状态
5	车梯上的作业人员不得将安全带系在车梯工作框架上，高处作业必须系好安全带，挂钩临时挂在承力索或导线上滑行保护
6	上下车梯时，下部人员必须要扶稳车梯。停车时必须采取防溜、防倾措施，任何时候下部人员不得离开车梯
7	车梯作业时，禁止用力过猛，防止车梯倾倒

五、实训作业步骤

1. 作业流程（如图 3-3-2 所示）

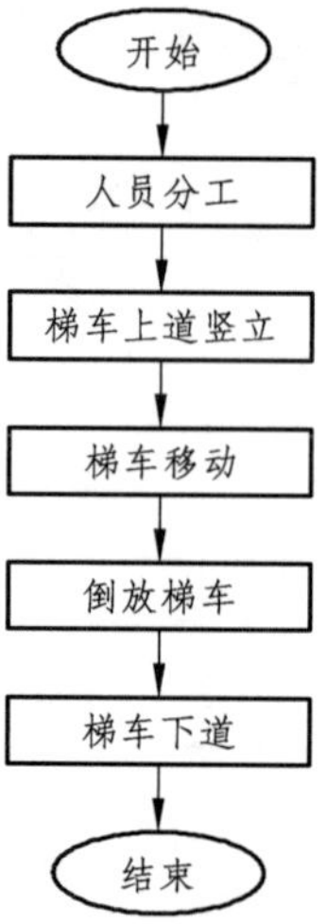

图 3-3-2　作业流程

2. 作业步骤（如表 3-3-5 所示）

表 3-3-5　作业步骤

序号	工作内容	工作要求	注意事项
步骤 1	人员分工	车梯由四人推动，其中 1 人为车梯负责人，车梯负责人听从作业平台上高空人员指挥，车梯负责人负责呼唤应答，指挥车梯移动，保证工作台上人员的安全	

续表

序号	工作内容	工作要求	注意事项
步骤 2	车梯上道竖立	(1) 两人抬车梯底部，两人位抬中部，两人抬上部，6 人同时将车梯抬起，然后同时起步将车梯放到线路上，要将车梯顺线路平放； (2) 两人拉住车梯底部随车体竖起的同时，向车梯上部倒手，直至将对向车轮落到钢轨上； (3) 两人抬车梯中部随车梯竖起时，向车梯下部倒手，直至将车体竖起。另外两人抬车梯上部随车体竖起，向下倒手。当与中部两人相遇时，立即帮助下部两人将车梯压下	
步骤 3	车梯移动	(1) 车梯移动时要听从工作台人员指挥，当车梯工作台面上有人时，推动车梯的速度不得超过 5 km/h，并不得发生冲击和急剧起、停。工作台上人员和车梯负责人要呼唤应答，配合妥当	(1) 车梯作业时，禁止用力过猛，防止车梯倾倒； (2) 车梯作业时严禁两人同侧上下； (3) 车梯上的作业人员不得将安全带系在车梯工作框架上，高处作业必须系好安全带，挂钩临时挂在承力索或导线上滑行保护
步骤 4	倒放车梯	倒放车梯时操作程序与竖立相反	
步骤 5	车梯下道	操作人员下车梯后，推车梯人员各自按号位抬车梯一角，将车梯车轮抬离轨道。同时，已下车梯的操作人员协助保持车梯平稳。当作业结束，车梯需要就地存放时，须稳固在建筑限界以外不影响瞭望信号的地方	

六、实训考核标准（如表 3-3-6 所示）

表 3-3-6　实训考核评分表

完成时间：________ min

项目	序号	考核内容及评分标准	配分	扣分	得分	备注
准备工作	1	人员着装整齐，安全劳保用品齐全。个人着装、安全劳保用品一项不合格扣 2 分	10			
	2	登梯工具型号选择正确、作业开始前摆放整齐，并进行检查。登梯工具选错一项扣 2 分，未进行检查扣 2～5 分	10			
登梯作业程序	1	熟练掌握运用、正确使用安全带，不符合规定的每次扣 15 分	50			
	2	登梯前未按规定检查车梯，不按规定的每次扣 5 分				
	3	车梯上道竖立未按标准要求进行，每次扣 5 分				

续表

项目	序号	考核内容及评分标准	配分	扣分	得分	备注
	4	车梯下道倒放未按标准要求进行，每次扣 5 分				
安全及其他	1	出现意外伤害事故立即停止考核，成绩为不合格	30			
	2	安全带保险扣脱落、安全帽掉落每件扣 10 分				
	3	考核时间为 10 min，每超时 1 min 扣 2 分，超时 5 min 停止考核				
合计			100			

七、思考题

（1）遇到恶劣天气时，车梯作业应该怎么处理?

（2）作业完毕后，人员、车梯应该遵守什么原则?

任务四　跨距行走

一、实训目的

（1）熟悉跨距行走作业程序及标准。

（2）了解跨距行走作业的安全知识。

（3）掌握跨距行走的基本方法和技能。

二、思政目标

（1）树立标准化作业意识。

（2）具有团队合作、深入细致的工作精神。

（3）树立大局观念、时间观念，吃苦耐劳的精神。

三、理论链接

跨距就是两相邻支柱之间的距离，其长度受到线路曲线半径、最大风速和悬挂类型等一系列因素影响。接触网支柱最大允许跨距值，不宜大于 65 m。

山口、谷口、高路堤和桥梁等风口范围内的跨距应按设计标准选用值缩小 5～10 m，且最大跨距不宜大于 50 m。相邻两跨距之比，不宜大于 1.5∶1，桥梁、隧道口、站场咽喉等困难地段，不宜大于 2.0∶1。

四、实训要求

（1）实训时间：根据课程标准设置要求。

（2）实训形式：实习指导教师统一讲解示范，学生分组练习，综合考核。

（3）准备工作：

①人员准备，人员清单如表 3-4-1 所示。

表 3-4-1　人员清单

序号	人员类型	数量	作业内容
1	监护人员	1	现场监护
2	软横跨行走人员	1	跨距行走

②材料准备，材料清单如表 3-4-2 所示。

表 3-4-2　材料清单

序号	名称	规格	单位	数量	备注
1	工作服	在安全试验周期内	件	2	现场作业人员每人 1 套

③工具准备，工具清单如表 3-4-3 所示。

表 3-4-3　工具清单

序号	名称	规格	单位	数量	备注
1	安全帽	有永久标识	顶	2	现场作业人员每人 1 顶
2	安全带	单钩或双钩	条	1	现场作业人员每人 1 条
3	绝缘靴	标称电压 5 kV 以上	双	2	现场作业人员每人 1 双
4	绝缘手套	有明显持久的标记	双	1	现场作业人员每人 1 双
5	脚扣	在安全试验周期内	双	1	

（4）作业安全注意事项，如表 3-4-4 所示。

表 3-4-4　作业安全注意事项

序号	安全事项
1	上网走跨距时，注意栓挂安全带
2	登杆前检查工具，放置高空坠落
3	攀登支柱及走网时下方不准有人，注意安全

五、实训作业步骤

1. 作业流程（如图 3-4-1 所示）

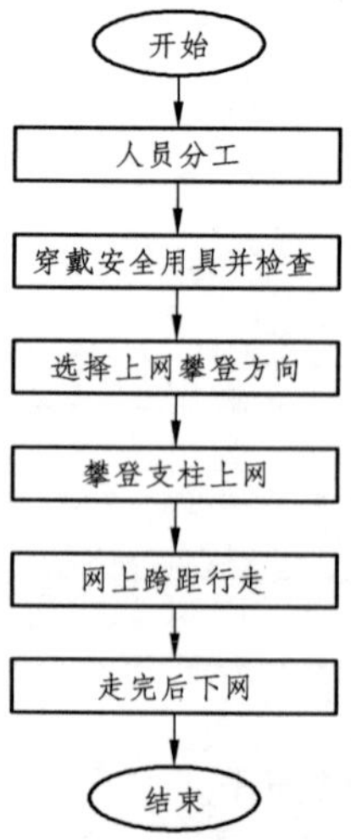

图 3-4-1　作业流程图

2. 作业步骤(如表 3-4-5 所示)

表 3-4-5　作业步骤

序号	工作内容	工作要求	注意事项
步骤 1	人员分工	1 人为监护人员，保证工作台上人员的安全；1 人为上网行走人员	
步骤 2	穿戴安全用具并检查	(1) 穿戴防护用具； (2) 检查防护绳、脚扣等工具； (3) 检查并扎好安全带，将安全带系在臀部上部位置	
步骤 3	选择上网攀登方向	(1) 观察支柱上有无其他设备； (2) 选择攀登方向和条件	(1) 登杆前应检查杆身是否倾斜或破损，拉线是否牢固，杆根及基础是否牢固； (2) 登杆前应先检查杆上有无障碍物，杆型较复杂的要先考虑登杆的路径
步骤 4	攀登支柱上网	(1) 试套脚扣； (2) 按要求进行攀登，并上网	(1) 登杆作业时电杆下不得站人，防止东西坠落； (2) 杆塔上作业转位时不得失去安全带保护
步骤 5	网上跨距行走	(1) 安全带保险绳必须随时系在上部固定绳和承力索上； (2) 进行网上跨距行走	行走时下面不得站人，防止东西坠落
步骤 6	走完后下网	走完一个跨距后从另一根支柱下网	

六、实训考核标准(如表 3-4-6 所示)

表 3-4-6　实训考核评分表

完成时间：________ min

项目	序号	考核内容及评分标准	配分	扣分	得分	备注
准备工作	1	人员着装整齐，安全劳保用品齐全。个人着装、安全劳保用品一项不合格扣 2 分	10			
	2	攀登、行走工具型号选择正确，作业开始前摆放整齐，并进行检查。攀登工具选错一项扣 2 分，未进行检查扣 2 ~ 5 分	10			
作业程序	1	熟练掌握运用、正确使用安全带，不符合规定的每次扣 15 分	50			
	2	攀登前检查支柱状态，观察支柱上有无其他设备，选好攀登方向和条件，不按规定的每次扣 5 分				
	3	跨距行走时，注意保险绳固定位置，不符合要求的每项扣 10 分				

续表

项目	序号	考核内容及评分标准	配分	扣分	得分	备注
安全及其他	1	出现意外伤害事故立即停止考核，成绩为不合格	30			
	2	安全带保险扣脱落、安全帽掉落每件扣 10 分				
	3	上、下支柱时，手、脚打滑一次扣 10 分				
	4	考核时间为 10 min，每超时 1 min 扣 2 分，超时 5 min 停止考核。				
合计			100			

七、思考题

（1）跨距行走要注意的安全措施有哪些?

（2）跨距的确定受到哪些因素影响?

任务五　验电接地作业

一、实训目的

（1）熟悉验电接地作业程序及标准。

（2）了解验电接地的安全知识。

（3）掌握验电接地的基本方法和技能。

（4）了解保护范围及工作原理。

二、思政目标

（1）树立标准化作业意识。

（2）具有团队合作、深入细致的工作精神。

（3）树立大局观念、时间观念，吃苦耐劳的精神。

三、理论链接

验电器是用来检查高压线路和电力设备是否带电的工具，是变电所常用的最基本的安全用具，如图 3-5-1 所示。验电是保证在全部停电或部分停电的电气设备上工作人员安全的重要措施之一。

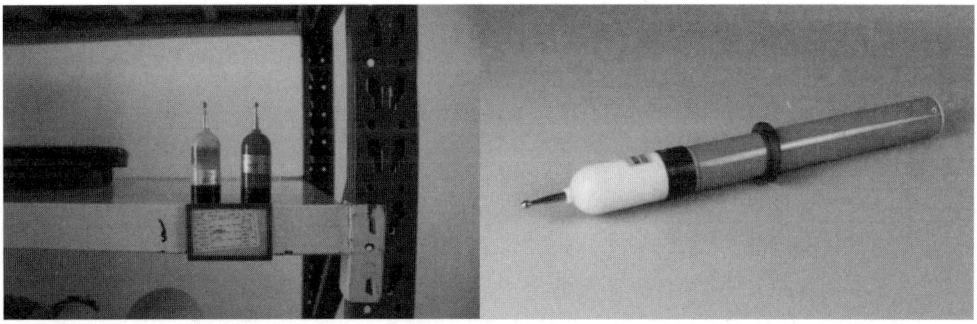

图 3-5-1　验电器

1. 验电接地工具检查内容

（1）检查验电器状态是否良好，表面是否干燥、清洁，伸缩是否正常，声光信号是否显示正常。

（2）检查接地杆表面是否干燥、清洁，检查接地线（如图 3-5-2 所示）、接地钩、接地线夹、接地杆的状态是否良好。

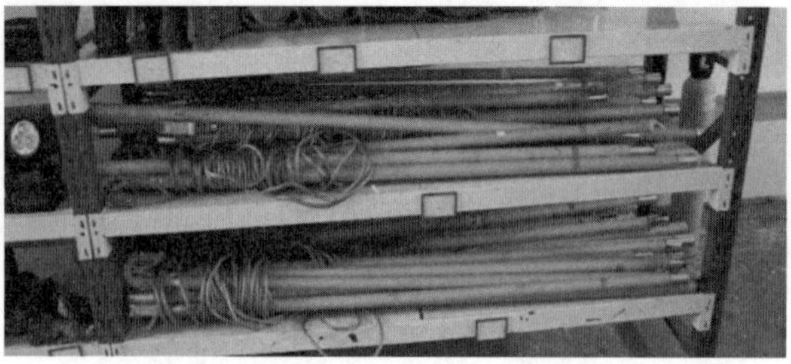

图 3-5-2　接地线

（3）检查钢丝刷状态是否良好。

2. 验电器验电接地作业主要流程

（1）观察现场接地条件良好后，按照规定将防护灯放在作业区段外的钢轨上。

（2）地面工作准备完毕后，操作人员穿戴好防护用具，将验电器绝缘杆全部伸展连接。

（3）验电器接地端应夹在回流轨上（接之前应用钢刷除锈），然后用验电器前端金属头接触被验电导体，若有声光信号出现表示仍有电，反之无电。

（4）验电器每次与被验电设备接触的时间不得超过 10 s，两次验电间隔时间不少于 5 s。

（5）验明无电后挂接地线，组装接地杆。

（6）将接地线夹装设至已除锈的钢轨上，同时连接好接地线接地端。

（7）将另一端与被停电的导体相连，确认接地钩是否卡进腕臂或线索内。挂、拆接地线时，操作人员不得触碰接地线。

（8）作业完成后，按命令拆除地线。拆除地线时，顺序与上述过程相反，先拆除停电设备端，再拆接地端。

以上为使用验电器验电接地时的操作流程。当使用抛线法验电接地时，应首先检查所用抛线的技术状态，其长度应与接触网悬挂的高度相适应，抛线须用截面积 6～8 mm^2 的裸铜软绞线制成。

3. 抛线法验电接地作业流程

（1）将接地线夹装设至已除锈的钢轨上，同时连接好接地线接地端。

（2）抛线时要使之不可能触及其他带电设备，抛线抛出后操作人员随即离开抛线，抛出的抛线不得短接钢轨。

（3）抛线必须挂在接触悬挂上后，才能进行接地。将另一端与被停电的导体相连，确认接地钩是否卡进腕臂或线索内。挂、拆接地线时，操作人员不得触碰接地线。

（4）接地线装设完毕后，才能拆除抛线。

（5）作业完成后，按命令拆除地线。拆除地线时，顺序与上述过程相反，先拆除停电设备端，再拆接地端。

四、实训要求

（1）实训时间：根据课程标准设置要求。

（2）实训形式：实习指导教师统一讲解示范，学生分组练习，综合考核。

（3）准备工作：

①人员准备，人员清单如表 3-5-1 所示。

表 3-5-1　人员清单

序号	人员类型	数量	作业内容
1	工作领导人	1	人员分工，组织并下令
2	地线监护人员	1	现场监护
3	作业人员	1	现场作业

②材料准备，材料清单如表 3-5-2 所示。

表 3-5-2　材料清单

序号	名称	规格	单位	数量	备注
1	工作服	在安全试验周期内	件	2	现场作业人员每人 1 套

③工具准备，工具清单如表 3-5-3 所示。

表 3-5-3　工具清单

序号	名称	规格	单位	数量	备注
1	安全帽	有永久标识	顶	2	现场作业人员每人 1 顶
2	安全带	单钩或双钩	条	1	现场作业人员每人 1 条
3	绝缘靴	标称电压 5 kV 以上	双	1	雨雾天气或湿度较大时使用
4	绝缘手套	有明显持久的标记	双	1	雨雾天气或湿度较大时使用
5	验电器	25 kV	套	1	
6	对讲机（GSM-R 手持终端）	—	套	1	
7	接地线	25 mm²	组	1	有透明保护套保护
8	接地杆	—	副	1	末端按标准设置有反光带
9	钢丝刷	—	把	1	
10	抛线	6～8 mm²	组	1	根据需要使用

（4）作业安全注意事项，如表 3-5-4 所示。

表 3-5-4　作业安全注意事项

序号	安全事项
1	验电接地人员在接到并确认验电接地命令后须先验电，后接地
2	验电和装设、拆除接地线必须由两人进行，一人操作，一人监护
3	当雨、雾天或湿度较大情况下接地时，接挂地线人员应穿绝缘靴、戴绝缘手套
4	接地线应可靠接在同一侧钢轨上，且不应跨接在钢轨绝缘两侧、道岔尖轨处。必须跨接在钢轨绝缘两侧时，应封锁线路
5	地线穿越钢轨或跨越股道时，必须采取绝缘防护措施
6	在停电作业的接触网附近有平行、交叉带电的高压电力线路或接触网时，为防止感应电压，除按规定装设接地线外，还应增设接地线
7	不宜在绝缘锚段关节内或跨越绝缘锚段关节装设接地线，否则，应事先确认相应的开关处于闭合位
8	不得在安装吸上线的支柱处装设接地线
9	严禁将接地线挂在接触线、软(硬)横跨固定绳上
10	接触网作业范围内有接触网 T 接非牵引负荷设备(如信号变、红外线二电源)时，应有明显断开点或在可能来电侧增设接地线

五、实训作业步骤

1. 作业流程（如图 3-5-3 所示）

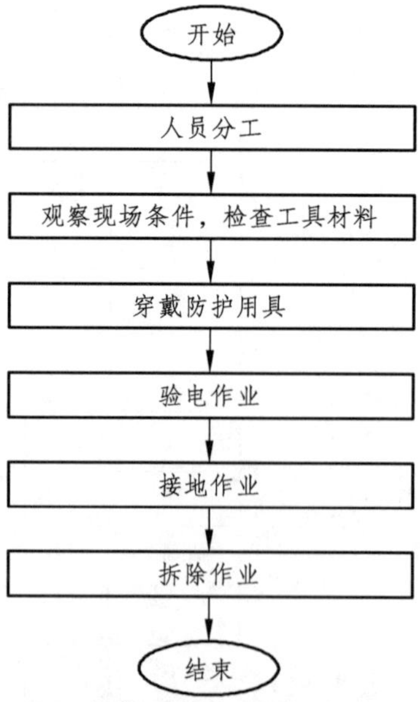

图 3-5-3　作业流程

2. 作业步骤(如表 3-5-5 所示)

表 3-5-5 作业步骤

序号	工作内容	工作要求	注意事项
步骤 1	人员分工	1 人为工作领导人，1 人为监护人员，保证作业人员的安全。1 人为作业人员	验电和装设、拆除接地线必须由两人进行，一人操作，一人监护
步骤 2	观察现场条件，检查工具材料	(1)观察现场接地条件良好后，按照规定将防护灯放在作业区段外的钢轨上； (2)检查验电器状态是否良好，表面是否干燥、清洁，伸缩是否正常，声光信号是否显示正常； (3)检查接地杆表面是否干燥、清洁，检查接地线、接地钩、接地线夹、接地杆的状态是否良好； (4)检查钢丝刷状态是否良好	
步骤 3	穿戴防护用具	当地面工作准备完毕后，操作人员穿戴好防护用具，将验电器绝缘杆全部伸展连接	
步骤 4	验电作业	(1)验电器接地端应夹在回流轨上(接之前应用钢刷除锈)，然后用验电器前端金属头接触被验电导体，若有声光信号出现表示仍有电，反之无电； (2)验电器每次与被验电设备接触的时间不得超过 10 s，两次验电间隔时间不少于 5 s	
步骤 5	接地作业	(1)验明无电后挂接地线，组装接地杆； (2)将接地线夹装设至已除锈的钢轨上，同时连接好接地线接地端； (3)将另一端与被停电的导体相连，确认接地钩是否卡进腕臂或线索内。挂、拆接地线时，操作人员不得触碰接地线	接地线应可靠接在同一侧钢轨上，且不应跨接在钢轨绝缘两侧、道岔尖轨处。必须跨接在钢轨绝缘两侧时，应封锁线路
步骤 6	拆除作业	作业完成后，按命令拆除地线。拆除地线时，顺序与上述过程相反，先拆除停电设备端，再拆接地端	

六、实训考核标准(如表 3-5-6 所示)

表 3-5-6 实训考核评分表

完成时间：________ min

项目	序号	考核内容及评分标准	配分	扣分	得分	备注
准备工作	1	人员着装整齐，安全劳保用品齐全。个人着装、安全劳保用品一项不合格扣 2 分	10			
	2	验电接地工具型号选择正确，作业开始前摆放整齐，并进行检查。工具选错一项扣 2 分，未进行检查扣 2～5 分	10			

续表

项目	序号	考核内容及评分标准	配分	扣分	得分	备注
作业程序	1	按要求放置防护灯，操作错误时扣 5 分	50			
	2	按要求进行验电操作，未按要求的每项扣 10 分				
	3	接地时进行除锈和紧固设备的相关工作，没有相关操作的，出现一次扣 5 分				
	4	按要求拆除接地线，未按要求的每项扣 10 分				
安全及其他	1	出现意外伤害事故立即停止考核，成绩为不合格	30			
	2	安全带保险扣脱落、安全帽掉落每件扣 10 分				
	3	考核时间为 10 min，每超时 1 min 扣 2 分，超时 5 min 停止考核				
合计			100			

七、思考题

（1）安装接地线后，可采取的防风摆措施有哪些?

（2）哪些地方不可以使用抛线法验电?

任务六　工作票的填写

一、实训目的

（1）熟悉接触网检修作业方式。

（2）了解验电接地的安全知识。

（3）掌握验电接地的基本方法和技能。

（4）了解保护范围及工作原理。

二、思政目标

（1）树立标准化作业意识。

（2）具有团队合作、深入细致的工作精神。

（3）树立大局观念、时间观念，吃苦耐劳的精神。

三、理论链接

工作票是进行接触网检修作业的书面依据，填写时要字迹清楚、正确，需填写的内容不得涂改和用铅笔书写。

根据作业性质的不同，工作票分为三种：

（1）接触网第一种工作票（见附件 1），用于停电作业。

（2）接触网第二种工作票（见附件 2），用于间接带电作业。

（3）接触网第三种工作票（见附件 3），用于远离作业即距带电部分 1 m 及其以外的高空作业、较复杂的地面作业、未接触带电设备的测量及铁路防护栅栏内步行巡视等。

工作票签发人和工作领导人安全等级不低于四级。同一张工作票的签发人和工作领导人必须由两人分别担当。工作票填写 1 式 2 份，1 份由发票人保管，1 份交给工作领导人。工作票有效期不得超过 3 个工作日。

事故抢修和遇有危及人身或设备安全的紧急情况，作业时可以不签发工作票，但必须有供电调度批准的作业命令，并由抢修负责人布置安全、防护措施。

发票人一般应在作业 6 h 之前将工作票交给工作领导人，使之有足够的时间熟悉工作票中的内容并做好准备工作。工作领导人对工作票内容有不同意见时，应向发票人提出，经认真分析，确认无误后签字。每次作业，一名工作领导人同时只能接受一张工作票。一张工作票只能发给一名工作领导人。

工作领导人应提前组织作业组成员（含作业车司机）召开工前预备会，宣讲工作票并进行作业分工、安全预想，将本次作业任务和安全措施逐项分解落实到人，并进行针对性安全提示。作业组成员有疑问时应及时提出，工作领导人组织答疑并确认无误。作业前，工作领导人应组织作业组成员列队点名，并确认作业安全用具准备充分、作业组人员身体及精神状态良好后，方准作业。

工作票中规定的作业组成员一般不应更换，若必须更换时，应由发票人签认，若发票人不在可由工作领导人签认。工作领导人更换时，必须由发票人签认。当需变更作业种类、作业地点、作业内容、需停电的设备、封锁或限行条件等要素之一时，必须废除原工作票，签发新的工作票。

V 形接触网检修作业使用的工作票右上角应加盖“上行”或“下行”印记。工作票中要有针对 V 形接触网检修作业的特殊性提出的安全措施。主要是：

（1）写明上行（下行）封锁及停电，下行（上行）未封锁及有电，人员机具和作业车平台旋转不得侵入下行（上行）限界的范围。

（2）防止误触有电设备的安全措施。

（3）防止感应电伤害的安全措施。

（4）防止穿越电流伤害的安全措施。

（5）防止电力机车将电带入作业区段的安全措施。

在设备较复杂的区段作业时，应附页画出作业区段简图，标明停电作业范围、接地线位置，并用红色标记带电设备。

四、实训要求

（1）实训时间：根据课程标准设置要求。

（2）实训形式：实习指导教师统一讲解示范，学生分组练习，综合考核。

（3）准备工作：接触网三种工作票材料。

（4）作业安全注意事项：无。

五、实训作业步骤

1. 作业流程（如图 3-6-1 所示）

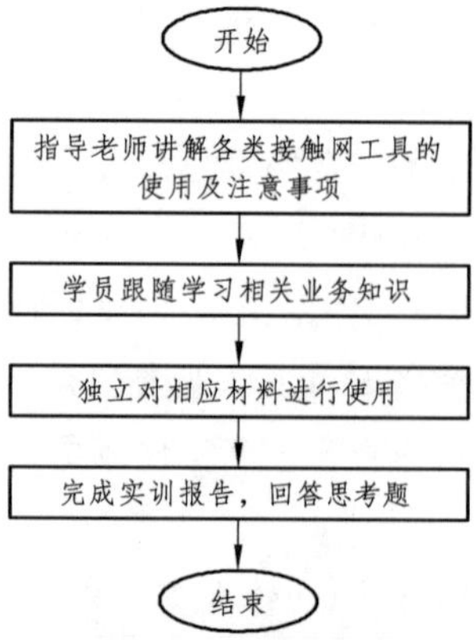

图 3-6-1　作业流程

2. 作业步骤(如表 3-6-1 所示)

表 3-6-1 作业步骤

序号	作业步骤
1	指导老师讲解各类工作票填写的要求、使用情景及注意事项
2	学员跟随学习相关业务知识
3	学员分组模拟场景，进行工作票的填写
4	完成实训报告，回答思考题

六、实训考核标准(如表 3-6-2 所示)

表 3-6-2 实训考核评分表

项目	考核内容及评分标准	配分	扣分情况
实操作业	对三类工作票进行功能介绍，无法识别扣 10 分	20	
	模拟三类工作票使用场景，并对工作票进行填写，没有按照要求进行填写的，每一处扣 5 分	80	
总分		100	

七、思考题

（1）一张工作票中，工作票签发人、工作票负责人和工作票许可人三者是否可以互相兼任?

（2）工作票填写有何要求?

任务七　中间支柱的地面装配

一、实训目的

（1）认识腕臂的类型及组成。

（2）掌握中间支柱结构的组装。

二、思政目标

（1）树立标准化作业意识。

（2）具有团队合作、深入细致的工作精神。

（3）树立大局观念、时间观念，吃苦耐劳的精神。

三、理论链接

根据斜腕臂上安装的定位管受力状态来区分，定位管承受定位器传递来的水平分力如果受拉力为正定位，如图 3-7-1(a)所示；受压力为反定位，如图 3-7-1(b)所示。

正反定位是为了使接触线在受电弓滑板平面内呈“之”形滑动接触，使受电弓滑板均匀磨耗。

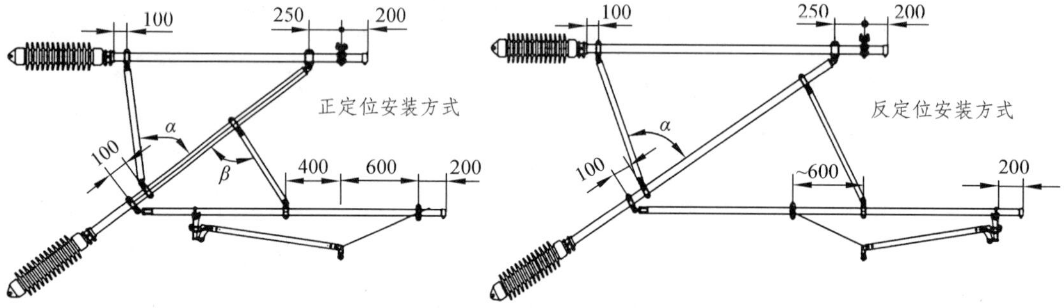

(a) 正定位　　　　(b) 反定位

图 3-7-1　定位方式

铝合金腕臂定位系统：腕臂管及腕臂连接件、承力索支撑线夹、腕臂支撑及其连接件、定位管、定位环、定位器均采用高强度铝合金材料，如图 3-7-2 所示。防腐性能好、重量轻、比强度高、外观有美感、安装简便、便于施工，无须维护。

图 3-7-2　铝合金腕臂定位系统

（1）平腕臂和斜腕臂，如图 3-7-3 所示。

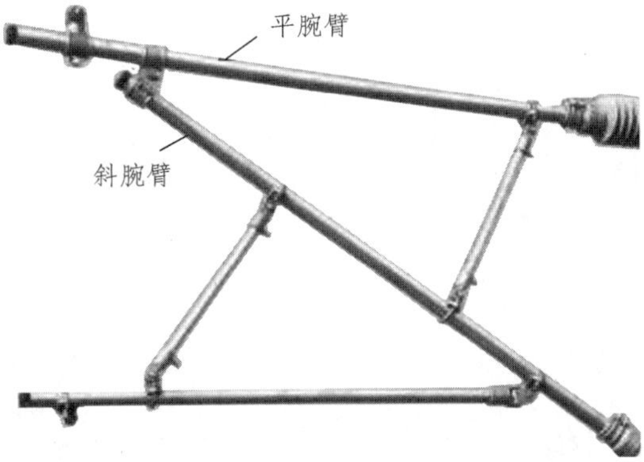

图 3-7-3　平斜腕臂及腕臂支撑示意图

（2）套管单耳。由于套管单耳用在两个地方，第一处为腕臂支撑处（70 型），如图 3-7-4 所示，第二处为定位管支撑处（55 型），如图 3-7-5 所示。由于平斜腕臂管径为 70 mm，而定位管管径为 55 mm，因此套管单耳有两种型号，分别为 55 型和 70 型，具体几何尺寸如下所示：

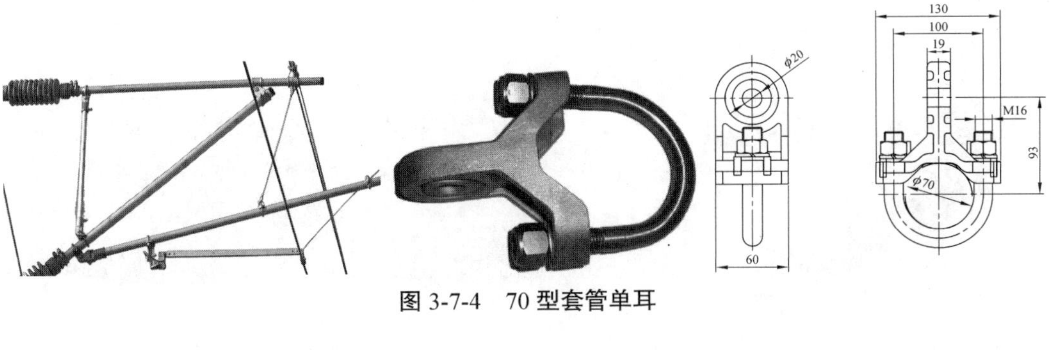

图 3-7-4　70 型套管单耳

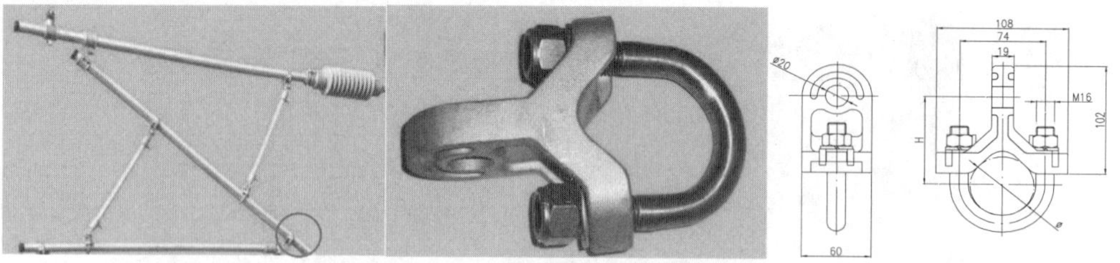

图 3-7-5　55 型套管单耳

（3）腕臂支撑。是进行平、斜腕臂之间的连接，起到稳定腕臂的作用，其结构如图 3-7-6 所示。

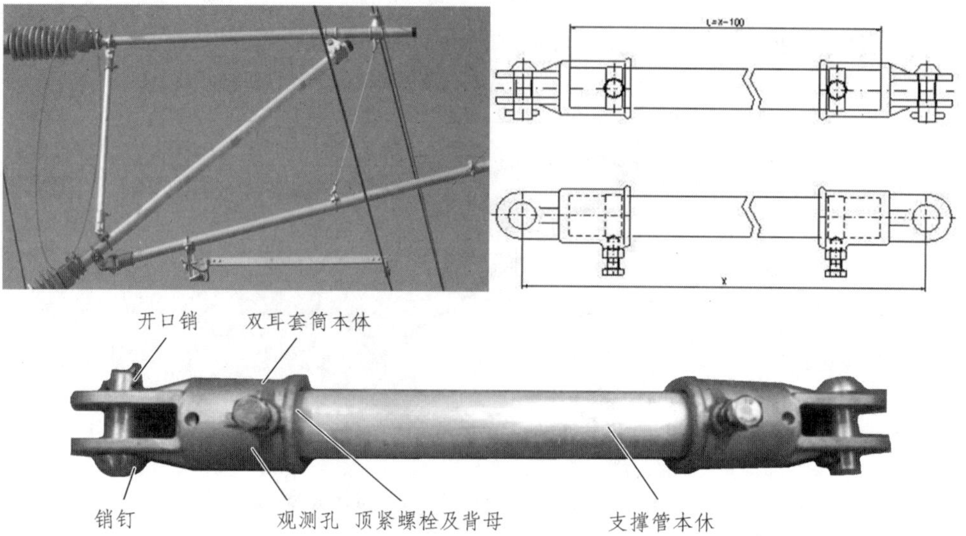

图 3-7-6　腕臂支撑

（4）套管座（如图 3-7-7 所示）。套管座按照组装要求，是在平斜腕臂组成的里面，若套管座安装偏斜，将会造成平斜腕臂不在同一个平面内并产生内应力，利用数显式力矩扳手检查背母和顶紧螺栓的紧固力矩，按照产品组装工艺，要求套管座顶紧螺栓的紧固力矩为 100 N・m，因此在例行检查中要用数显式力矩扳手对力矩进行检查。

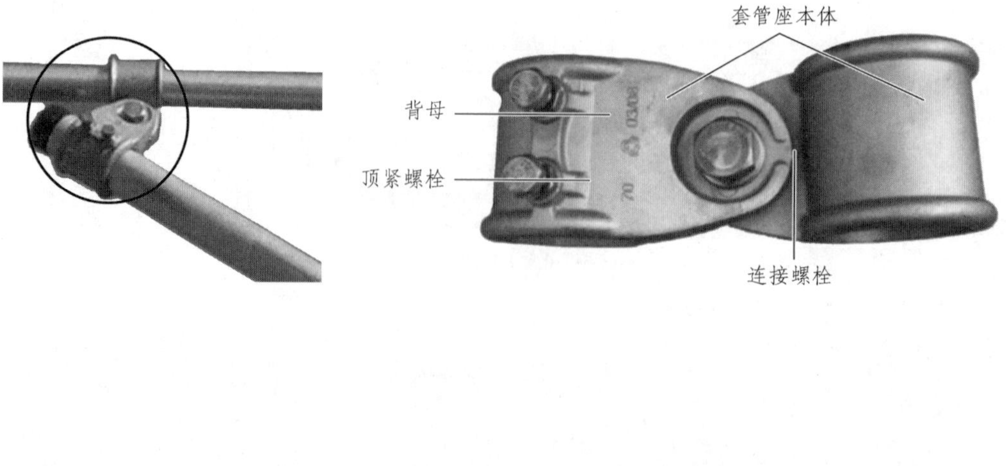

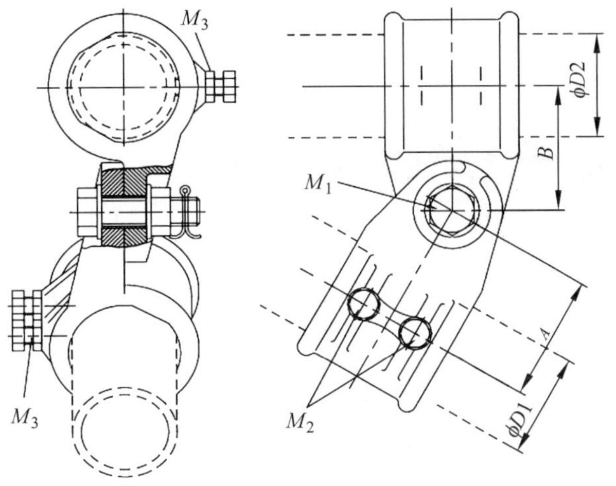

图 3-7-7　套管座

（5）承力索座，如图 3-7-8 所示。

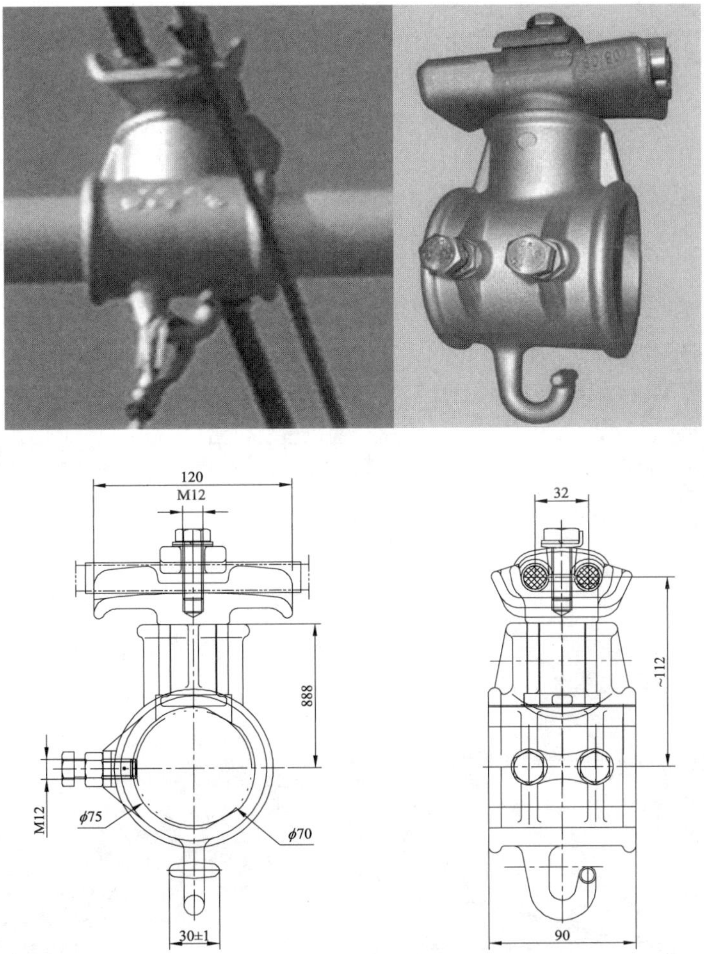

图 3-7-8　套管座

（6）管帽，如图 3-7-9 所示。

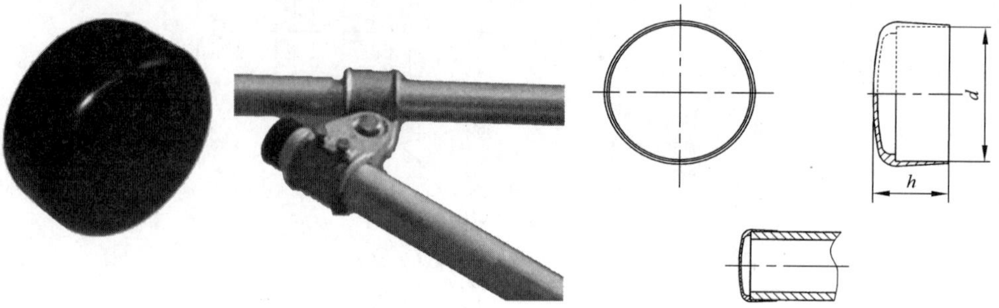

图 3-7-9 管帽

（7）定位器，如图 3-7-10 所示。

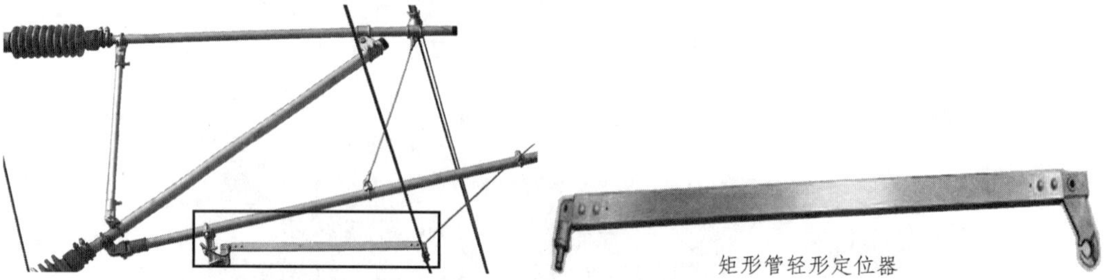

图 3-7-10 定位器

（8）定位线夹，如图 3-7-11 所示。

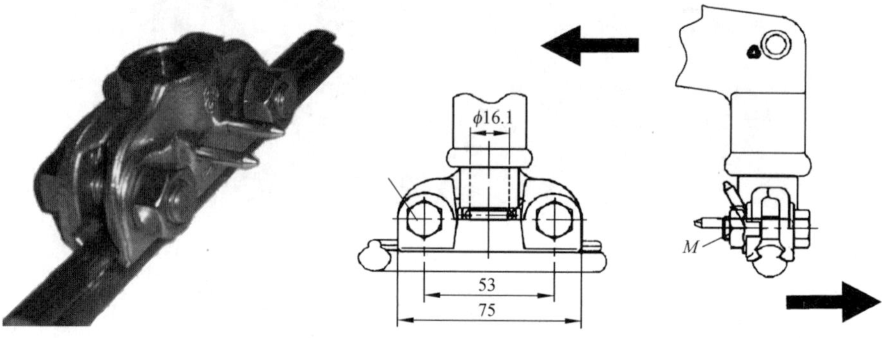

图 3-7-11 定位线夹

（9）定位支座，如图 3-7-12 所示。

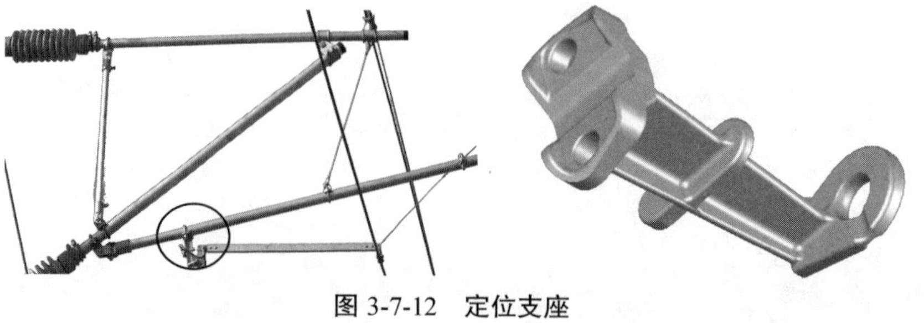

图 3-7-12 定位支座

（10）电气连接线，如图 3-7-13 所示。

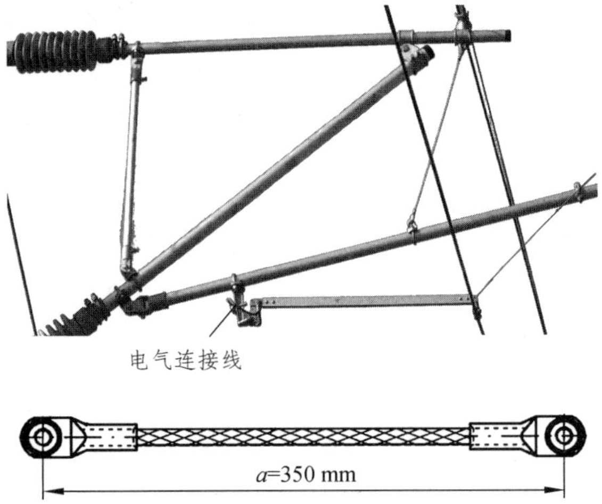

图 3-7-13　电气连接线

（11）拉线定位钩，如图 3-7-14 所示。

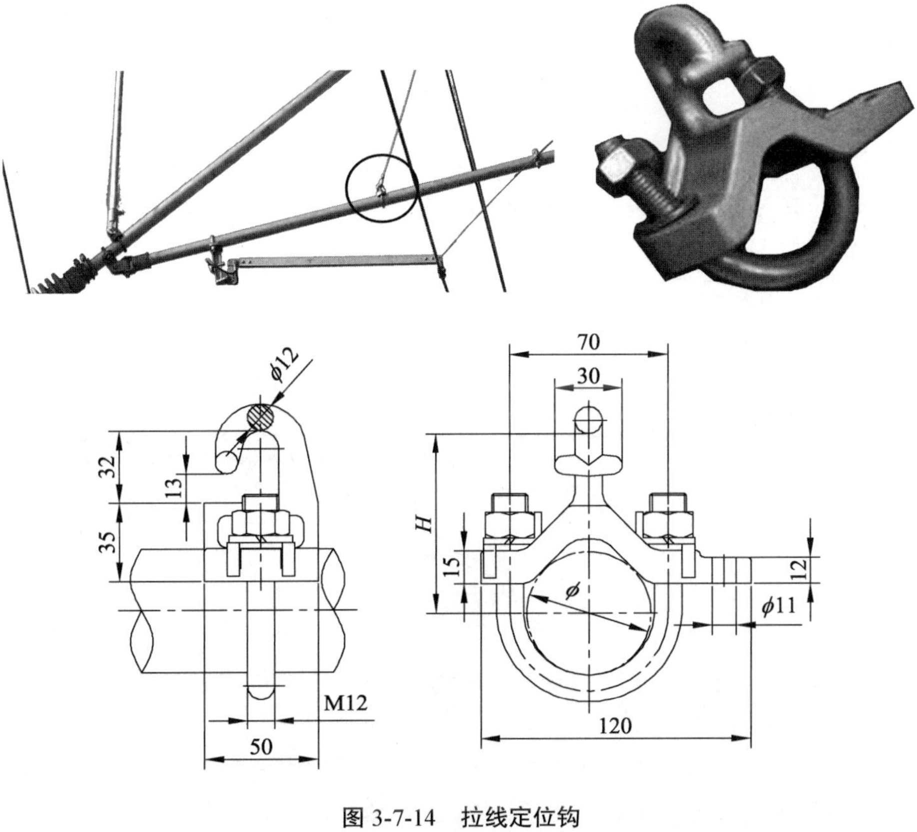

图 3-7-14　拉线定位钩

（12）定位管斜拉线，如图 3-7-15 所示。

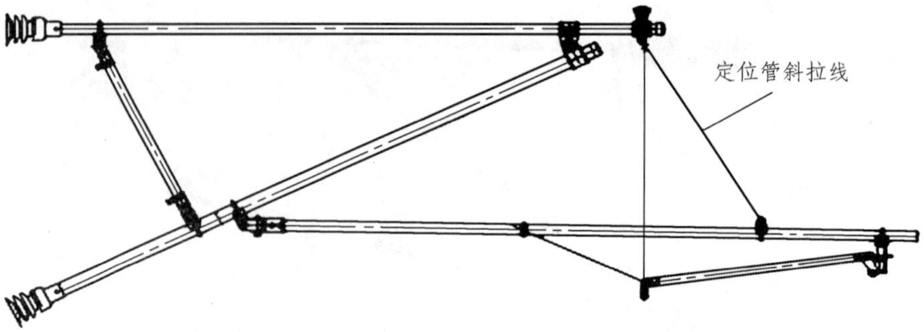

图 3-7-15　**定位管斜拉线**

（13）防风拉线，如图 3-7-16 所示。

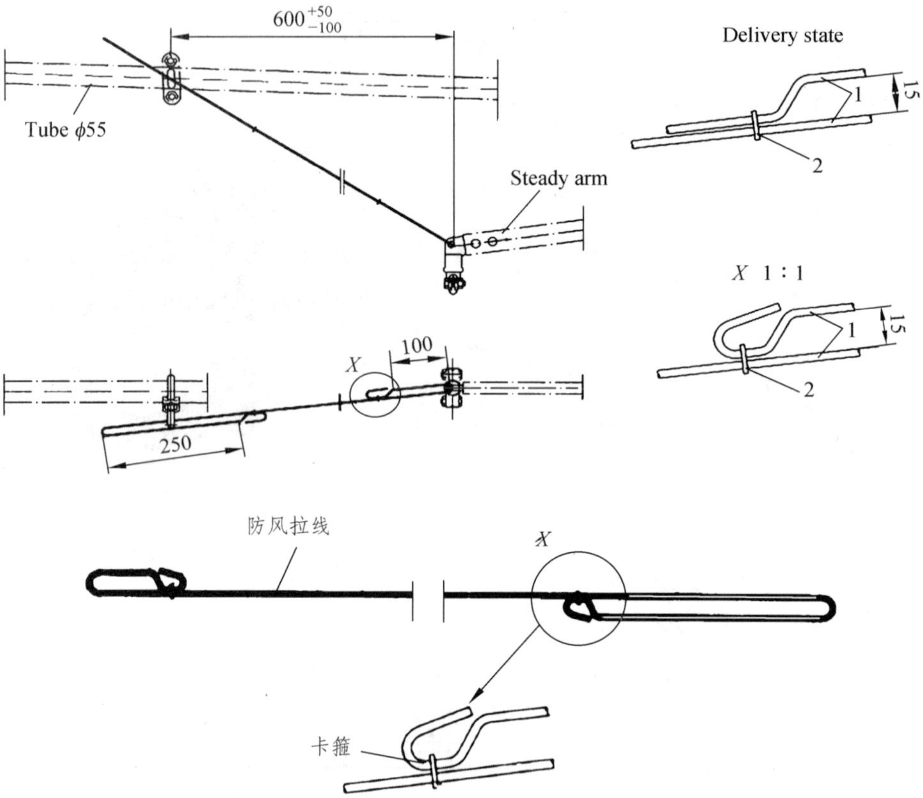

图 3-7-16　**防风拉线**

防风拉线材质为不锈钢丝(禁止用铁丝代替)，防风拉线两头分别为长环和短环，长环安装与定位管防风拉线定位环上，短环安装与定位器上，卡箍本体完好，防风拉线末段有回头弯。防风拉线定位环本体完好，螺母力矩为 35 N・m。

（14）斜拉线，如图 3-7-17 所示。

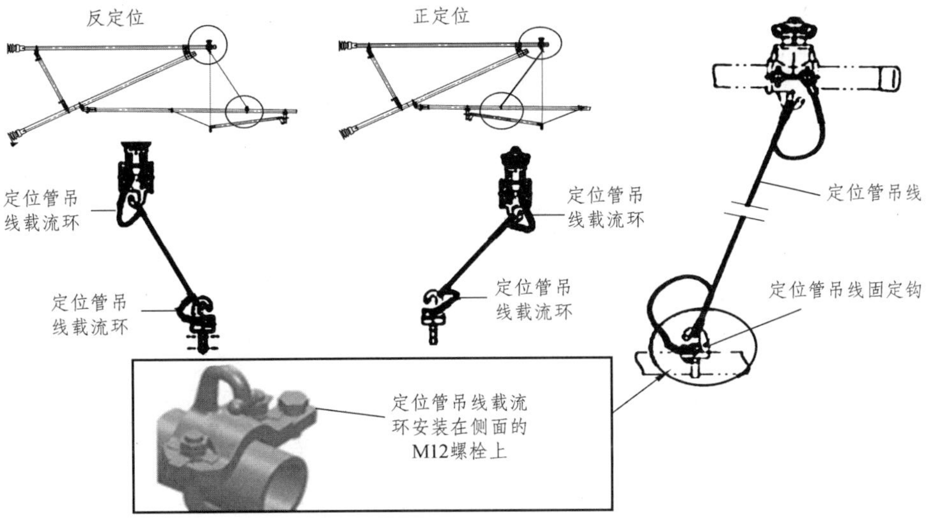

图 3-7-17　斜拉线

斜拉线材质为不锈钢丝绳，无断股、散股。斜拉线的拉出方向应与承力索座、拉线固定钩的钩口朝向相反，应有心形环。斜拉线载流环在平腕臂上安装在承力索座钩子开口侧承力索座的顶紧螺栓上，其线鼻子在锁紧螺母下方；斜拉线下方的载流环是连接到拉线固定钩侧面的 M12 螺栓上，其线鼻子在垫片下方，紧固力矩为 35 N·m。

四、实训要求

（1）实训时间：根据课程标准设置要求。

（2）实训形式：实习指导教师统一讲解示范，学生分组练习，综合考核。

（3）准备工作：

①人员准备，人员清单如表 3-7-1 所示。

表 3-7-1　人员清单

序号	人员类型	数量	作业内容
1	作业人员	3	现场作业

②材料准备，材料清单如表 3-7-2 所示。

表 3-7-2　材料清单

序号	名称	规格	单位	数量	备注
1	工作服	在安全试验周期内	件	2	现场作业人员每人 1 套
2	定位器		件		
3	定位线夹		件		
4	定位环		件		
5	定位管卡子		件		
6	镀锌铁线	Φ4.0 mm	件		
7	支持器		件		

③工具准备，工具清单如表 3-7-3 所示。

表 3-7-3　工具清单

序号	名称	规格	单位	数量	备注
1	安全帽	有永久标识	顶	3	现场作业人员每人 1 顶
2	绝缘靴	标称电压 5 kV 以上	双	3	现场作业人员每人 1 双
3	力矩扳手 (含套筒)	0～100 N・m	套	1	
4	梅花扳手		把	2	
5	水平尺	600 mm	把	1	
6	螺丝刀	—	把	2	
7	老虎钳		把	1	

（4）作业安全注意事项，如表 3-7-4 所示。

表 3-7-4　作业安全注意事项

序号	安全事项
1	严禁用金属工器具敲打零部件
2	需要调整接触线、承力索位置时，人员须站在线索受力方向的反侧
3	各部螺栓紧固时应注意交替紧固，受力均匀，紧固过程中不能咬扣
4	作业完毕后，检查相关设备状态，不符合要求时要按标准进行适当调整，并严格复核受电弓动态包络线。

五、实训作业步骤

1. 作业流程(如图 3-7-18 所示)

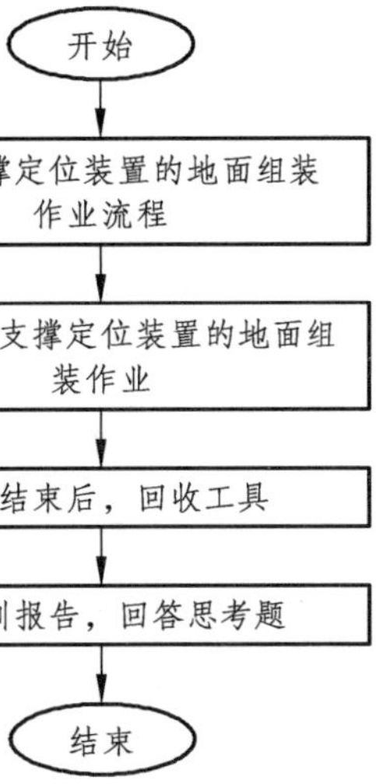

图 3-7-18 作业流程

2. 作业步骤(如表 3-7-5 所示)

表 3-7-5 作业步骤

序号	工作内容	工作要求	注意事项
步骤 1	人员分工	按要求对人员进行作业分工，确定每个人的工作内容和注意事项	
步骤 2	工具材料清点	对组装的工具及材料进行清点确认	
步骤 3	穿戴防护用具	当地面工作准备完毕后，操作人员穿戴好防护用具	
步骤 4	组装作业	(1)在地面上用粉笔画一直线代表支柱，用皮尺测量确定平腕臂、斜腕臂旋转底座的安装位置，并用皮尺测量确定线路中心的位置并画线确定侧面限界； (2)将零部件按图纸大致位置进行摆放，准备组装； (3)将腕臂上底座→棒式绝缘子→腕臂→支撑管卡子→套管双耳→承力索底座→管帽按图纸连接组装起来； (4)将斜腕臂下底座→棒式绝缘子→斜腕臂→支撑管卡子→套管双耳与平腕臂连接组装； (5)确定好平腕臂与斜腕臂角度，将支撑管卡子→腕臂支撑→支撑管卡子连接组装起来； (6)将定位环→定位管→定位支座→定位器连接组装，确定好定位器位置，将支撑管卡子→腕臂支撑→支撑管卡子连接组装起来 (7)将定位管管帽安装在定位管上	(1)严禁用金属工器具敲打零部件； (2)各部螺栓紧固时应注意交替紧固，受力均匀，紧固过程中不能咬扣
步骤 5	收工	(1)验证无问题后对工具材料进行清点确认； (2)收工	

六、实训考核标准，如表 3-7-6 所示

表 3-7-6　实训考核评分表

完成时间：________ min

项目	序号	考核内容及评分标准	配分	扣分	得分	备注
准备工作	1	人员着装整齐，安全劳保用品齐全。个人着装、安全劳保用品一项不合格扣 2 分	10			
	2	组装工具材料型号选择正确，作业开始前摆放整齐，并进行检查。工具选错一项扣 2 分，未进行检查扣 2～5 分	10			
作业程序	1	按要求顺序进行组装，未按要求的，每项扣 5 分	40			
	2	组装完成后进行测量计算，未符合要求的，每项扣 5 分				
安全及其他	1	出现意外伤害事故立即停止考核，成绩为不合格	40			
	2	组装过程中出现设备零件、工具损坏的，出现一次扣 10 分				
	3	考核时间为 10 min，每超时 1 min 扣 2 分，超时 5 min 停止考核				
合计			100			

七、思考题

（1）腕臂地面组装作业中有哪些要求和注意事项?

（2）吊柱安装的要求和注意事项有哪些?

任务八　接触网全参数激光测量仪进行基础数据测量作业

一、实训目的

（1）认识 DJJ-8 接触网激光测量仪各部件的名称，并掌握其作用。

（2）会使用 DJJ-8 接触网激光测量仪进行接触网参数的测量。

二、思政目标

（1）树立标准化作业意识。

（2）具有团队合作、深入细致的工作精神。

（3）树立大局观念、时间观念，吃苦耐劳的精神。

三、理论链接

激光测量仪（如图 3-8-1 所示）主要用于铁路接触网导高、拉出值、定位器坡度、锚段关节、线岔、侧面限界等接触网几何参数测量，使用时不受环境影响，不论白天、夜晚、刮风、有雾天气均可使用。

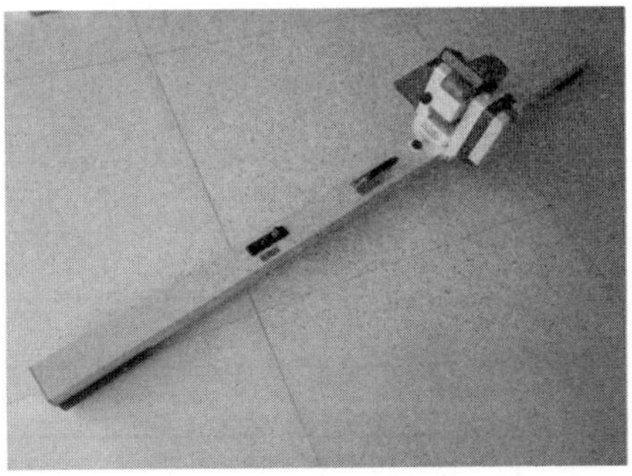

图 3-8-1　激光测量仪

仪器须采用电池外置形式，以便电池可以随时更换，且每块电池容量须大于 5000 mA·h，并能够单独充电。仪器具有支柱垂直度及支柱跨距的测量功能。

仪器在实际的应用中，需要综合考虑行车速度、行车界限等多方面情况，注意导高、侧面限界、拉出值、结构高度、定位器坡度等参数。

1. 导高

导高是接触线悬挂点高度的简称，是接触线无弛度时定位点（或悬挂点）处接触线距轨面的垂直高度，一般用“H”表示。

2. 拉出值

接触线直接与电力机车受电弓接触且发生摩擦，为了保证受电弓和接触线可靠接触、不脱线和保证受电弓磨耗均匀，要求接触线在线路上按技术要求固定位置，即在定位点处保证接触线与电力机车受电弓滑板中心有一定距离，这个距离称为拉出值，一般用“a”表示。

3. 侧面限界

支柱侧面限界是指轨平面处，支柱内缘至线路中心的距离。

4. 结构高度

链形悬挂的结构高度是指接触网悬挂点处承力索和接触线的铅锤距离，用符号“h”表示。

5. 定位器角度及坡度

定位器角度是指定位器本体与水平线之间的夹角，夹角的正切值即为定位器坡度。

四、实训要求

（1）实训时间：根据课程标准设置要求。

（2）实训形式：实习指导教师统一讲解示范，学生分组练习，综合考核。

（3）准备工作：

工具准备，工具清单如表 3-8-1 所示。

表 3-8-1　工具清单

序号	材料名称	型号	单位	数量	备注
1	激光测距仪	DJJ-8	台	1	
2	笔记本	—	个	1	
3	笔	—	支	1	

（4）作业安全注意事项：

①激光测量仪在使用及搬运过程中应轻拿轻放，防止损伤仪器。

②作业时携带激光测量仪在道上行走时注意脚下，防止摔伤、扭伤。

③使用激光测量仪上道测量作业，必须在与驻站联络员或工作领导人确认间隙无车、两端防护到位后方可进行。得到驻站联络员通知有列车接近作业区段后，须立即下道撤至安全地带等待，所有机具材料不得遗留在线路上。

五、实训作业步骤

1. 作业流程（如图 3-8-2 所示）

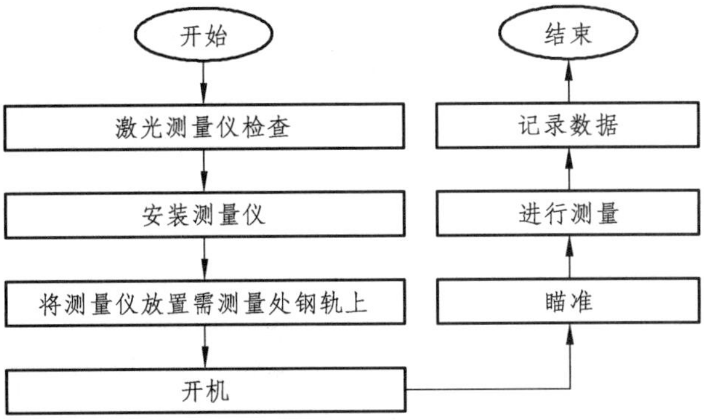

图 3-8-2　作业流程

2. 作业步骤（如表 3-8-2 所示）

表 3-8-2　作业步骤

序号	工作内容	工作要求	图片示例	注意事项
步骤 1	检查激光测量仪	(1) 检查测量仪整体外观； (2) 检查测量仪与底座设备编号是否一致； (3) 开机检查电池电量、液晶显示状态		
步骤 2	安装测量仪	按要求正确组装测量仪部件		激光测量仪在使用及搬运过程中应轻拿轻放，防止损伤仪器

续表

序号	工作内容	工作要求	图片示例	注意事项
步骤 3	将测量仪放置在需测量处钢轨上	(1)将测量架放置于待测目标下方的轨道面上，拨动测量架右端的轨距手柄，使测量架两端的固定测脚和活动测脚都紧靠钢轨内沿； (2)保持测量架与轨道基本垂直。将主机放置于测量架的定位盘上，并使旋紧旋钮处于旋紧状态		作业时携带激光测量仪在道上行走时注意脚下，防止摔伤、扭伤
步骤 4	开机	(1)打开电源开关后，按下键盘上“启动”按钮，显示屏出现“请向右旋转主机”； (2)根据提示用手轻轻旋转主机头(禁止快速旋转)，直至显示屏上出现视频图像，即表示仪器进入正常测量状态，可以开始测量		
步骤 5	瞄准	(1)仪器的显示屏中央有白色十字丝，通过前后挪动测量架和旋转主机头，使十字丝中心与待测目标完全重合； (2)瞄准时，可先用手转动主机头进行粗调，然后根据需要可旋转微调旋钮进行微调，直到对准目标； (3)在光线较弱的情况下也可以按“长光”键打开长光用眼睛观察红色激光点辅助瞄准		
步骤 6	进行测量	(1)基本测量。对准需要测量的一点，测出该点的导高、拉出值、超高； (2)侧面限界。调整镜头平行钢轨平面对准支柱侧，按下测量限界键； (3)岔心。激光对准线岔中心，按下岔心键，根据底座刻度输入内轨距，点击确定键可测出该岔心的中心投影偏差 4.500 mm。按下该键,测量一支，再调整镜头测量另一支，可测量线岔两支接触线的水平距离和垂直距离。(该功能可拓展为测量双支线索的垂直距离和水平距离)		
步骤 7	记录数据	记录并分析测量数据。		

六、实训考核标准(如表 3-8-3 所示)

表 3-8-3　实训考核评分表

项目	考核内容及评分标准	配分	扣分情况
标准流程	实训未按流程要求进行，每步扣 4 分	20	
数据测量	(1) 测量拉出值，操作程序不正确(包括读数)每步扣 2 分，测量结果不正确扣 10 分； (2) 测量导高，操作程序不正确(包括读数)每步扣 2 分，测量结果不正确扣 10 分； (3) 测量超高，操作程序不正确(包括读数)每步扣 2 分，测量结果不正确扣 10 分； (4) 测量侧面限界，操作程序不正确(包括读数)每步扣 2 分，测量结果不正确扣 10 分； (5) 测量岔心，操作程序不正确(包括读数)每步扣 2 分，测量结果不正确扣 10 分	50	
安全作业	(1) 作业时未穿戴必要的安全用具，每件扣 3 分； (2) 作业时出现违章现象每次扣 10 分； (3) 工具使用错误每次扣 5 分； (4) 工具损坏、脱落每次扣 10 分	30	
总　分		100	

七、思考题

（1）在使用仪器进行测量时有哪些注意事项?

（2）拉出值过大时，容易出现什么问题?

项目四

接触网检修作业

任务一　吊弦制作及更换作业

一、实训目的

（1）熟悉整体吊弦制作及更换程序及标准。

（2）了解整体吊弦制作及更换的安全知识。

（3）掌握整体吊弦制作及更换的基本方法和技能。

二、思政目标

（1）树立标准化作业意识。

（2）具有团队合作、深入细致的工作精神。

（3）树立大局观念、时间观念，吃苦耐劳的精神。

三、理论链接

接触线通过吊弦悬挂在承力索上，利用调节吊弦长短保证接触悬挂的结构高度和接触线高度，从而改善接触悬挂的弹性，提高受电弓的受流质量。

吊弦可分为：环节吊弦、整体吊弦（如图 4-1-1 所示）和滑动吊弦。其中，整体吊弦应用很广泛，其型号有 A、B、C、D、E 型。

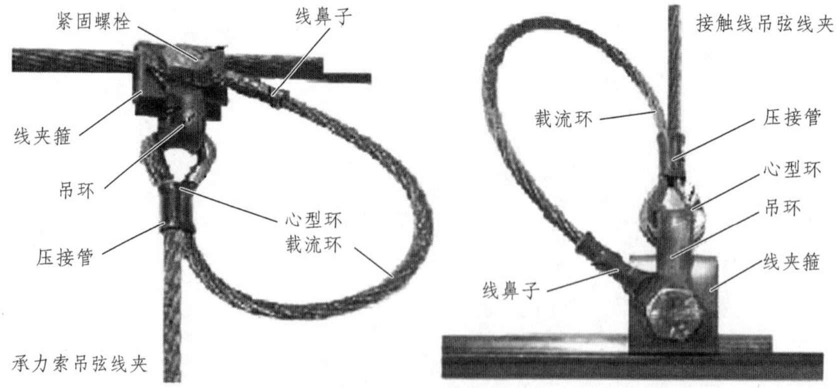

图 4-1-1　整体吊弦

A 型整体吊弦（如图 4-1-2 所示）由吊弦线、模锻型承力索吊弦线夹、模锻型接触线吊弦线夹、心形护环、钳压管、压接端子等部件组成。

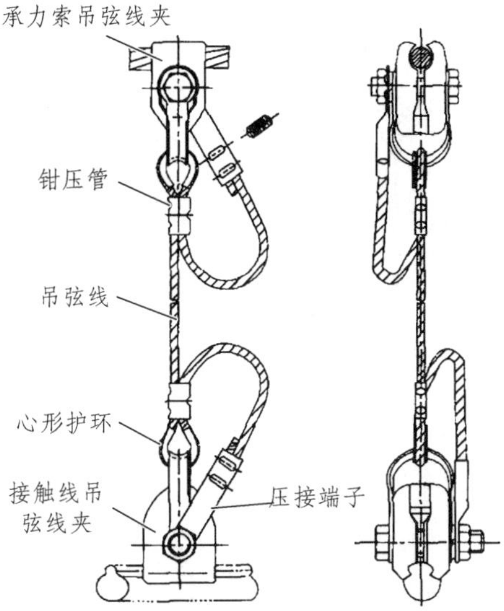

图 4-1-2　A 型整体吊弦

B 型整体吊弦（如图 4-1-3 所示）由吊弦线、模锻型承力索吊弦线夹、模锻型接触线吊弦线夹、心形护环、钳压管、调节固定螺栓、压接端子等部件组成。

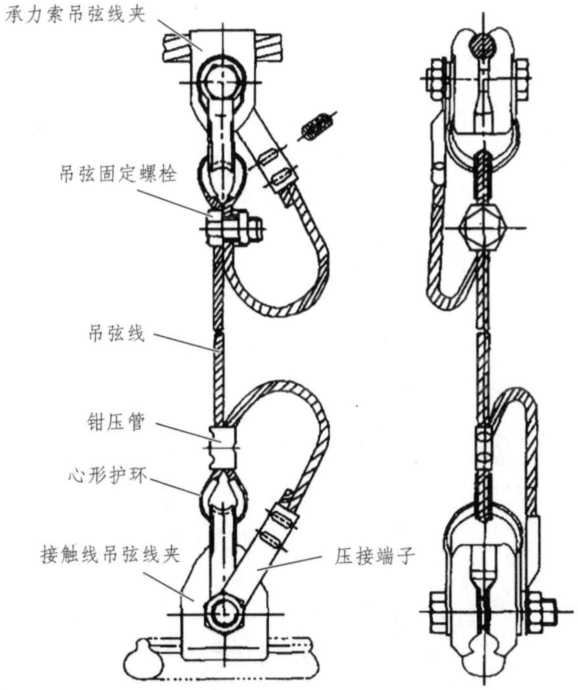

图 4-1-3　B 型整体吊弦

C 型整体吊弦（如图 4-1-4 所示）由吊弦线、冲压型承力索吊弦线夹、冲压型接触线吊弦线夹、心形护环、钳压管、压接端子等部件组成。

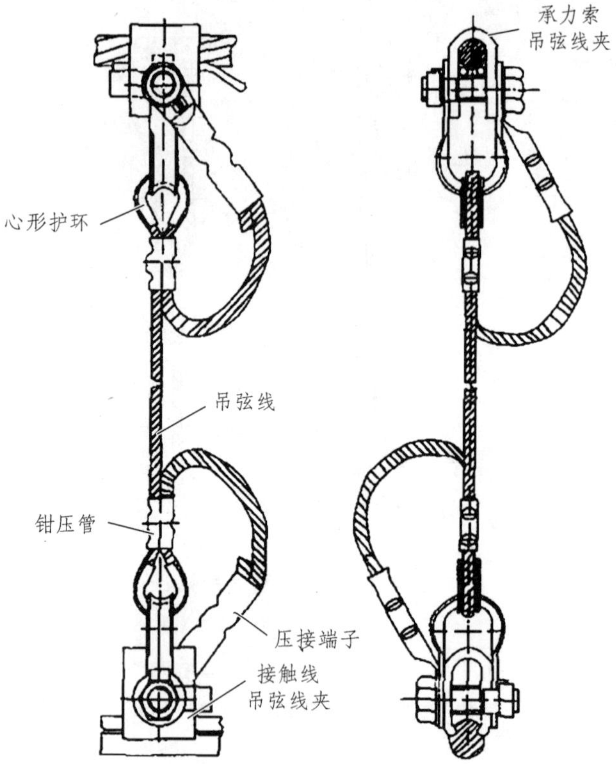

图 4-1-4　C 型整体吊弦

D 型整体吊弦（如图 4-1-5 所示）由吊弦线、冲压型承力索吊弦线夹、冲压型接触线吊弦线夹、心形护环、钳压管、调节固定螺栓、压接端子等部件组成。

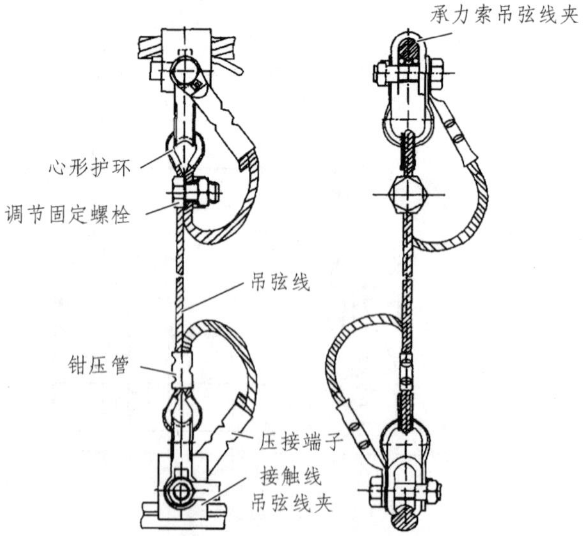

图 4-1-5　D 型整体吊弦

E 型整体吊弦(如图 4-1-6 所示)由吊弦线、合页型承力索吊弦线夹、模锻型接触线吊弦线夹、心形护环、钳压管、压接端子、卡箍、封头管等部件组成。

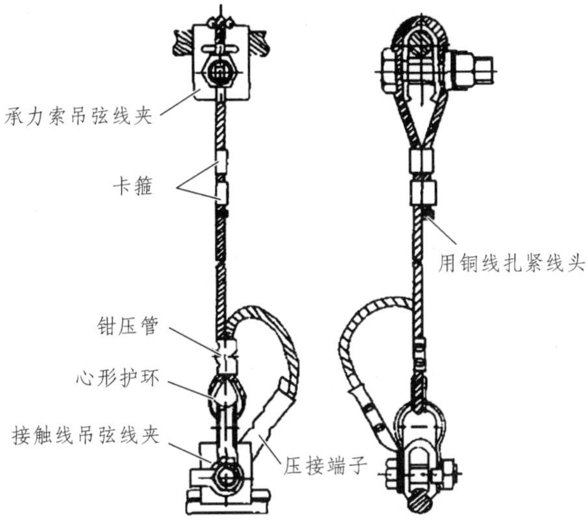

图 4-1-6　E 型整体吊弦

四、实训要求

(1)实训时间：根据课程标准设置要求。

(2)实训形式：实习指导教师统一讲解示范，学生分组练习，综合考核。

(3)准备工作：

①人员准备,人员清单如表 4-1-1 所示。

表 4-1-1　人员清单

序号	人员类型	数量	作业内容
1	作业人员	12	现场作业

②材料准备，材料清单如表 4-1-2 所示。

表 4-1-2　材料清单

序号	名称	规格	单位	数量	备注
1	工作服	在安全试验周期内	件	12	现场作业人员每人 1 套
2	吊弦		件	若干	根据现场选择型号
3	铁线	Φ4.0 mm	件	若干	
4	铁线	Φ2.0 mm	件	若干	
5	砂纸		张	2	
6	电力复合脂		件	若干	

③工具准备，工具清单如表 4-1-3 所示。

表 4-1-3　工具清单

序号	名称	规格	单位	数量	备注
1	安全帽	有永久标识	顶	3	现场作业人员每人 1 顶
2	绝缘靴	标称电压 5 kV 以上	双	3	现场作业人员每人 1 双
3	作业车		台	1	
4	接触网综合测量仪	DJJ-8	台	1	
5	钢卷尺	10 m	把	1	
6	小绳	Φ12 mm	条	2	
7	梅花扳手	10～16 mm	套	2	
8	力矩扳手	0～50 N·m	套	1	
9	扭面器		套	1	

（4）作业安全注意事项，如表 4-1-4 所示。

表 4-1-4　作业安全注意事项

序号	安全事项
1	作业人员必须严格执行“两穿三戴”
2	①防止作业范围不明造成触电； ②防止作业不标准造成触电； ③防止作业车平台转向带电设备； ④防止感应电伤害
3	①防止安全用具不良造成坠落； ②防止高空作业不设监护造成坠落； ③防止接触网作业车上下联控不到位造成坠落
4	①防止封锁前上道被撞； ②防止防护措施不到位或防护人员失职造成现场人员被撞； ③防止未及时避让列车被撞； ④防止接触网作业车撞人； ⑤防止通信设备状态不良造成作业人员被撞
5	①防止抛掷工具材料伤人； ②防止作业不标准伤人

五、实训作业步骤

1. 作业流程(如图 4-1-7 所示)

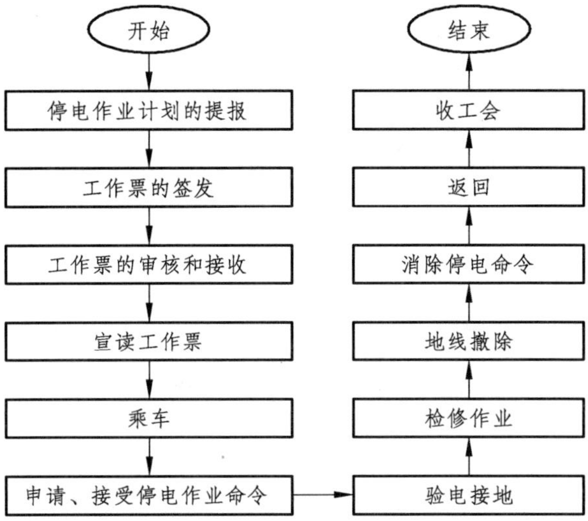

图 4-1-7　作业流程

2. 作业步骤(如表 4-1-5 所示)

表 4-1-5　作业步骤

序号	工作内容	工作要求	注意事项
步骤 1	停电作业计划的提报	工作领导人指定一名安全等级不低于三级的作业组成员作为要令人员，向供电调度员申请停电命令，并说明停电作业的范围、内容、时间、安全和防护措施等	
步骤 2	工作票的签发	根据作业类型签发相应工作票，填写 1 式 2 份，1 份由发票人保管，1 份交给工作领导人	(1) 工作票签发人和工作领导人安全等级不低于四级； (2) 同一张工作票的签发人和工作领导人必须由两人分别担当； (3) 工作票有效期不得超过 3 个工作日
步骤 3	工作票的审核和接收	对工作票内容进行审核，审核无误后接收	工作领导人对工作票内容有不同意见时，应向发票人提出，经认真分析，确认无误后，签字确认
步骤 4	宣读工作票	①工作领导人提前组织作业组成员(含作业车司机)召开工前预备会； ②宣讲工作票并进行作业分工、安全预想，将本次作业任务和安全措施逐项分解落实到人，并进行针对性安全提示	有疑问时应及时提出，工作领导人组织答疑并确认无误
步骤 5	乘车	登乘人员快速出动、就近上车原则，到达作业区段	

续表

序号	工作内容	工作要求	注意事项
步骤 6	申请、接受停电作业命令	申请、接受停电作业命令	
步骤 7	验电接地	按命令验电接地，先验电，后接地；先安装接地端，再安装停电设备端。	验电和装设、拆除接地线必须由两人进行，一人操作，一人监护
步骤 8	制作吊弦	①根据预制计算单根吊弦部件； ②将吊弦线穿过压接套环，在线的终端形成一个环后，再将线头穿回压接套环，并拉出； ③测量压接套环外的直线长度(200 mm),做上标记； ④在这个位置上，轻压压接套环的回头侧，将压接套环固定在该位置；  ⑤拿一个心形环固定在载流环弯曲处，将线和压接套环置于压接槽内，压接套环紧靠导向板，并处于压模相对中心的位置； 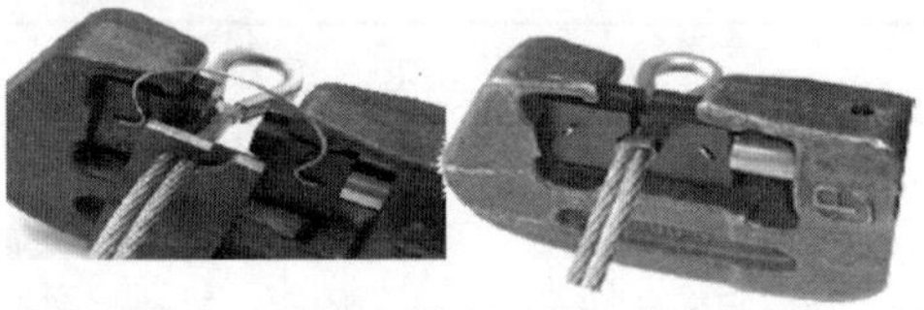 ⑥拉紧线尾，使线套按顺时针方向紧固在心形环上，在此过程中，导向板起着终点档板的作用。压接套环两端应对称； ⑦检查两线在压接套环中是否互相密贴，确认后，启动冲压(在液压操动阀门单元的控制阀门；在手动压接钳，用控制杆关闭压模)； ⑧使用液压设备时，通过启动控制阀门(打开手动压接钳)打开压接槽，取出心形环； ⑨压接完一个心形环后，测量吊弦线切割的长度，在切割处两边缠捆胶带，以防吊弦线散股，再用断线钳切断吊弦线； ⑩按上述第一个心形环制作程序制作第二个心形环； ⑪复核吊弦长度； ⑫在载流环线头上安装线鼻子，心形环和线鼻子的排列方向； 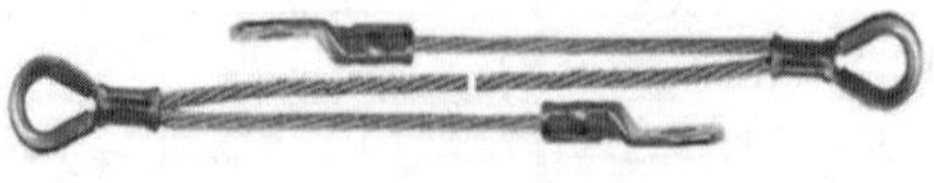 ⑬固定线鼻子在压接钳口位置，压接第一个压痕和第二个压痕； ⑭重复上述程序固定压接另一头的线鼻子，并注意线鼻子的相对位置	

续表

序号	工作内容	工作要求	注意事项
步骤 9	安装吊弦	①在承力索处涂抹适量导电膏，将承力索吊弦线夹线安装在承力索上，并在承力索和线夹中间安装线卡子，用扭矩扳手拧螺母至设计力矩，同时按要求安装防松垫片； ②将接触线吊弦线夹与接触线接触部位涂抹适量导电膏，并将其卡住接触线沟槽，用扭矩扳手拧螺母至设计力矩，同时按要求安装防松垫片；  ③拆除铁线	
步骤 10	地线拆除	按命令拆除地线。先拆除停电设备端，再拆接地端	
步骤 11	消除停电命令	作业完成后消除停电命令	
步骤 12	返回	工作领导人确认进出网物品清点核对无误，所有人员料具无误后乘车返回	作业工具材料遗留在作业现场
步骤 13	收工会	①所有作业人员全部返回工区后，由工作领导人组织召开作业收工会； ②对当日完成工作进行总结，指出当日作业中存在不足或好的方法	

六、实训考核标准(如表 4-1-6 所示)

表 4-1-6　实训考核评分表

完成时间：________ min

项目	序号	考核内容及评分标准	配分	扣分	得分	备注
准备工作	1	人员着装整齐，安全劳保用品齐全。个人着装，安全劳保用品一项不合格扣 2 分	10			
	2	制作工具材料型号选择正确，作业开始前摆放整齐，并进行检查。工具选错一项扣 2 分，未进行检查扣 2～5 分	10			
作业程序	1	按标准化作业要求进行，未按要求的，每项扣 5 分	40			
	2	吊弦制作步骤未遵循注意事项的，出现一次扣 5 分				
	3	吊弦安装步骤未遵循注意事项的，出现一次扣 5 分				

续表

项目	序号	考核内容及评分标准	配分	扣分	得分	备注
安全及其他	1	出现意外伤害事故立即停止考核，成绩为不合格	40			
	2	组装过程中出现设备零件、工具损坏的，出现一次扣 10 分				
	3	考核时间为 10 min，每超时 1 min 扣 2 分，超时 5 min 停止考核				
合计			100			

七、思考题

（1）承力索吊弦线夹倾斜怎么处理?

（2）整体吊弦中载流环与接触线夹角过小怎么处理?

任务二　绝缘子的清扫和更换作业

一、实训目的

（1）熟悉清扫和更换绝缘子作业程序及标准。

（2）了解清扫和更换绝缘子的安全知识。

（3）掌握清扫和更换绝缘子的基本方法和技能。

二、思政目标

（1）树立标准化作业意识。

（2）具有团队合作、深入细致的工作精神。

（3）树立大局观念、时间观念，吃苦耐劳的精神。

三、理论链接

绝缘子是安装在不同电位的导体或导体与接地构件之间的能够耐受电压和机械应力作用的器件，如图 4-2-1 所示。它的主要功能是牢固地支持和固定载流导体，使载流导体与地之间形成良好的绝缘，绝缘子（俗称瓷瓶）由瓷质部分和金具两部分组成，中间用水泥粘合剂胶合，瓷质部分是保证绝缘子有良好的电气绝缘强度，金具是固定绝缘子用的。

图 4-2-1　绝缘子

四、实训要求

（1）实训时间：根据课程标准设置要求。

（2）实训形式：实习指导教师统一讲解示范，学生分组练习，综合考核。

（3）准备工作：

①人员准备，人员清单如表 4-2-1 所示。

表 4-2-1　人员清单

序号	人员类型	数量	作业内容
1	作业人员	12	现场作业

②材料准备，材料清单如表 4-2-2 所示。

表 4-2-2　材料清单

序号	名称	规格	单位	数量	备注
1	绝缘子	根据现场而定	只	若干	型号根据现场确定
2	清洁剂	中性	支	若干	型号根据现场确定
3	弹簧销		套	若干	
4	开口销		只	若干	
5	铁线	Φ4.0 mm	kg	若干	
6	清水		kg	若干	
7	抹布		条	12	高空作业人员每人 1 条
8	钢丝刷		套	2	
9	鞍子		套	适量	根据现场选择型号

③工具准备，工具清单如表 4-2-3 所示。

表 4-2-3　工具清单

序号	名称	规格	单位	数量	备注
1	车梯		台	1	
2	力矩扳手	0～100 N·m	把	2	
3	水桶		只	若干	放置在作业车上
4	链式手扳葫芦	3 t	台	1	放置在作业车上
5	安全带		条		现场作业人员每人 1 条
6	短接线		套	2	放置在作业平台上
7	滑轮	0.5 t	个	2	曲线处备用
8	小绳	Φ12 mm	条	1	
9	验电器	27.5 kV	套	2	
10	接地线		组	2	
11	钢丝套子		套	2	
12	紧线器	50～150	套	2	
13	安全帽		顶	12	作业组成员每人一顶
14	绝缘手套、绝缘靴		双	12	

（4）作业安全注意事项，如表 4-2-4 所示。

表 4-2-4　作业安全注意事项

序号	安全事项
1	作业人员必须严格执行“两穿三戴”
2	①防止作业范围不明造成触电； ②防止作业不标准造成触电； ③防止作业车平台转向带电设备； ④防止感应电伤害
3	①防止安全用具不良造成坠落； ②防止高空作业不设监护造成坠落； ③防止接触网作业车上下联控不到位造成坠落
4	①防止封锁前上道被撞； ②防止防护措施不到位或防护人员失职造成现场人员被撞； ③防止未及时避让列车被撞； ④防止接触网作业车撞人； ⑤防止通信设备状态不良造成作业人员被撞
5	①防止抛掷工具材料伤人； ②防止作业不标准伤人

五、实训作业步骤

1. 作业流程（如图 4-2-2 所示）

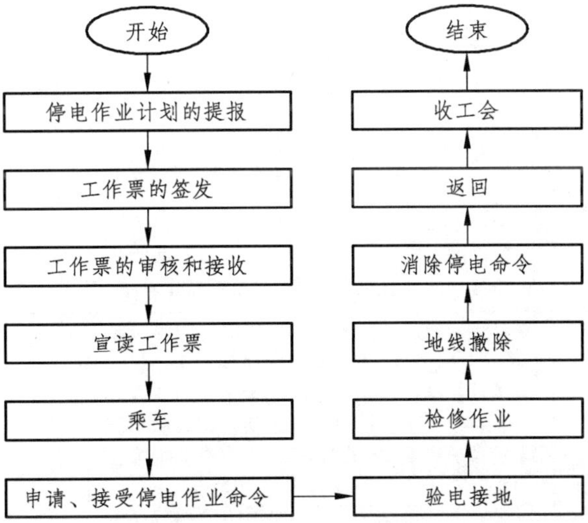

图 4-2-2　作业流程

2. 作业步骤(如图 4-2-3 所示)

表 4-2-3　作业步骤

序号	工作内容	工作要求	注意事项
步骤 1	停电作业计划的提报	工作领导人指定一名安全等级不低于三级的作业组成员作为要令人员，向供电调度员申请停电命令，并说明停电作业的范围、内容、时间、安全和防护措施等	
步骤 2	工作票的签发	根据作业类型签发相应工作票，填写 1 式 2 份，1 份由发票人保管，1 份交给工作领导人	①工作票签发人和工作领导人安全等级不低于四级； ②同一张工作票的签发人和工作领导人必须由两人分别担当； ③工作票有效期不得超过 3 个工作日
步骤 3	工作票的审核和接收	对工作票内容进行审核，审核无误后接收	工作领导人对工作票内容有不同意见时，应向发票人提出，经认真分析，确认无误后，签字确认
步骤 4	宣读工作票	工作领导人提前组织作业组成员(含作业车司机)召开工前预备会，宣讲工作票并进行作业分工、安全预想，将本次作业任务和安全措施逐项分解落实到人，并进行针对性安全提示	有疑问时应及时提出，工作领导人组织答疑并确认无误
步骤 5	乘车	登乘人员快速出动、就近上车原则，到达作业区段	
步骤 6	申请、接受停电作业命令	申请、接受停电作业命令	
步骤 7	验电接地	按命令验电接地，先验电，后接地；先安装接地端，再安装停电设备端	验电和装设、拆除接地线必须由两人进行，一人操作，一人监护
步骤 8	绝缘子清扫	①瓷质绝缘子用去中性清洁剂擦洗至无明显痕迹，再用清洁干燥的袜布擦拭绝缘部分； ②硅橡胶绝缘子一般只需用干抹布扫去表面灰尘即可，如确需清洗时，用清水或中性清洗液擦洗，然后用清洁干抹布擦拭干净	
步骤 9	绝缘子更换	①安装腕臂棒式绝缘子时，使用专用腕臂绝缘子更换器，将其一端固定在支柱上，另一端固定在腕臂上，通过转动调节丝杆，安装合格的绝缘子，紧固各部连接螺栓，撤下腕臂绝缘子更换器。直线和曲外的棒式绝缘子安装可采用作业车或手扳葫芦等进行； ②安装下锚绝缘子串时，使用两个紧线器分别打在杵环杆和承力索上，通过钢丝套和手扳葫芦将绝缘子安装上，补齐弹簧销，缓慢松开手扳葫芦，同时观察绝缘子受力状态，直至其完全受力； ③安装附加悬挂绝缘子(串)时，首先用铁线	

续表

序号	工作内容	工作要求	注意事项
		将附加线固定在肩架上，然后抬起附加线，安装新绝缘子，安装完毕后检查各连接部位，确认无误后拆除临时固定铁线	
步骤 10	地线拆除	按命令拆除地线。先拆除停电设备端，再拆接地端	
步骤 11	消除停电命令	作业完成后消除停电命令	
步骤 12	返回	工作领导人确认进出网物品清点核对无误，所有人员料具无误后乘车返回	作业工具材料遗留在作业现场
步骤 13	收工会	①所有作业人员全部返回工区后，由工作领导人组织召开作业收工会； ②对当日完成工作进行总结，指出当日作业中存在不足或好的方法	

六、实训考核标准（如表 4-2-5 所示）

表 4-2-5　实训考核评分表

完成时间：________ min

项目	序号	考核内容及评分标准	配分	扣分	得分	备注
准备工作	1	人员着装整齐，安全劳保用品齐全。个人着装，安全劳保用品一项不合格扣 2 分	10			
	2	制作工具材料型号选择正确、作业开始前摆放整齐，并进行检查。工具选错一项扣 2 分，未进行检查扣 2～5 分	10			
作业程序	1	按标准化作业要求进行，未按要求的，每项扣 5 分	40			
	2	绝缘子清扫步骤未遵循注意事项的，出现一次扣 5 分				
	3	绝缘子安装步骤未遵循注意事项的，出现一次扣 5 分				
安全及其他	1	出现意外伤害事故立即停止考核，成绩为不合格。	40			
	2	作业过程中出现设备零件、工具损坏的，出现一次扣 10 分				
	3	考核时间为 10 min，每超时 1 min 扣 2 分，超时 5 min 停止考核				
合计			100			

七、思考题

（1）绝缘子出现裂纹、破损时，怎么处理?

（2）更换绝缘子时，手扳葫芦的作用是什么?

任务三　接触网支柱的检查作业

一、实训目的

（1）了解接触网支柱类型及分类。
（2）了解吊柱的基本知识。
（3）掌握吊柱检修作业的基本方法和技能。

二、思政目标

（1）树立标准化作业意识。
（2）具有团队合作、深入细致的工作精神。
（3）树立大局观念、时间观念，吃苦耐劳的精神。

三、理论链接

接触网支柱是接触网结构中应用最广泛的支撑设备。接触悬挂被支柱支撑在轨道线路上方，支柱承担接触悬挂与支持装置的负荷。接触网支柱，按其使用材质分为预应力钢筋混凝土支柱和钢柱两大类。

接触网吊柱主要分为：硬横跨及多线路腕臂用吊柱如图 4-3-1，隧道内用吊柱如图 4-3-2 所示。

图 4-3-1　硬横跨及多线路腕臂用吊柱

图 4-3-2　隧道内用吊柱

1. 硬横跨及多线路腕臂用吊柱

（1）硬横跨及多线路腕臂用吊柱规格为 160 mm×120 mm×10 mm×3000 mm，所用钢材的材质为 Q235B。

（2）表面防腐技术采用热浸镀锌防腐工艺，表面防腐处理应符合 GB/T 18592—2001 的规定。

（3）结构性能要求：

①吊柱加载至标准检验弯矩时，导高处挠度不大于 50 mm；

②吊柱加载至承载力检验弯矩（为标准检验弯矩的 150%）时，各构件不应产生明显的屈服，锌层不剥离、不凸起；

③采用螺纹连接紧固的零件，其紧固件应有有效的防缓及防松措施。

2. 隧道内用吊柱

隧道内用吊柱规格为 100 mm×180 mm×8 mm×2200 mm 或 160 mm×120 mm×10 mm 矩形钢管，所用钢材的材质为 Q235A 钢。用于电气化铁道接触网系统中隧道内全补偿链形悬挂处单腕臂支撑悬挂结构、三角旋转腕臂结构。安装在隧道内壁上，用于安装固定接触悬挂。

四、实训要求

（1）实训时间：根据课程标准设置要求。

（2）实训形式：实习指导教师统一讲解示范，学生分组练习，综合考核。

（3）准备工作：

①人员准备，人员清单如表 4-3-1 所示。

表 4-3-1　人员清单

序号	人员类型	数量	作业内容
1	高空作业人员	2	对隧道内吊柱进行全面平推检查
2	质检员	1	对检修质量进行检查验收
3	辅助人员	1	地面辅助

②材料准备，材料清单如表 4-3-2 所示。

表 4-3-2　材料清单

序号	名称	规格	单位	数量	备注
1	开口销		个	10	
2	放松胶		瓶	1	
3	螺帽	M12/M16	个	各 5 个	

③工具准备，工具清单如表 4-3-3 所示。

表 4-3-3　工具清单

序号	名称	规格	单位	数量	备注
1	梅花扳手	16～24 mm	套	2	
2	力矩扳手	0～100 N・m	把	1	
3	挂梯		副	1	
4	划线笔		支	2	
5	相机		台	1	
6	铝包带		扎	1	作业组成员每人一项
7	螺帽	M10/M12		若干	
8	安全防护、个人工具及其他工具根据具体作业内容携带				

（4）作业安全注意事项，如表 4-3-4 所示。

表 4-3-4　作业安全注意事项

序号	安全事项
1	作业人员必须严格执行“两穿三戴”
2	①防止作业范围不明造成触电； ②防止作业不标准造成触电； ③防止作业车平台转向带电设备； ④防止感应电伤害
3	①防止安全用具不良造成坠落； ②防止高空作业不设监护造成坠落； ③防止接触网作业车上下联控不到位造成坠落
4	①防止封锁前上道被撞； ②防止防护措施不到位或防护人员失职造成现场人员被撞； ③防止未及时避让列车被撞； ④防止接触网作业车撞人； ⑤防止通信设备状态不良造成作业人员被撞
5	①防止抛掷工具材料伤人； ②防止作业不标准伤人

五、实训作业步骤（如图 4-3-3 所示）

以吊柱检修作业为实训内容，作业流程及作业步骤如下：

1. 作业流程(如图 4-3-3 所示)

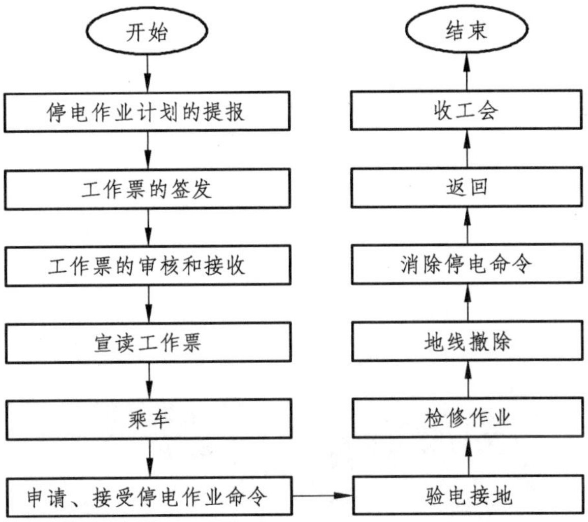

图 4-3-3　作业流程

2. 作业步骤(如表 4-3-5 所示)

表 4-3-5　作业步骤

序号	工作内容	工作要求	注意事项
步骤 1	停电作业计划的提报	工作领导人指定一名安全等级不低于三级的作业组成员作为要令人员，向供电调度员申请停电命令，并说明停电作业的范围、内容、时间、安全和防护措施等	
步骤 2	工作票的签发	根据作业类型签发相应工作票，填写 1 式 2 份，1 份由发票人保管，1 份交给工作领导人	①工作票签发人和工作领导人安全等级不低于四级； ②同一张工作票的签发人和工作领导人必须由两人分别担当； ③工作票有效期不得超过 3 个工作日
步骤 3	工作票的审核和接收	对工作票内容进行审核，审核无误后接收	工作领导人对工作票内容有不同意见时，应向发票人提出，经认真分析，确认无误后，签字确认
步骤 4	宣读工作票	工作领导人提前组织作业组成员(含作业车司机)召开工前预备会，宣讲工作票并进行作业分工、安全预想，将本次作业任务和安全措施逐项分解落实到人，并进行针对性安全提示	有疑问时应及时提出，工作领导人组织答疑并确认无误

续表

序号	工作内容	工作要求	注意事项
步骤 5	乘车	登乘人员快速出动、就近上车原则，到达作业区段	
步骤 6	申请、接受停电作业命令	申请、接受停电作业命令	
步骤 7	验电接地	按命令验电接地，先验电，后接地；先安装接地端，再安装停电设备端	验电和装设、拆除接地线必须由两人进行，一人操作，一人监护
步骤 8	检修作业	①采用 3 节式挂梯人工蹬杆，3 节式挂梯挂于平腕臂上；  ②检查吊柱及吊柱斜撑上开口销、螺帽状态是否良好、齐全，开口销角度是否按要求掰开 120°，对锈蚀开口销进行更换； ③检查吊柱上所有螺杆、螺母是否齐全、是否全部紧固，并按要求划线； ④吊柱底座在预埋槽道处 T 型螺栓与槽道是否垂直，螺母是否紧固（M20，力矩 120 N·m）； ⑤按要求对吊柱底座及预埋件所有螺帽紧固件涂防松胶并按要求划线（含 AF 线肩架底板检查要求相同，如下图所示）； 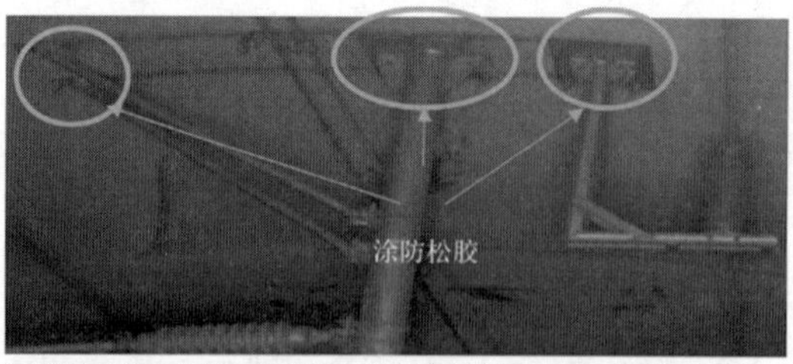 ⑥检查隧道吊柱抱箍及其紧固件是否有滑移痕迹、螺帽是否齐全，按要求对未划线的螺栓进行补划	
步骤 9	地线拆除	按命令拆除地线。先拆除停电设备端，再拆接地端	
步骤 10	消除停电命令	作业完成后消除停电命令	

续表

序号	工作内容	工作要求	注意事项
步骤 11	返回	工作领导人确认进出网物品清点核对无误，所有人员料具无误后乘车返回	作业工具材料遗留在作业现场
步骤 12	收工会	①所有作业人员全部返回工区后，由工作领导人组织召开作业收工会； ②对当日完成工作进行总结，指出当日作业中存在不足或好的方法	

六、实训考核标准（如表 4-3-6 所示）

表 4-3-6　实训考核评分表

完成时间：________ min

项目	序号	考核内容及评分标准	配分	扣分	得分	备注
准备工作	1	人员着装整齐，安全劳保用品齐全。个人着装、安全劳保用品一项不合格扣 2 分	10			
	2	制作工具材料型号选择正确、作业开始前摆放整齐，并进行检查。工具选错一项扣 2 分，未进行检查扣 2～5 分	10			
作业程序	1	按标准化作业要求进行，未按要求的，每项扣 5 分	40			
	2	吊柱检修步骤未遵循注意事项的，出现一次扣 5 分				
安全及其他	1	出现意外伤害事故立即停止考核，成绩为不合格	40			
	2	作业过程中出现设备零件、工具损坏的，出现一次扣 10 分				
	3	考核时间为 10 min，每超时 1 min 扣 2 分，超时 5 min 停止考核				
合计			100			

七、思考题

（1）H 型钢柱的检修作业流程内容有哪些？

（2）横腹杆式钢筋混凝土支柱的检修作业流程内容有哪些？

任务四　支撑定位装置的安装与调整

一、实训目的

（1）了解支撑定位装置基础知识。

（2）掌握中心锚结检修作业的基本方法和技能。

二、思政目标

（1）树立标准化作业意识。

（2）具有团队合作、深入细致的工作精神。

（3）树立大局观念、时间观念，吃苦耐劳的精神。

三、理论链接

1. 支撑装置的安装与调整要求

（1）腕臂底座安装高度符合设计要求（多线路腕臂底座及连接件安装高度应满足最高轨面至横梁下缘的设计高度，允许偏差±50 mm），根据基础标高偏差情况选择预留孔安装位置，允许偏差±50 mm。腕臂底座与支柱密贴应呈水平状态，底座槽钢（或角钢）呈水平。顶端管帽封堵良好。腕臂底座中 M20 与 M16 直径的螺栓标准紧固力矩分别为 120 N · m 和 70 N · m，如图 4-4-1 所示。

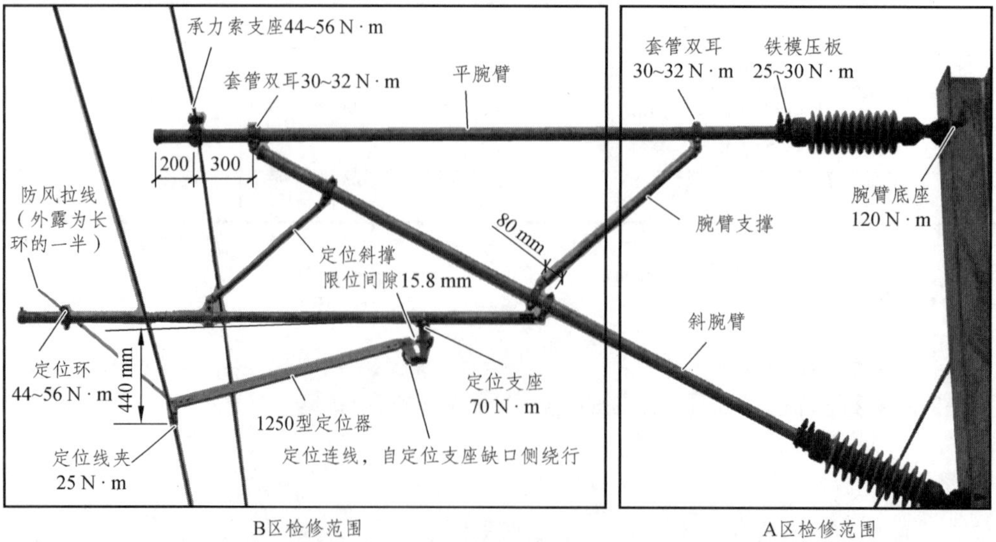

图 4-4-1　支撑装置结构（单位：mm）

（2）腕臂安装位置应符合设计要求，在平均温度时应垂直于线路中心线，温度变化时腕臂偏移应符合腕臂偏移安装曲线要求。腕臂无弯曲，承力索悬挂点（或支撑点）距轨面的高度符合设计要求，允许误差±200 mm。悬挂点距线路中心的水平距离符合规定。

（3）平腕臂端部露头 200 mm，直线及曲线上腕臂安装完毕后，不得抬头，平腕臂低头斜率不大于 30‰。

（4）腕臂带电部分不得侵入电气包络线。双线电气化区段，上、下行接触网带电体间距离，正常情况下不应小于 2000 mm，困难时不应小于 1600 mm。

（5）结构高度符合设计要求，允许误差±200 mm。

（6）支撑装置各部件组装正确，腕臂上的各部件（不包括定位装置）应与腕臂在同一垂面内，铰接处转动灵活。

（7）各部零部件无裂纹、变形，顶丝、锁紧螺母无缺失。

（8）支撑定位装置各零部件均按规定力矩进行紧固。

（9）双线路腕臂应保持水平状态，其允许仰高不超过 100 mm，无永久性变形。定位立柱应保持铅垂状态，无永久性弯曲变形。

（10）线岔、转换柱、中心柱宜采用双腕臂，线索之间的间隙满足要求。

2. 定位装置的安装与调整要求

（1）定位装置的结构及安装状态应保证定位线夹处接触线工作面平行于轨面连线，定位点处接触线的弹性符合规定。当电力机车受电弓通过和温度变化时，接触线能上下、左右自由移动。

（2）定位管应与腕臂在同一垂面内，一般情况下呈水平状态，正定位允许抬头；反定位允许低头，但坡度不得大于 100 mm/m。正、反定位管状态均应符合设计要求，定位管端部余长为 150 mm。

（3）定位线夹受力面安装正确，U 形定位销钉应从无环夹板侧穿向有环夹板侧，并向上弯曲 600 mm，止动垫片安装到位。

（4）转换柱处双腕臂能分别随温度变化自由移动、不卡滞，接触线非工作支和工作支定位器、管之间的间隙不小于 50 mm。

（5）受电弓动态包络线范围内不得有任何障碍影响受电弓运行。

（6）各部零件连接牢固可靠，紧固力矩符合规定。

3. 定位装置技术状态要求

（1）定位器偏移：

定位器安装符合设计要求，在平均温度时应垂直线路中心线，温度变化时，偏移量与接触线在该点的伸缩量应一致，允许误差±10%，极限温度时偏移不大于定位器长度的 1/3。

（2）定位器坡度：

曲线软定位器坡度在标准值的基础上应考虑外轨超高，但不得超过定位器坡度的最大标准值，如表 4-4-1 所示。

对于限位、弓形等定位器，安装应符合产品说明书及设计的要求。

表 4-4-1　定位坡度值

运行速度(km/h) ＼ 项目	标准值	安全值	限界值
$v\leqslant 160$	1/10-1/5	同标准值	1/10-1/3
$160 < v\leqslant 200$	设计值	1/10-1/5	安全运行值
$v > 200$	设计值	设计值	安全运行值

（3）拉出值：

160 km/h 及以下区段：

标准值：直线区段为±200 mm；曲线区段根据曲线半径不同在 0～350 mm 选用。

安全值：之字值≤400 mm；拉出值≤400 mm。

限界值：之字值 400 mm；拉出值 400 mm。

160 km/h 以上区段：

标准值：设计值。

安全值：设计值±30 mm。

限界值：同安全值。

（4）定位器间隙：

限位定位器应满足受电弓最大动态抬升量的 1.5 倍时限位的要求，对无法限位定位的，按 2 倍抬升量设计，应校验受电弓抬升 400 mm 时不与任何支持装置发生碰撞。

限位定位器子钉间隙符合设计要求，允许偏差为±1 mm。

限位间隙 $d=h\times a/L$（h 为定位器的限位范围，按受电弓最高抬升量 150 mm 的 1.5 倍计算为 225 mm，a 为限位支座底部至限位顶块间距离，一般为 90 mm，L 为限位定位器长度），定位器参数如表 4-4-2 所示。

表 4-4-2　定位器参数

序号	定位器长(L)	定位器限位间隙(d)
1	1 150	17.6
2	1 250	16.2

示例：

h_{max}=225 mm，a=90 mm，L=1 150 mm，d=17.6 mm；

h_{max}=225 mm，a=90 mm，L=1 250 mm，d=16.2 mm。

（5）定位器等电位连接线安装符合设计要求。

（6）曲线软定位器与腕臂定位环之间的连接采用带防松措施的不锈钢调整螺栓或直径为 Φ4.0 mm 的不锈钢整体钢丝绳，困难情况下可采取 2 股直径为 Φ4.0 mm 不锈钢铁线拧合而成。

（7）工作支定位器应处于受拉状态，支持器安装方向正确，定位管在支持器外露应在 50～80 mm。

（8）当反定位管采用“人”字斜拉线时，其长度和张力应相等，斜拉线宜采用截面积为 10 mm^2 的整体不锈钢丝绳或 Φ10 圆钢，如采用不锈钢丝时按下列标准制作：用 2 股直径为 Φ3.5 mm 的不锈钢丝拧合而成，受力均匀，在承力索端采用吊弦线夹或钢线卡子永久固定，在定位管端采用可调方式，斜拉线回环直径 80～100 mm，回环垂直于线路平面，距离支撑管卡子 300 mm。

（9）当反定位器采用单斜拉线时，采用截面积为 10 mm^2 的整体不锈钢丝绳或 Φ10 圆钢，如采用不锈钢丝时用 2 股直径为 Φ3.5 mm 的不锈钢丝拧合而成，受力均匀。其在钩头鞍子处采用永久固定方式，在支撑管卡子处采用可调方式，斜拉线回环直径 80～100 mm，回环垂直于线路平面，距离支撑管卡子 300 mm。

（10）反定位器上的支撑管卡子距长定位环应保持 100～150 mm 的距离，长定位环处反定位器露头不超过 400 mm。

（11）正定位的定位管宜采用防风支撑管安装方式，当采用不锈钢丝时，用 2 股直径为 Φ4.0 mm 的不锈钢丝制成。

（12）定位环应沿线路方向垂直安装，受力面正确。定位管上定位环的安装位置距定位管根部不小于 40 mm（软定位器上的定位环距端部的长度以 40 mm 为宜）。定位装置各部件之间应连接可靠，定位钩与定位环的铰接状态良好，转动灵活，无卡滞，且无放电和烧伤痕迹等电腐蚀现象。

四、实训要求

（1）实训时间：根据课程标准设置要求。

（2）实训形式：实习指导教师统一讲解示范，学生分组练习，综合考核。

（3）准备工作：

①人员准备，人员清单如表 4-4-3 所示。

表 4-4-3　人员清单

序号	人员类型	数量	作业内容
1	高空作业人员	2	对隧道内吊柱进行全面平推检查
2	质检员	1	对检修质量进行检查验收
3	辅助人员	1	地面辅助

②材料准备，材料清单如表 4-4-4 所示。

表 4-4-4　材料清单

序号	名称	规格	单位	数量	备注
1	旋转双耳	定位管连接处	个	1	
2	定位线夹		个	1	
3	定位支座	含 55 套管单耳	套	1	
4	防风拉线固定钩	水平定位环 $\Phi 55$	个	1	
5	套管单耳	定位管连接处 $\Phi 70$	个	1	
6	定位双耳	定位管连接处 $\Phi 55$	个	1	
7	承力索座	$\Phi 55$	个	1	
8	吊钩定位环	斜拉线固定钩 $\Phi 55$	个	1	
9	开口销				
10	螺母、垫片	各种型号	套	各 5	
11	电力复合脂		盒	1	
12	斜拉线材料	未压接	套	2	
13	定位器电连接线		根	2	
14	其他材料根据具体的作业内容携带				

③工具准备，工具清单如表 4-4-5 所示。

表 4-4-5　工具清单

序号	名称	规格	单位	数量	备注
1	梅花扳手	16～24 mm	套	2	
2	力矩扳手(含开口力矩扳手一个)	0～100 N·m	把	各 1	
3	短接线		套	1	
4	划线笔	红色	支	2	
5	相机		台	1	
6	防松胶		瓶	2	
7	电工胶		卷	1	
8	铝包带		扎	1	
9	螺帽	M10/M12		若干	
10	其他工具根据具体作业内容携带				

（4）作业安全注意事项，如表 4-4-6 所示。

表 4-4-6　作业安全注意事项

序号	安全事项
1	作业人员必须严格执行“两穿三戴”
2	①防止作业范围不明造成触电； ②防止作业不标准造成触电； ③防止作业车平台转向带电设备； ④防止感应电伤害
3	①防止安全用具不良造成坠落； ②防止高空作业不设监护造成坠落； ③防止接触网作业车上下联控不到位造成坠落
4	①防止封锁前上道被撞； ②防止防护措施不到位或防护人员失职造成现场人员被撞； ③防止未及时避让列车被撞； ④防止接触网作业车撞人； ⑤防止通信设备状态不良造成作业人员被撞
5	①防止抛掷工具材料伤人； ②防止作业不标准伤人

五、实训作业步骤

以吊柱检修作业为实训内容，作业流程及作业步骤如下：

1. 作业流程（如图 4-4-2 所示）

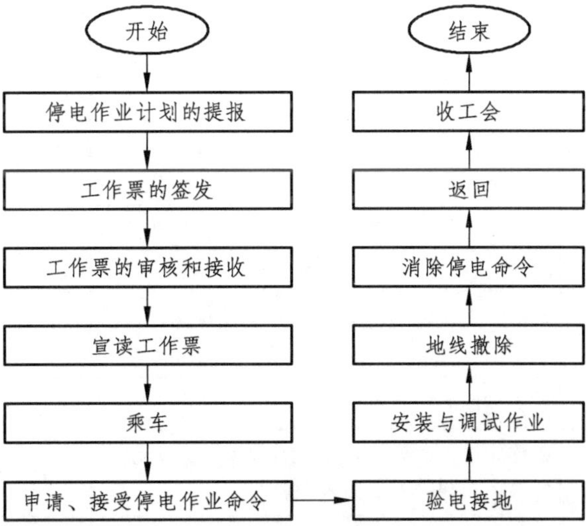

图 4-4-2　作业流程

2. 作业步骤(如表 4-4-7 所示)

表 4-4-7 作业步骤

序号	工作内容	工作要求	注意事项
步骤 1	停电作业计划的提报	工作领导人指定一名安全等级不低于三级的作业组成员作为要令人员，向供电调度员申请停电命令，并说明停电作业的范围、内容、时间、安全和防护措施等	
步骤 2	工作票的签发	根据作业类型签发相应工作票，填写 1 式 2 份，1 份由发票人保管，1 份交给工作领导人	①工作票签发人和工作领导人安全等级不低于四级； ②同一张工作票的签发人和工作领导人必须由两人分别担当； ③工作票有效期不得超过 3 个工作日
步骤 3	工作票的审核和接收	对工作票内容进行审核，审核无误后接收	工作领导人对工作票内容有不同意见时，应向发票人提出，经认真分析，确认无误后，签字确认
步骤 4	宣读工作票	工作领导人提前组织作业组成员(含作业车司机)召开工前预备会，宣讲工作票并进行作业分工、安全预想，将本次作业任务和安全措施逐项分解落实到人，并进行针对性安全提示	有疑问时应及时提出，工作领导人组织答疑并确认无误
步骤 5	乘车	登乘人员快速出动、就近上车原则，到达作业区段	
步骤 6	申请、接受停电作业命令	申请、接受停电作业命令	
步骤 7	验电接地	按命令验电接地，先验电，后接地；先安装接地端，再安装停电设备端	验电和装设、拆除接地线必须由两人进行，一人操作，一人监护
步骤 8	安装与调试作业	按照理论链接的安装要求进行安装及调试作业	
步骤 9	地线拆除	按命令拆除地线。先拆除停电设备端，再拆接地端	
步骤 10	消除停电命令	作业完成后消除停电命令	
步骤 11	返回	工作领导人确认进出网物品清点核对无误，所有人员料具无误后乘车返回	作业工具材料遗留在作业现场。
步骤 12	收工会	①所有作业人员全部返回工区后，由工作领导人组织召开作业收工会； ②对当日完成工作进行总结，指出当日作业中存在不足或好的方法	

六、实训考核标准（如表 4-4-8 所示）

表 4-4-8　实训考核评分表

完成时间：________ min

项目	序号	考核内容及评分标准	配分	扣分	得分	备注
准备工作	1	人员着装整齐，安全劳保用品齐全。个人着装、安全劳保用品一项不合格扣 2 分	10			
	2	制作工具材料型号选择正确、作业开始前摆放整齐，并进行检查。工具选错一项扣 2 分，未进行检查扣 2～5 分	10			
作业程序	1	按标准化作业要求进行，未按要求的，每项扣 5 分	40			
	2	安装与调试步骤未遵循注意事项的，出现一次扣 5 分				
安全及其他	1	出现意外伤害事故立即停止考核，成绩为不合格	40			
	2	作业过程中出现设备零件、工具损坏的，出现一次扣 10 分。				
	3	考核时间为 10 min，每超时 1 min 扣 2 分，超时 5 min 停止考核				
合计			100			

七、思考题

（1）定位拉出值不符合要求的调整方法？

（2）定位器偏移值不符合标准时的调整方法？

任务五　中心锚结的检修作业

一、实训目的

（1）熟悉中心锚结检修作业程序及标准。

（2）了解中心锚结检修作业的安全知识。

（3）掌握中心锚结检修作业的基本方法和技能。

二、思政目标

（1）树立标准化作业意识。

（2）具有团队合作、深入细致的工作精神。

（3）树立大局观念、时间观念，吃苦耐劳的精神。

三、理论链接

中心锚结按其作用分为防断式和防窜式两种，一般情况均设置防断式中锚，部分特殊地区受环境影响设置防窜式中锚(如车站)。

1. 两跨式防断式中心锚结(如图 4-5-1 所示)

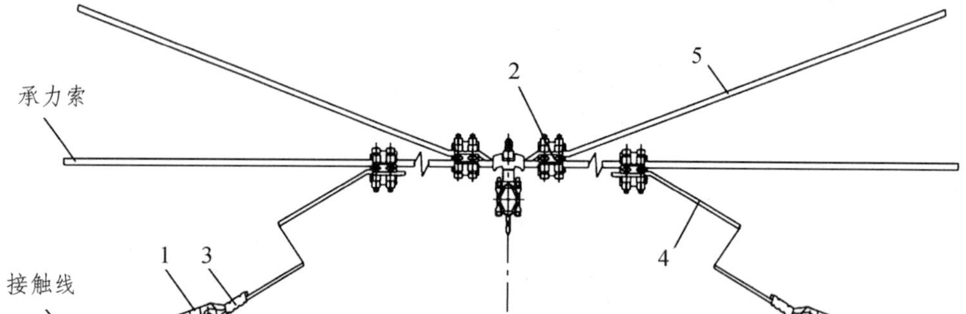

1-接触线中心锚结线夹；2-承力索中心锚结线夹；3-T 型钳压管；4-接触线中心锚结绳；5-承力索中心锚结绳。

图 4-5-1　两跨式防断中心锚结安装示意图

1）承力索中心锚结线夹（如图 4-5-2 所示）

图 4-5-2　**承力索中心锚结线夹**

①承力索中锚结辅助绳（如图 4-5-3 所示）应安装在平腕臂上的承力索座槽内，承力索座槽内必须加铜衬垫，在悬挂点两侧各安装 1 个承力索中锚线夹，线夹距腕臂中心距离为 200 mm。

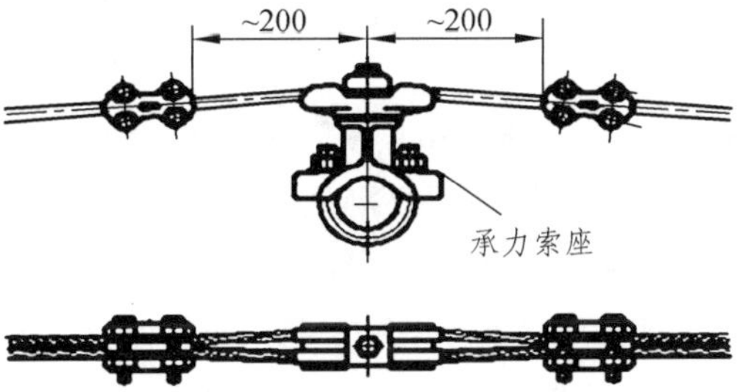

图 4-5-3　**承力索中锚结辅助绳**

②承力索中心锚结线夹螺栓穿向：承力索座处螺栓由线路侧穿向田野侧。接触线中锚辅助绳处螺栓由上向下穿，承力索中锚线夹螺栓紧固力矩为 46 N · m。

③承力索中心锚结辅助绳应与中心锚结范围内承力索同型号，且该处承力索不得有接头和补强，其弛度应略高于该处承力索的弛度，同时弛度应满足在最低温度时不致使腕臂被抬高；与保护线、正馈线绝缘距离满足要求。

2）接触线中心锚结（如图 4-5-4 所示）

①接触线中锚绳范围内不得安装吊弦和电联结，中锚绳两端距相邻的吊弦或电联结距离大于 200 mm，如图 4-5-5 所示。

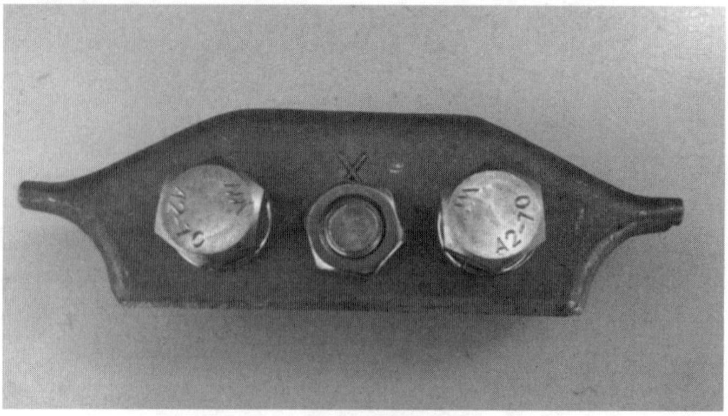

图 4-5-4　接触线中心锚结线夹

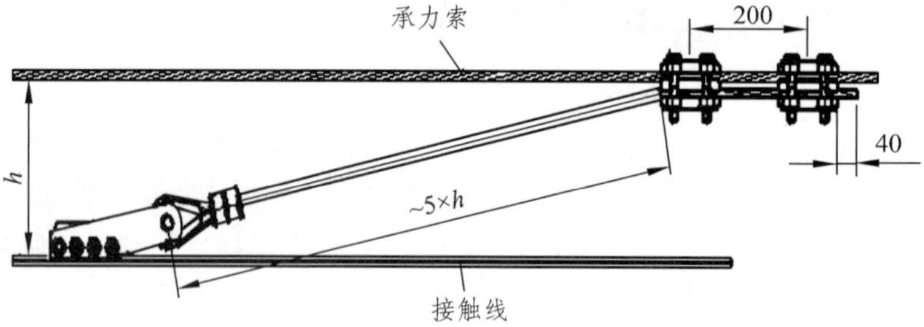

图 4-5-5　接触线中心锚结安装示意图

②接触线中心锚结绳长度为 $5h$+500 mm（h 为中锚线夹处结构高度）。

③接触线中锚辅助绳在承力索侧采用两个承力索中心锚结线夹固定，两线夹间距为 100 mm，辅助绳在承力索中心锚结线夹外露长度大于 100 mm。

④接触线中心锚结线夹处接触线高度与相邻吊弦处接触线高 0～20 mm。

⑤接触线中心锚结线夹两边锚结绳张力相等，不得松弛或低于接触线，锚结绳处于受力临界状态，但不改变相邻吊弦受力和导线高度。

⑥接触线中心锚结线夹螺栓按图 4-5-6 所示相互反向安装，接触线中锚线夹螺栓紧固力矩为 100 N・m。

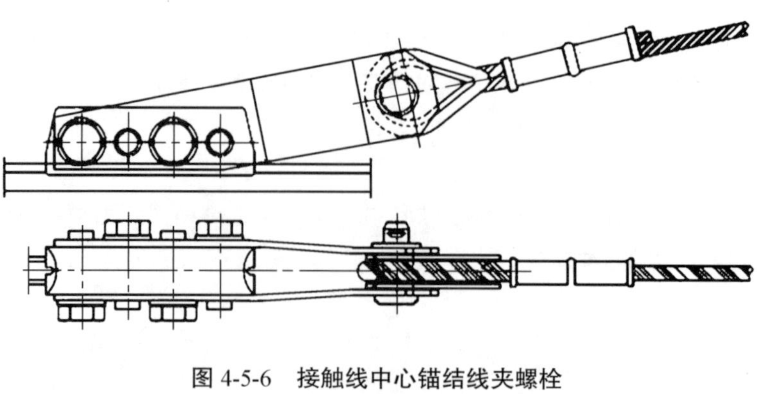

图 4-5-6　接触线中心锚结线夹螺栓

⑦接触线中锚辅助绳压接后回头外露长度 25～30 mm，且回头方向不能向下，压接部分不得有压伤和断股现象，如图 4-5-7 所示。

图 4-5-7　接触线中锚辅助绳

⑧接触线连接线夹回头处的套管按设计要求压接牢靠，如图 4-5-8 所示。

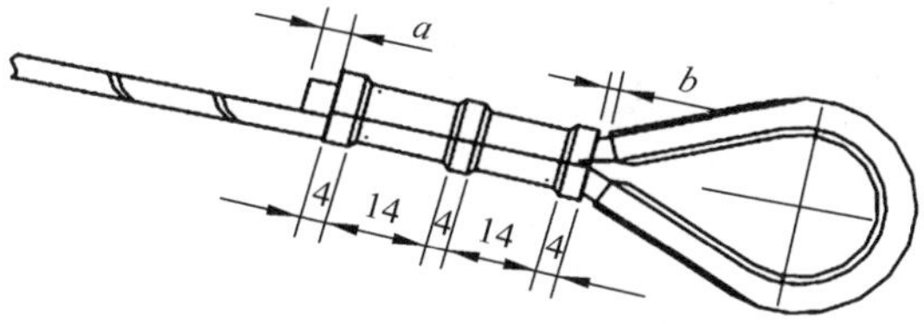

注：a的取值范围为25~30 mm，b<20 mm

图 4-5-8　接触线连接线夹

2. 防窜式中心锚结

1) 承力索中心锚结

①软横跨 14 节点，如图 4-5-9 所示。

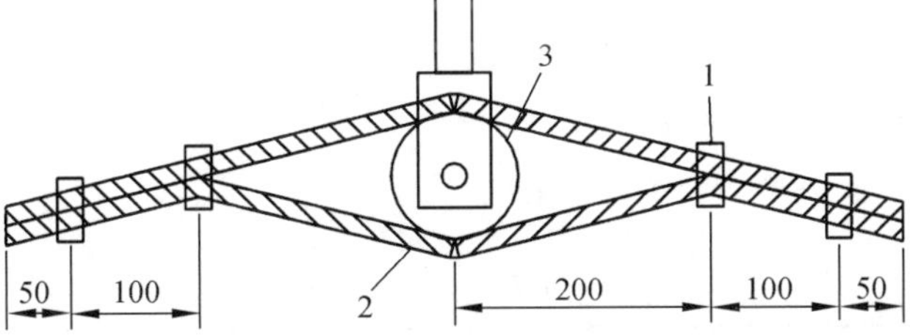

软横跨 14 节点式防窜中锚安装示意图

1-钢线卡子(或承办索中锚线夹)；2-承力索中锚辅助绳；3-悬吊滑轮

图 4-5-9　防窜中锚安装

①承力索中锚辅助绳在悬挂点两侧各用 2 个钢线卡子(或 1 个承力索中锚线夹)与承力索连接，中锚辅助绳须包裹悬吊滑轮本体。

②钢线卡子(或承力索中锚线夹)距悬挂点 200 mm，两线夹间间隔 100 mm，允许误差 ±30 mm。

2）三腕臂防窜中心锚结(如图 4-5-10 所示)

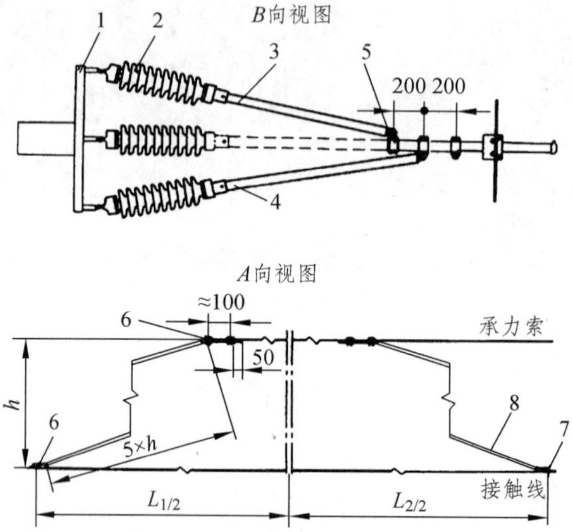

1-中心锚结三腕臂底座；2-棒式绝缘子；3,4-斜腕臂；5-套管双耳；6-承力索中心锚结线夹；

7-接触线中心锚结线夹；8-接触线中心锚结辅助绳(JTMH95)

图 4-5-10　三腕臂防窜中心锚结

3）接触线中心锚结

接触线中心锚结一般安装在承力索中锚两侧，分别用两组中心锚结绳连接，安装要求与防断式相同。

四、实训要求

（1）实训时间：根据课程标准设置要求。

（2）实训形式：实习指导教师统一讲解示范，学生分组练习，综合考核。

（3）准备工作：

①人员准备，人员清单如表 4-5-1 所示。

表 4-5-1　人员清单

序号	人员类型	数量	作业内容
1	作业人员	12	现场作业

②材料准备，材料清单如表 4-5-2 所示。

表 4-5-2　材料清单

序号	名称	规格	单位	数量	备注
1	电力复合脂	1 kG 装	只	若干	
2	螺母		个	若干	
3	垫片		个	若干	
4	开口销		个	若干	
5	承力索中锚线夹		个	若干	
6	接触线中锚线夹		个	若干	

③工具准备，工具清单如表 4-5-3 所示。

表 4-5-3　工具清单

序号	名称	规格	单位	数量	备注
1	车梯		台	1	
2	力矩扳手	0～100 N · m	把	2	
3	压接钳		把	1	
4	钢卷尺	5 m	把	1	
5	安全带		条		现场作业人员每人 1 条
6	安全帽		顶	12	作业组成员每人一项
7	绝缘手套、绝缘靴		双	12	

（4）作业安全注意事项，如表 4-5-4 所示。

表 4-5-4　作业安全注意事项

序号	安全事项
1	作业人员必须严格执行“两穿三戴”
2	①防止作业范围不明造成触电； ②防止作业不标准造成触电； ③防止作业车平台转向带电设备； ④防止感应电伤害
3	①防止安全用具不良造成坠落； ②防止高空作业不设监护造成坠落； ③防止接触网作业车上下联控不到位造成坠落
4	①防止封锁前上道被撞； ②防止防护措施不到位或防护人员失职造成现场人员被撞； ③防止未及时避让列车被撞； ④防止接触网作业车撞人； ⑤防止通信设备状态不良造成作业人员被撞
5	①防止抛掷工具材料伤人； ②防止作业不标准伤人

五、实训作业步骤

1. 作业流程（如图 4-5-11 所示）

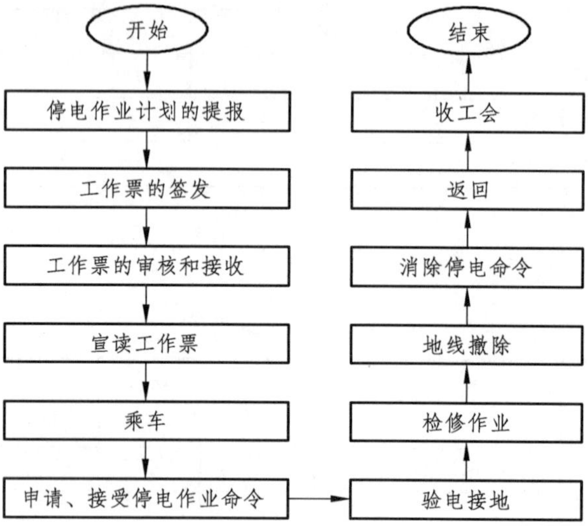

图 4-5-11　作业流程

2. 作业步骤（如表 4-5-5 所示）

表 4-5-5　作业步骤

序号	工作内容	工作要求	注意事项
步骤 1	停电作业计划的提报	工作领导人指定一名安全等级不低于三级的作业组成员作为要令人员，向供电调度员申请停电命令，并说明停电作业的范围、内容、时间、安全和防护措施等	
步骤 2	工作票的签发	根据作业类型签发相应工作票，填写 1 式 2 份，1 份由发票人保管，1 份交给工作领导人	①工作票签发人和工作领导人安全等级不低于四级；②同一张工作票的签发人和工作领导人必须由两人分别担当；③工作票有效期不得超过 3 个工作日
步骤 3	工作票的审核和接收	对工作票内容进行审核，审核无误后接收	工作领导人对工作票内容有不同意见时，应向发票人提出，经认真分析，确认无误后，签字确认

续表

序号	工作内容	工作要求	注意事项
步骤 4	宣读工作票	工作领导人提前组织作业组成员（含作业车司机）召开工前预备会，宣讲工作票并进行作业分工、安全预想，将本次作业任务和安全措施逐项分解落实到人，并进行针对性安全提示。	有疑问时应及时提出，工作领导人组织答疑并确认无误
步骤 5	乘车	登乘人员快速出动、就近上车原则，到达作业区段	
步骤 6	申请、接受停电作业命令	申请、接受停电作业命令	
步骤 7	验电接地	按命令验电接地，先验电，后接地；先安装接地端，再安装停电设备端。	验电和装设、拆除接地线必须由两人进行，一人操作，一人监护
步骤 8	检修作业	(1) 如承力索、接触线中心锚结绳存在严重锈蚀，异常磨损或断股，应对其进行更换。 (2) 接触线中心锚结线夹处接触线高度不符合要求处理方法： ①接触线中心锚结线夹处接触线高度低于要求时： a. 用 $\Phi4.0$ 镀锌铁线将跨中接触线吊起,使中心锚结辅助绳两边充分松弛,然后拆除辅助绳绑扎线； b. 松动内侧线夹,用扳手撬开两个线夹间辅助绳,紧固内侧线夹； c. 松开外侧线夹,使辅助绳向外窜动后紧固外侧线夹； d. 反复进行②、③项步骤直至符合要求,最后拆除跨中铁线，并绑扎露头。 ②接触线中心锚结线夹处接触线高度高于要求时： a. 用 $\Phi4.0$ 镀锌铁线将跨中接触线吊起,使中心锚结辅助绳两边充分松弛,然后拆除辅助绳绑扎线； b. 松动外侧线夹,用扳手撬开两个线夹间辅助绳,使之成大垂弯,紧固外侧线夹； c. 松动内侧线夹，使辅助绳向内窜动一定距离，然后紧固内侧线夹； d. 反复 (2)、(3) 项步骤至达到要求为止； e. 拆除跨中铁线并绑扎露头。 如锚结绳受力不均，应根据实际情况进行调节，使其符合要求	
步骤 9	地线拆除	按命令拆除地线。先拆除停电设备端，再拆接地端	
步骤 10	消除停电命令	作业完成后消除停电命令	
步骤 11	返回	工作领导人确认进出网物品清点核对无误，所有人员料具无误后乘车返回	作业工具材料遗留在作业现场

续表

序号	工作内容	工作要求	注意事项
步骤 12	收工会	①所有作业人员全部返回工区后，由工作领导人组织召开作业收工会； ②对当日完成工作进行总结，指出当日作业中存在不足或好的方法	

六、实训考核标准(如表 4-5-6 所示)

表 4-5-6　实训考核评分表

完成时间：________ min

项目	序号	考核内容及评分标准	配分	扣分	得分	备注
准备工作	1	人员着装整齐，安全劳保用品齐全。个人着装、安全劳保用品一项不合格扣 2 分	10			
	2	制作工具材料型号选择正确、作业开始前摆放整齐，并进行检查。工具选错一项扣 2 分，未进行检查扣 2～5 分	10			
作业程序	1	按标准化作业要求进行，未按要求的，每项扣 5 分	40			
	2	中心锚结检修步骤未遵循注意事项的，出现一次扣 5 分				
安全及其他	1	出现意外伤害事故立即停止考核，成绩为不合格	40			
	2	作业过程中出现设备零件、工具损坏的，出现一次扣 10 分				
	3	考核时间为 10 min，每超时 1 min 扣 2 分，超时 5 min 停止考核				
	合计		100			

七、思考题

（1）中心锚结线夹处接触线高度低于标准时，如何处理？

（2）如何测量中心锚结线夹处的接触线弛度？

任务六　隔离开关的检修作业

一、实训目的

（1）熟悉隔离开关结构和工作原理。

（2）掌握隔离开关检修作业的基本方法和技能。

二、思政目标

（1）树立标准化作业意识。

（2）具有团队合作、深入细致的工作精神。

（3）树立大局观念、时间观念，吃苦耐劳的精神。

三、理论链接

接触网隔离开关是电气化铁路电力牵引供电的重要设备，其主要功能是隔离故障、分段作业及改变运行方式等，如图 4-6-1 所示。隔离开关是一种没有熄弧装置的开关电器，供接触网在无载情况下进行倒闸，电气隔离。隔离开关在分闸状态有明显可见断口，在合闸状态下能可靠地通过正常工作电流和短路故障电流。

图 4-6-1　隔离开关

1. 设备技术标准

（1）开关托架呈水平状态，安装高度符合设计要求，瓷柱垂直，传动杆垂直与操作机构轴线一致，连接牢固，无松动现象。

（2）隔离开关应动作可靠、转动灵活，合闸时触头接触良好，引线和连接线的截面与开关的额定电流及所连接的接触网当量截面相适应，引线不得有散股、断股和接头。主导回路开关引线宜设双引线，且用并联线夹并联，并联线夹应符合设计规定，双线弛度一致。

（3）隔离开关的触头接触面应平整、光洁无损伤，并涂以电力复合脂。隔离开关合闸时触头接触紧密、接触压力均匀无回弹现象，用 0.05 mm×10 mm 的塞尺检查触头接触时，线接触者应塞不进去；对于面接触者的塞入深度：当接触表面宽度为 50 mm 及以下时，不应超过 4 mm；当接触表面宽度为 60 mm 及以上时，不应超过 6 mm。

（4）隔离开关的分闸角度及合闸状态应符合产品的技术要求。开关打开时应使其主刀闸转向线路反侧，对于 GW4 型隔离开关合闸时，刀闸呈水平状态，两刀闸中心线相吻合；分闸时刀闸角度为 900，允许误差 + 10；止钉间隙 1～3 mm。

（5）电动操作的隔离开关电动机转向正确，机械系统润滑良好，分、合闸指示器与开关的实际的分、合位置相符。

（6）隔离开关操作机构应完好无损并加锁，转动部分注润滑油，操作时平稳正确无卡阻和冲击。带接地刀闸的隔离开关，其主刀闸和接地刀闸一次操作时，分(合)闸过程中的瞬时间隙不小于 350 mm。

（7）引线及连接线应连接牢固、接触良好，零件无破损和烧伤。开关设备线夹与接线端子连接处涂一层电力复合脂。引线距接地体的距离应不小于 330 mm。引线的长度应保证当接触悬挂受温度变化偏移时有一定的活动余量并不得侵入限界，引线摆动到极限位置对接地体的距离符合规定。

（8）具有引弧触头的隔离开关，主触头和引弧触头开、合顺序正确，分闸顺序：先分主触头，再分引弧触头；合闸顺序：先合引弧触头，再合主触头。带接地刀的隔离开关接地刀闸与主触头间的机械闭锁应准确、可靠。

（9）支持绝缘子应清洁，无破损和放电痕迹，瓷釉剥落面积不超过 300 mm^2。

（10）新安装的隔离开关在投入运行前应做交流耐压试验，运行中每年用 2500 V 的兆欧表测量一次绝缘电阻，与前一次测量结果相比不应有显著降低。

（11）隔离开关必须双接地，其接地电阻不大于 10 Ω。

2. 检修作业标准

1）隔离开关

隔离开关应动作可靠、转动灵活，转动部分应注以适合当地气候的润滑油。分闸角度及合闸状态应符合产品技术要求，止钉间隙符合规定。

隔离开关触头接触面应平整、光洁无损伤，并涂以导电脂。触头间接触紧密，接触压力均匀，用 0.05 mm×10 mm 的塞尺检查，线接触为 0 mm，面接触不大于 4 mm。

引线和连接线的截面与开关额定电流及所连接接触网当量截面相适应，引线连接良好且不得有接头。引线及连接线应连接牢固接触良好，无破损和烧伤。当接触悬挂受温度变化偏移时，引线的长度应保证有一定的活动余量并不得侵入限界，引线摆动到极限位置对接地体的距离不小于 350 mm。

支持绝缘子应清洁无破损和放电痕迹，瓷釉剥落面积不超过 300 mm^2。

新安装的隔离开关在投入运行前应按《电气装置安装工程　电气设备交接试验标准》(GB50150—2016)进行交接试验，试验合格后方可投入运行。

2)隔离开关操作机构

隔离开关操作机构应完好无损并加锁。操作时平稳正确无卡阻和冲击，联锁、限位器作用良好可靠。操作机构箱应密封良好，箱体及托架等无锈蚀并可靠接地。

具有远动操作功能的隔离开关，应能保证当地位及远动位的正常操作。

电动隔离开关操作机构的分合闸电机、接触器等部件状态良好，接线紧固，限位开关位置正确，操作灵活可靠。

驱动装置的电机转向正确，机械系统润滑良好，分、合闸指示器与开关实际位置相符合。驱动装置的电机和传动器的滑动离合器应符合技术要求。

四、实训要求

（1）实训时间：根据课程标准设置要求。

（2）实训形式：实习指导教师统一讲解示范，学生分组练习，综合考核。

（3）准备工作：

①人员准备，人员清单如表 4-6-1 所示。

表 4-6-1　人员清单

序号	人员类型	数量	作业内容
1	作业人员	12	现场作业

②材料准备，材料清单如表 4-6-2 所示。

表 4-6-2　材料清单

序号	名称	规格	单位	数量	备注
1	示温片		个	若干	
2	清洗剂	中性清洗剂	瓶	2	
3	机油		瓶	2	
4	金属垫片		个	若干	
5	电力复合脂		盒	1	
6	防油漆		瓶	2	
7	抹布		个	若干	
8	黄油		盒	2	

③工具准备，工具清单如表 4-6-3 所示。

表 4-6-3　工具清单

序号	名称	规格	单位	数量	备注
1	绳子		捆	1	
2	力矩扳手	0～100 N·m	把	2	
3	纱布		个	若干	根据实际需要配置
4	钢丝刷		个	若干	根据实际需要配置
5	锉刀		个	若干	现场作业人员每人 1 条
6	等位线		顶	12	作业组成员每人一顶
7	兆欧表	2500 V	双	12	
8	隔离开关操作棒		个	2	
9	测量工具		套	2	
10	个人劳保		套	12	现场作业人员每人 1 套
11	安全用具		套	12	现场作业人员每人 1 套
12	防护用具		套	12	现场作业人员每人 1 套
13	照明用具		套	12	现场作业人员每人 1 套
14	通信工具		套	12	现场作业人员每人 1 套
15	影像设备		套	12	现场作业人员每人 1 套
16	根据具体项目需要携带相应工、机具				

（4）作业安全注意事项，如表 4-6-4 所示。

表 4-6-4　作业安全注意事项

序号	安全事项
1	作业人员必须严格执行“两穿三戴”
2	①防止作业范围不明造成触电； ②防止作业不标准造成触电； ③防止作业车平台转向带电设备； ④防止感应电伤害
3	①防止安全用具不良造成坠落； ②防止高空作业不设监护造成坠落； ③防止接触网作业车上下联控不到位造成坠落
4	①防止封锁前上道被撞； ②防止防护措施不到位或防护人员失职造成现场人员被撞； ③防止未及时避让列车被撞； ④防止接触网作业车撞人； ⑤防止通信设备状态不良造成作业人员被撞
5	①防止抛掷工具材料伤人； ②防止作业不标准伤人

五、实训作业步骤

1. 作业流程（如图 4-6-2 所示）

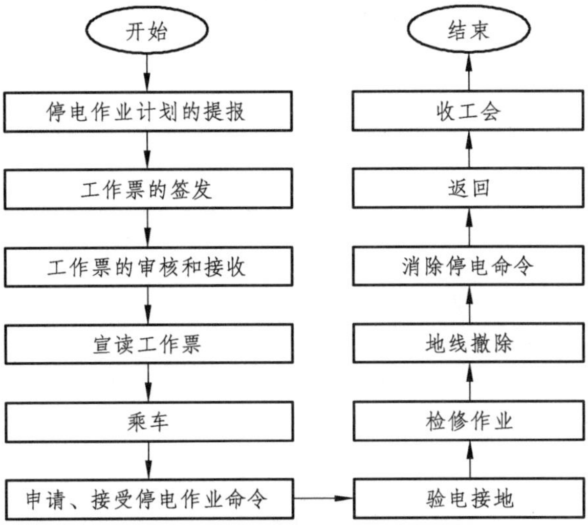

图 4-6-2　作业流程

2. 作业步骤（如表 4-6-5 所示）

表 4-6-5　作业步骤

序号	工作内容	工作要求	注意事项
步骤 1	停电作业计划的提报	工作领导人指定一名安全等级不低于三级的作业组成员作为要令人员，向供电调度员申请停电命令，并说明停电作业的范围、内容、时间、安全和防护措施等	
步骤 2	工作票的签发	根据作业类型签发相应工作票，填写 1 式 2 份，1 份由发票人保管，1 份交给工作领导人	①工作票签发人和工作领导人安全等级不低于四级； ②同一张工作票的签发人和工作领导人必须由两人分别担当； ③工作票有效期不得超过 3 个工作日
步骤 3	工作票的审核和接收	对工作票内容进行审核，审核无误后接收	工作领导人对工作票内容有不同意见时，应向发票人提出，经认真分析，确认无误后，签字确认

续表

序号	工作内容	工作要求	注意事项
步骤 4	宣读工作票	工作领导人提前组织作业组成员（含作业车司机）召开工前预备会，宣讲工作票并进行作业分工、安全预想，将本次作业任务和安全措施逐项分解落实到人，并进行针对性安全提示	有疑问时应及时提出，工作领导人组织答疑并确认无误
步骤 5	乘车	登乘人员快速出动、就近上车原则，到达作业区段	
步骤 6	申请、接受停电作业命令	申请、接受停电作业命令	
步骤 7	验电接地	按命令验电接地，先验电，后接地；先安装接地端，再安装停电设备端	验电和装设、拆除接地线必须由两人进行，一人操作，一人监护
步骤 8	检修作业	①支持绝缘子瓷体有无破损，绝缘电阻是否符合规定； ②分闸角度、分闸止钉间隙及触头的接触情况是否良好，接地刀闸是否密贴； ③两刀闸中心线是否吻合、水平，有无旁击现象； ④分、合闸位置是否符合要求，操作机构是否灵活；分、合闸过程中带电体与接地体的瞬时间隙是否符合要求； ⑤开关引线及电连接有无散股、断股、烧伤，距接地体距离是否符合规定，示温片是否变色； ⑥有电或无电表示标志牌是否清晰，安装位置及方向是否正确； ⑦远动控制的隔开开关，进行远动开合试验，检查动作是否正常； ⑧各部零件是否齐全、状态是否良好、有无锈蚀，螺栓是否紧固； ⑨对运行中的隔离开关，每年要利用停电点，用 2500 V 的兆欧表对绝缘相对薄弱的一侧，以每 2 mm 摇测的方式，测量一次绝缘电阻，并与最近的前一次测量结果比较，不应有显著降低	检修开关使用两组等电位线，一组将带电侧与接地侧等电位防止感应电伤人，一组将隔离开关两断口连接，防止穿越电流伤人
步骤 9	地线拆除	按命令拆除地线。先拆除停电设备端，再拆接地端	
步骤 10	消除停电命令	作业完成后消除停电命令	
步骤 11	返回	工作领导人确认进出网物品清点核对无误，所有人员料具无误后乘车返回	作业工具材料遗留在作业现场
步骤 12	收工会	①所有作业人员全部返回工区后，由工作领导人组织召开作业收工会； ②对当日完成工作进行总结，指出当日作业中存在不足或好的方法	

六、实训考核标准（如表 4-6-6 所示）

表 4-6-6　实训考核评分表

完成时间：________ min

项目	序号	考核内容及评分标准	配分	扣分	得分	备注
准备工作	1	人员着装整齐，安全劳保用品齐全。个人着装、安全劳保用品一项不合格扣 2 分	10			
	2	制作工具材料型号选择正确、作业开始前摆放整齐，并进行检查。工具选错一项扣 2 分，未进行检查扣 2～5 分	10			
作业程序	1	按标准化作业要求进行，未按要求的，每项扣 5 分	40			
	2	隔离开关检修步骤未遵循注意事项的，出现一次扣 5 分				
安全及其他	1	出现意外伤害事故立即停止考核，成绩为不合格。	40			
	2	作业过程中出现设备零件、工具损坏的，出现一次扣 10 分				
	3	考核时间为 10 min，每超时 1 min 扣 2 分，超时 5 min 停止考核				
合计			100			

七、思考题

（1）操作隔离开关时出现卡阻、不灵活怎么处理？

（2）隔离开关主刀闸接触面不密贴时怎么处理？

任务七　补偿装置的检修作业

一、实训目的

（1）熟悉补偿装置检修作业程序及标准。
（2）了解补偿装置检修作业的安全知识。
（3）掌握补偿装置检修作业的基本方法和技能。

二、思政目标

（1）树立标准化作业意识。
（2）具有团队合作、深入细致的工作精神。
（3）树立大局观念、时间观念，吃苦耐劳的精神。

三、理论链接

接触网补偿装置是使电气化铁路接触网悬挂系统承力索及接触线保持规定张力的关键装置，它设在锚段的两端，能自动补偿接触线或承力索的张力。一般有滑轮补偿（如图 4-7-1 所示）、棘轮补偿（如图 4-7-2 所示）、弹簧张力补偿（如图 4-7-3 所示）等形式，其作用是温度变化时，线索受温度影响而伸长或缩短，从而使线索张力恒定不变，以保证线索的弛度满足技术要求。

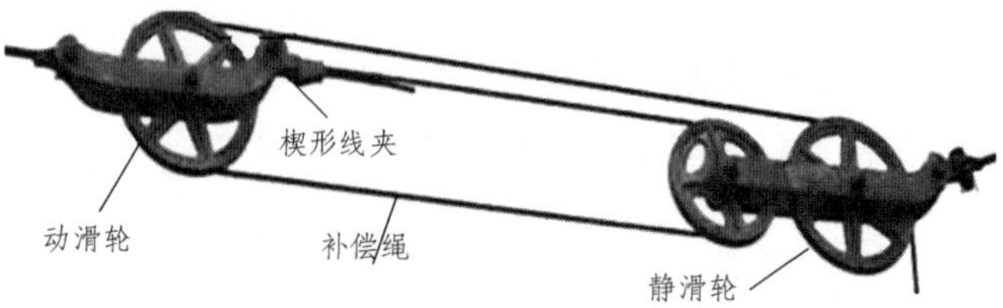

图 4-7-1　滑轮补偿装置

图 4-7-2　棘轮补偿装置

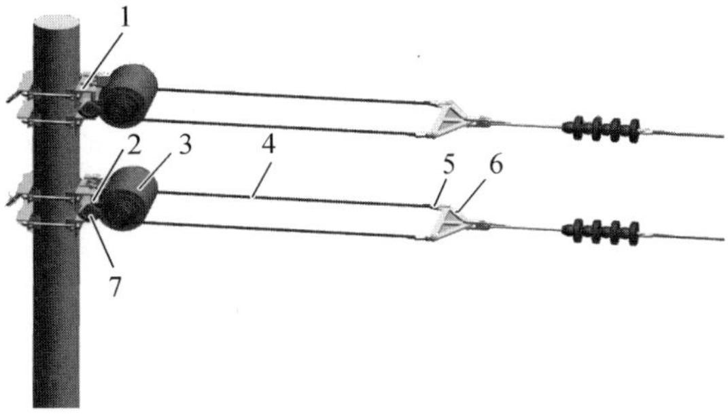

1-承锚(线锚)角钢；2-连接销轴；3-本体；4-补偿绳；

5-双耳楔形线夹；6-平衡板；7-制动轮

图 4-7-3 弹簧张力补偿装置

1. 补偿装置结构

补偿器由补偿滑轮、补偿绳、杵环杆、坠砣杆、坠砣块及连接零件组成。补偿滑轮分为定滑轮和动滑轮（构造相同），定滑轮改变受力方向，动滑轮除改变受力方向外还可省力和移动位置。滑轮一般都装有轴承。

2. 安设与要求

补偿器串接在锚段内线索两端与支柱固定处，根据接触悬挂类型的不同有不同的补偿器结构。

半补偿时，接触线带补偿器，多采用两滑轮组结构，滑轮组的传动比为 1∶2，即用两个滑轮使补偿绳的张力为接触线张力的一半，也就是坠砣块的重力为接触线标称张力的一半。

全补偿时，接触线与承力索两端均带补偿器，接触线补偿器的安设与半补偿相同。承力索补偿器则采用三滑轮组式，传动比为 1∶3。采用传动比比较大的滑轮组时坠砣串块数减少了，这是有利的一面，但坠砣串上升和下降的距离也会按倍数增大，这时要求支柱（锚柱）高度和容量要增加，既不经济也不利于施工和维修。在运营线路上，当接触线因磨耗其截面逐渐减小时，坠砣串块数也相应地减少，使接触线维持一定的张力防止出现断线事故。

3. a、b 值计算方法

补偿装置 a 值是指补偿绳回头末端到定滑轮的下沿的距离，b 值是指由坠砣串最下面一块坠砣底面到地面（或基础面）的距离，如图 4-7-4 所示。

a、b 值具体计算公式如下所示：

$$a = a_{\min} + n \cdot L \cdot \&(t_x - t_{\min})$$

$$b = b_{\min} + n \cdot L \cdot \&(t_{\min} - t_x)$$

式中，a、b——安装调整温度时的 a、b 值；

n——补偿滑轮的传动系数；

L——中心锚结到补偿装置的距离；

&——接触线承力索的线胀系数；

t_x安装调整时的温度；

t_{min}——设计时采用的最低温度；

b_{min}——设计规定的最小 b 值；

t_{max}——设计时采用的最高温度。

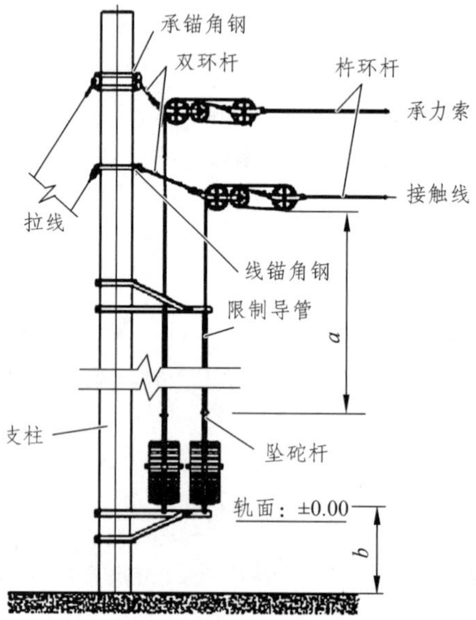

图 4-7-4　补偿装置结构示意图

测量补偿坠砣 a、b 值是否符合安装曲线标准，任何情况下 a、b 值均应大于 300 mm。同一滑轮组的两补偿滑轮的工作间距，在任何情况下不得小于 500 mm。低于标准值需要进行调整。

4. a、b 值调整方法

（1）在补偿绳上安装卡线器，坠砣杆环口下方扎一钢丝套。

（2）紧线器连于卡线器与钢丝套之间。

（3）紧起紧线器，取下连接销钉，按 b 值的要求重做补偿绳回头。

（4）将做好的补偿绳回头与坠砣杆连接，拆除所有工具，复查 b 值，绑扎回头。

5.滑轮补偿装置技术标准

（1）a 值（补偿绳回头末端至滑轮距离）、b 值（坠砣底部距地面距离）

标准值：符合安装曲线的要求。

安全值：安装曲线值±200 mm。

限界值：任何情况下 a、b 值均应大于 200 mm。

（2）补偿坠砣及其质量：

①坠砣应完整，坠砣块叠码整齐，其缺口相互错开 180°。

②坠砣串的质量(包括坠砣杆的质量)符合规定，允许误差不超过 2%。

③坠砣块自上而下按块编号，并标明质量。

（3）补偿滑轮组：

①补偿滑轮完整无损、转动灵活(用手托动坠砣能上下自由移动)，没有卡滞现象。对需要加注润滑油的补偿滑轮，应按产品规定的期限加注润滑油，没有规定者至少 3 年一次。定滑轮槽应保持铅垂状态，动滑轮槽偏转角度不得大于 45°。同一滑轮组的两补偿滑轮的工作间距，任何情况下不小于 500 mm。

②补偿绳不得有松股、断股和接头，不得与其他部件、线索相磨。

6. 棘轮补偿装置技术标准

（1）a、b 值。

运行中 a、b 值应符合安装曲线的要求，允许偏差±100 mm，但最低不得小于 200 mm。

（2）补偿绳。

补偿绳不得有松股、断股和接头，不得与其他部件、线索相摩擦，不得卡在轮体上或者出现叠加。

（3）棘轮完整无损、转动灵活(用手托动坠砣能上下自由移动)，没有卡滞现象。

（4）限制架、制动装置。

①各框架安装正确，受力良好，螺栓紧固，铁件无锈蚀。

②满足坠砣升降变化要求，限制坠砣的摆动，不妨碍升降。

③制动卡块在温度变化时，能在制动框架内上下自由移动。

④制动卡块到棘轮的距离 15～20 mm。

（5）坠砣。

①坠砣应完整，坠砣叠码整齐其缺口相互错开 180°。

②坠砣串的质量(包括坠砣杆的质量)符合规定，允许误差不超过 2%。

③坠砣块自上而下按块编号，并标明重量。

7. 滑轮补偿装置的标准

（1）滑轮补偿装置安装正确，本体无裂纹、变形，转动灵活无卡滞(人力用手托动坠砣能上下自由移动)。

（2）对需要加注润滑油的补偿滑轮，应按产品规定的期限加注润滑油，没有规定者至少 3 年一次。

（3）下锚角钢安装水平。定滑轮应保持铅垂状态，动滑轮偏转角度不得大于 45° 。

（4）同一补偿装置的两补偿滑轮的间距，任何情况下不小于 500 mm。

8. 棘轮补偿装置的标准

（1）棘轮补偿装置安装正确，棘轮本体无裂纹、变形，转动灵活无卡滞(用手托动坠砣能上下自由移动）。

（2）对需要加注润滑油的棘偿滑轮，应按产品规定的期限加注润滑油，没有规定者至少 3 年一次。

（3）制动装置作用良好，制动卡块到大轮轮齿间的距离符合设计要求。

（4）平衡轮与棘轮的间距不小于 500 mm。

（5）棘轮大小轮转动灵活，轮槽上下偏斜不得大于 5 mm。

四、实训要求

（1）实训时间：根据课程标准设置要求。

（2）实训形式：实习指导教师统一讲解示范，学生分组练习，综合考核。

（3）准备工作：

①人员准备，人员清单如表 4-7-1 所示。

表 4-7-1　人员清单

序号	人员类型	数量	作业内容
1	作业人员	12	现场作业

②材料准备，材料清单如表 4-7-2 所示。

表 4-7-2　材料清单

序号	名称	规格	单位	数量	备注
1	示温片		个	若干	
2	双耳楔形线夹		套	2	
3	铁绑线	$\Phi2.0$	个	若干	
4	补偿绳		条	2	
5	止动卡块		个	若干	
6	双环杆		个	若干	
7	承力索终端线夹		个	若干	
8	接触线终端线夹		个	若干	
9	铁线	$\Phi4.0$	个	若干	
10	硅橡胶绝缘子		个	若干	
11	平衡轮		个	若干	
12	旋转接头线夹		个	若干	
13	坠砣杆		个	若干	
14	坠砣抱箍		个	若干	
15	坠砣	25.0 kg	个	若干	
16	开口销		个	若干	

续表

序号	名称	规格	单位	数量	备注
17	螺栓		个	若干	
18	螺母		个	若干	
19	平垫片		个	若干	
20	弹簧垫片		个	若干	

③工具准备，工具清单如表 4-7-3 所示。

表 4-7-3　工具清单

序号	名称	规格	单位	数量	备注
1	钢丝套子		套	2	
2	紧线器	各种型号	套	2	
3	手扳葫芦	3 t	台	1	
4	断线钳	1 080 mm	把	1	
5	管钳	350 mm	套	2	
6	手锤	4 磅	把	2	
7	温度计		支	1	
8	小绳	Φ12 mm	条	1	
9	作业车(车梯)		辆	2	
10	补偿器安装曲线图		册	1	
11	接触网平面布置图		册	1	
12	力矩扳手		把	2	
13	开口扳手	450 mm	把	2	
14	钢卷尺	5 m	把	5	
15	水平尺		把	1	
16	根据具体项目需要携带相应工、机具				

（4）作业安全注意事项，如表 4-7-4 所示。

表 4-7-4　作业安全注意事项

序号	安全事项
1	作业人员必须严格执行“两穿三戴”
2	①防止作业范围不明造成触电； ②防止作业不标准造成触电； ③防止作业车平台转向带电设备； ④防止感应电伤害

续表

序号	安全事项
3	①防止安全用具不良造成坠落； ②防止高空作业不设监护造成坠落； ③防止接触网作业车上下联控不到位造成坠落
4	①防止封锁前上道被撞； ②防止防护措施不到位或防护人员失职造成现场人员被撞； ③防止未及时避让列车被撞； ④防止接触网作业车撞人； ⑤防止通信设备状态不良造成作业人员被撞
5	①防止抛掷工具材料伤人； ②防止作业不标准伤人

五、实训作业步骤

1. 作业流程（如图 4-7-5 所示）

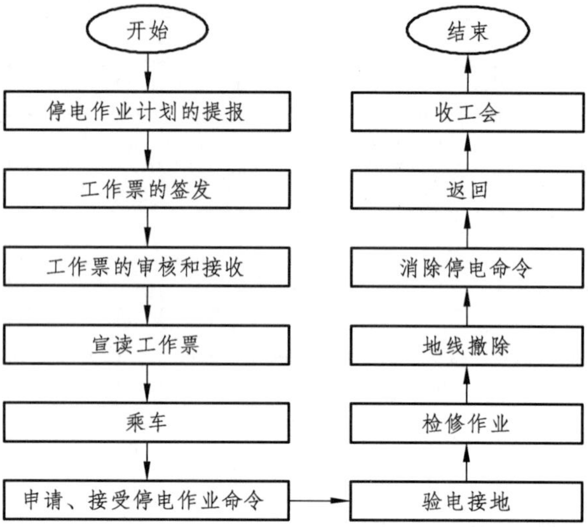

图 4-7-5　作业流程

2. 作业步骤（如表 4-7-5 所示）

表 4-7-5　作业步骤

序号	工作内容	工作要求	注意事项
步骤 1	停电作业计划的提报	工作领导人指定一名安全等级不低于三级的作业组成员作为要令人员，向供电调度员申请停电命令，并说明停电作业的范围、内容、时间、安全和防护措施等	

续表

序号	工作内容	工作要求	注意事项
步骤 2	工作票的签发	根据作业类型签发相应工作票，填写一式两份，一份由发票人保管，一份交给工作领导人	工作票签发人和工作领导人安全等级不低于四级。 同一张工作票的签发人和工作领导人必须由两人分别担当工作票有效期不得超过 3 个工作日
步骤 3	工作票的审核和接收	对工作票内容进行审核，审核无误后接收	工作领导人对工作票内容有不同意见时，应向发票人提出，经认真分析，确认无误后，签字确认
步骤 4	宣读工作票	工作领导人提前组织作业组成员（含作业车司机）召开工前预备会，宣讲工作票并进行作业分工、安全预想，将本次作业任务和安全措施逐项分解落实到人，并进行针对性安全提示	有疑问时应及时提出，工作领导人组织答疑并确认无误
步骤 5	乘车	登乘人员快速出动、就近上车原则，到达作业区段	
步骤 6	申请、接受停电作业命令	申请、接受停电作业命令	
步骤 7	验电接地	按命令验电接地，先验电，后接地；先安装接地端，再安装停电设备端	验电和装设、拆除接地线必须由两人进行，一人操作，一人监护
步骤 8	检修作业	（1）*a*、*b* 值调整： ①根据调节量在补偿绳上适当位置打一紧线器，坠砣杆环下方打一钢丝套，或者在坠砣杆环内穿入双股 4.0 铁线； ②用手扳葫芦连接，摇紧葫芦，使补偿绳松弛（卸力）； ③将楔形线夹从坠砣杆环内取下，退出楔子，按照安装曲线图上查出的 *a*、*b* 值，重新做回头；回头做完后复测 *b* 值是否符合要求，不符合要求重新制作； ④调整完毕并复测后撤除手扳葫芦、紧线器、钢丝套子，使补偿绳受力。 （2）补偿绳更换： ①将需要更换补偿绳的坠砣串用手扳葫芦吊起固定在支柱上； ②将紧线器安装在线索上，钢丝套子安装在支柱上，紧动手扳葫芦，使补偿绳卸载； ③拆除旧补偿绳，安装新补偿绳； ④两个手扳葫芦配合加载，撤除工具，检查各部尺寸符合要求； ⑤在检查棘轮垂直度的时候要利用水平尺进行检测。	检修开关使用两组等电位线，一组将带电侧与接地侧等电位防止感应电伤人，一组将隔离开关两断口连接，防止穿越电流伤人

续表

序号	工作内容	工作要求	注意事项
		  (3) 补偿绳偏磨棘轮、脱槽和重叠交叉调整： ①将两个手扳葫芦吊起固定在支柱上，一个紧动坠砣，一个紧动线索； ②紧动手扳葫芦，使补偿绳卸载； ③调整补偿绳缠绕； ④两个手扳葫芦配合加载，撤除工具，检查各部数值和状态； ⑤在检查棘轮垂直度的时候要利用水平尺进行检测。   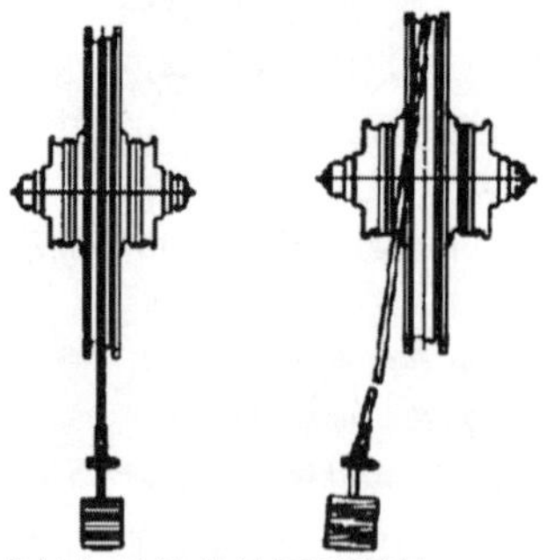 (4) 止动卡块与棘轮轮体间隙调整 ①松开止动卡块 4 个螺栓，使止动卡块能在调节孔范围内移动；	

续表

序号	工作内容	工作要求	注意事项
		②按要求将止动卡块移动到距轮体 15～20 mm 处，并使其两边和轮缘中心对齐； ③紧固 4 个固定螺栓，力矩值为 56 N·m。  (5) 棘轮本体更换： ①将补偿绳的坠砣串用手扳葫芦吊起固定在支柱上。 ②将紧线器安装在线索上，钢丝套子安装在支柱上；紧动手扳葫芦，使补偿绳卸载。 ③将补偿绳从棘轮本体上拆除。 ④将损坏的棘轮轮体更换为新的棘轮轮体，调整垂直后正确缠绕补偿绳，检查是否相磨。 ⑤两个手扳葫芦配合加载，撤除工具，检查各部数值和状态。 (6) 坠砣调整： ①坠砣上下移动不灵活。 移动限制管上下部螺栓调节孔，将限制管与坠砣重心线调整至平行且距离适当。如限制管与底座固定，则重新确定底座位置，重新固定限制管。 ②坠砣块破损：更换。 用铁线将坠砣固定，使之不能上下移动，卸下破损坠砣块，换上新坠砣块。 ③坠砣块数不足。 补齐，并立即检查本锚段另一段下锚坠砣数量，使两端坠砣数量相等。 ④坠砣叠码不规范。 转动坠砣块，将其叠码整齐，其缺口互相交错 180°。  (7) 下锚角钢调整 ①将补偿绳的坠砣串用手扳葫芦吊起固定在支柱上。 ②将紧线器安装在线索上，钢丝套子安装在支柱	

续表

序号	工作内容	工作要求	注意事项
		上；紧动手扳葫芦，使补偿绳卸载。 ③松动下锚角钢螺栓进行调整，用水平尺进行测量，直至下锚角钢调整水平，将螺栓紧固。 ④两个手扳葫芦配合加载，撤除工具，检查各部数值和状态。	
步骤 9	地线拆除	按命令拆除地线。先拆除停电设备端，再拆接地端	
步骤 10	消除停电命令	作业完成后消除停电命令	
步骤 11	返回	工作领导人确认进出网物品清点核对无误，所有人员料具无误后乘车返回	作业工具材料遗留在作业现场
步骤 12	收工会	①所有作业人员全部返回工区后，由工作领导人组织召开作业收工会。 ②对当日完成工作进行总结，指出当日作业中存在不足或好的方法	

六、实训考核标准（如表 4-7-6 所示）

表 4-7-6　实训考核评分表

完成时间：________ min

项目	序号	考核内容及评分标准	配分	扣分	得分	备注
准备工作	1	人员着装整齐，安全劳保用品齐全。个人着装，安全劳保用品一项不合格扣 2 分	10			
	2	制作工具材料型号选择正确、作业开始前摆放整齐，并进行检查。工具选错一项扣 2 分，未进行检查扣 2～5 分	10			
作业程序	1	按标准化作业要求进行，未按要求的，每项扣 5 分	40			
	2	补偿装置检修步骤未遵循注意事项的，出现一次扣 5 分				
安全及其他	1	出现意外伤害事故立即停止考核，成绩为不合格	40			
	2	作业过程中出现设备零件、工具损坏的，出现一次扣 10 分				
	3	考核时间为 10 min，每超时 1 min 扣 2 分，超时 5 min 停止考核				
合计			100			

七、思考题

（1）补偿装置坠砣自由度检查的标准是什么？

（2）如何调整平衡轮？

任务八 接触网分段绝缘器的检修作业

一、实训目的

（1）了解分段绝缘器原理及分类。

（2）掌握分段绝缘器检修作业的基本方法和技能。

二、思政目标

（1）树立标准化作业意识。

（2）具有团队合作、深入细致的工作精神。

（3）树立大局观念、时间观念，吃苦耐劳的精神。

三、理论链接

分段绝缘器又称分区绝缘器，是接触网进行电分段时采用的一种绝缘设备。正常情况，受电弓带电滑行通过。当某一接触网分段发生故障或因施工停电时，打开分段绝缘器处的隔离开关将该部分接触网断电，而其他部分能正常工供电。两部分接触网系统分别供电时，当一部分接触网的电源发生问题不能供电，则可合上隔离开关，使其使用一个电源，从而提高了接触网运行的可靠性和灵活性。

1. 分段绝缘器分类

按照实际线路应用情况，分段绝缘器主要分为菱形分段绝缘器（图 4-8-1）、XTK 消弧型分段绝缘器（图 4-8-2）、无弯矩防污型分段绝缘器（图 4-8-3）、德式分段绝缘器（图 4-8-4）等类型。

图 4-8-1 菱形分段绝缘器

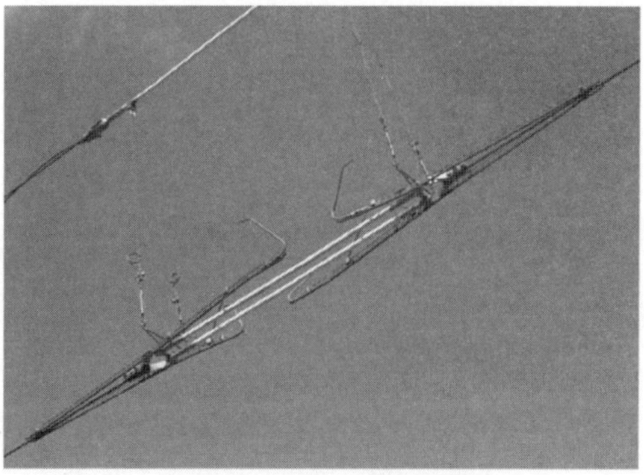

图 4-8-2 消弧分段绝缘器

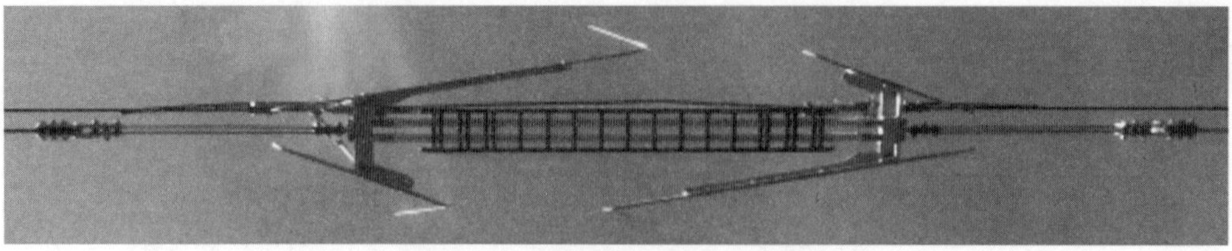

图 4-8-3　无弯矩防污型分段绝缘器

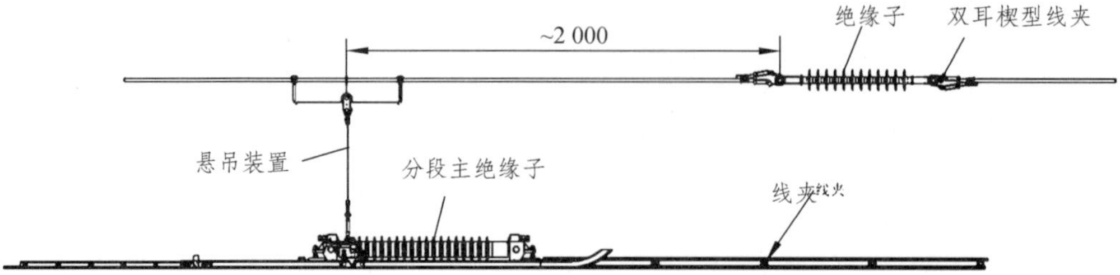

图 4-8-4　德式分段绝缘器（单位：mm）

2. DXF-（1.6）II 型分段绝缘器

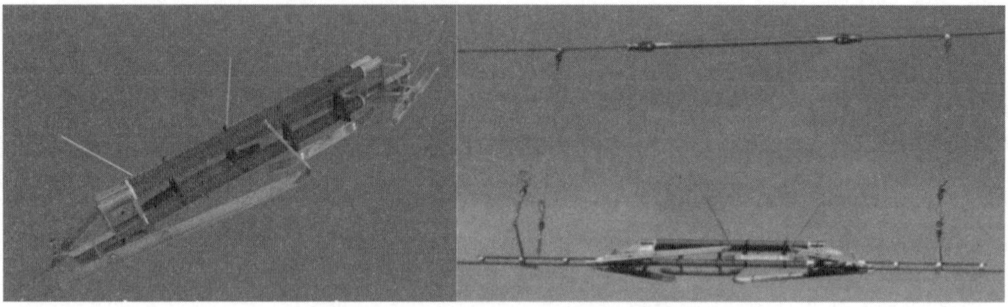

图 4-8-5　DXF-（1.6）II 型分段绝缘器

（1）用途：

①适用于重污区，实现两段同相位但不同单元的电气隔离。

②适用于上下行的渡线间、V 停反行及停电检修等。

（2）安装调试：

①安装承力索绝缘棒。

测量承力索绝缘棒中心，用白粉笔在中心划线，从中心向两侧取承力索绝缘子总长的一半，并划线：

紧线、安装手扳葫芦：在距承力索绝缘棒中心线 2000 mm 的位置，安装紧线器、手扳葫芦；

②断线、安装承力索绝缘子。

承力索断线长度为绝缘子的总长尺寸，终锚线夹螺栓用活扳手紧固。

安装绝缘棒，穿入螺栓销、螺母、开口销，并将开口销掰开不小于 120°。

（3）安装分段绝缘器本体。

测量分段本体中心：从承力索绝缘棒中心，向导线处吊线锤、画线，即导线中心，从中心向两侧分别量取 560 mm 画线。

测量悬挂点及安装分段绝缘器处的接触线高度：若以作业车平台为基准点，应选择在液压升降柱的位置，以后复测高度时，还应以此点为准，高度确定后，作业平台不准升降，将控制盒关上。

安装接头线夹：将接触线接头线夹的梢轴中心安装于距分段绝缘中心 560 m 处，并根据接触线规格安装于与接头线夹相对应的位置，并将并沟线夹、铺助导线(辅助导线与接触线规格应相同)按图示位置安装。

接触线规格 110～120 mm 接头线夹安装示意图 4-8-6。

图 4-8-6　接头线夹安装示意图 1(单位：mm)

接触线 85 mm 接头线夹安装示意图 4-8-7。

图 4-8-7　接头线夹安装示意图 2(单位：mm)

安装并沟线夹与吊弦支撑：根据总装图所标注尺寸安装并沟线夹及吊弦支撑，吊弦支撑安装在 M10×45 的螺栓上，两吊弦支撑应交义安装，见图 4-8-8。

图 4-8-8　吊弦支撑安装

安装导线拉紧紧线器：安装紧线器位置应适中，一般紧线器两线夹间距离为 4000 m 左右，紧线时操作要缓慢，受力要适中，以防接触线过分压缩，使锯线有困难。在导线中部，用钢锯断线。用城弯工具使导线向上弯曲 45°，在线夹端部锯断线头。

安装分段绝缘器本体：安装分段本体，使本体上的沟槽套住接头线夹的轴，缓慢放松紧线器，同时观察紧线器的卸载情况，确保接头线夹免受冲击力，及其两个轴嵌入分段绝缘器的 U 形沟槽内。稳定 30 s 后，卸下紧线器，如图 4-8-9 所示。

图 4-8-9　分段绝缘器安装

（4）调试工作。

从滑板端部向分段中心量取 50 mm，把水平尺放在此处，用活扳手紧固调整螺栓，直到水平尺处的导线与滑板在同一水平面内，随后紧固防松螺母，如图 4-8-10 所示。

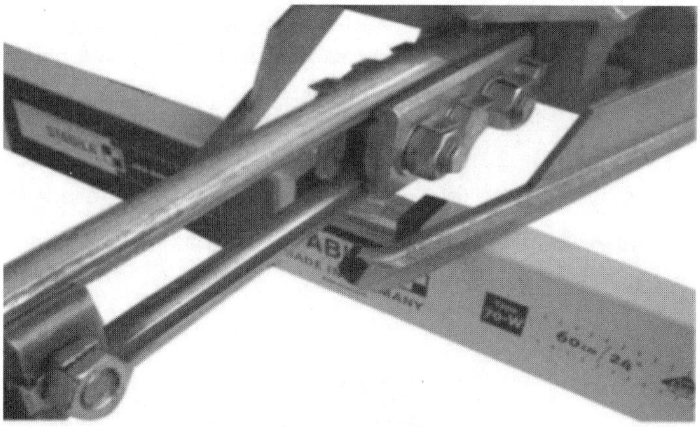

图 4-8-10　安装示意图

安装吊弦线：分段绝缘器本体应安装负弛度，一般负弛度约为 50～70 mm，具体应根据列车运行情况而定。

从承力索吊弦处安装吊弦，并用扭力扳手（25 N·m）将调节吊线夹扭紧，再粗略超平后，拧紧 M12 夹紧螺栓并锁上止动垫片。

用水平尺再次超平，使之与轨面平行，若水平尺指示倾斜，调整花篮螺丝。

用水平尺第三次超平，沿导线与本体滑动，并通过本体，应保持同一水平度，不应有硬点如在导线与分段连接附近有硬点，应调整分段绝缘器的调整螺栓，进行微调，并用水平尺沿导线及本体全程滑动，确认水平后，再拧紧并沟线夹的螺栓，如图 4-8-11 所示。

图 4-8-11　安装示意图

最后将所有的螺母再紧一遍，并检查花篮螺丝上的开口销(4 个)是否全部打开。

施工完毕后，用装箱的包装布把承力索绝缘子和本体上的硅橡胶绝缘子包扎好。若安装后立即投入使用，则无需包扎，做好硅橡胶绝缘子的清洗工作。

硅橡胶绝缘子的清洗只能用清水洗、柔软干净布擦拭，严禁用各种洗涤液或溶剂及硬性材料擦拭。

四、实训要求

（1）实训时间：根据课程标准设置要求。

（2）实训形式：实习指导教师统一讲解示范，学生分组练习，综合考核。

（3）准备工作：

①人员准备，人员清单如表 4-8-1 所示。

表 4-8-1　人员清单

序号	人员类型	数量	作业内容
1	作业人员	12	现场作业

②材料准备，材料清单如表 4-8-2 所示。

表 4-8-2　材料清单

序号	名称	规格	单位	数量	备注
1	分段绝缘器本体		组	1	
2	承力索绝缘子	爬距 1600 mm	件	1	硅橡胶
3	接头线夹		套	2	带螺栓、止动垫图

续表

序号	名称	规格	单位	数量	备注
4	并沟线夹		套	6	带螺栓、止动垫图
5	调节吊弦线支撑		件	4	
6	花篮螺丝		套	4	
7	调节吊弦线		根	4	配心形环、 带止动垫圈夹紧螺栓
8	承力索调节吊弦线夹		件	2	带螺栓、止动垫图
9	承力索终锚线夹		套	2	按现场承力索型号 规格选用
10	接触线	750 mm	根	2	平滑、顺直、与安装现场 接触线型号规格相同
11	镀锌铁丝	Φ1.6 mm	m	6	
12	包扎布	用布包扎			包扎绝缘子用

③工具准备，工具清单如表 4-8-3 所示。

表 4-8-3　工具清单

序号	名称	规格	单位	数量	备注
1	接触网作业车或车梯		台	1	
2	多用紧线器	JG-03	个	2	
3	钢丝套子	Φ12.5 mm	个	2	
4	断线钳	900	把	1	
5	链条式手扳葫芦	3 t	台	1	
6	工具袋		个	2	
7	水平尺		把	1	能测两个方向
8	梅花扳手	16、18 mm	把	2	各 2 把
9	扭力扳手	NB 系列	把	1	配 16、18 mm 各一个
10	套筒扳手	16、18 mm	把	1	
11	手工工具		套	2	
12	小绳	Φ16	根	1	
13	线坠	0.25 kg	个	1	配绳
14	汽油、棉纱			若干	清楚承力索涂油
15	活口扳手	450 mm	把	1	
16	盒尺	5 m	把	1	
17	白粉笔			若干	
18	导线紧线器		台	1	接触线紧线用
19	根据具体项目需要携带相应工、机具				

④作业安全注意事项，如表 4-8-4 所示。

表 4-8-4　作业安全注意事项

序号	安全事项
1	作业人员必须严格执行“两穿三戴”
2	①防止作业范围不明造成触电； ②防止作业不标准造成触电； ③防止作业车平台转向带电设备； ④防止感应电伤害
3	①防止安全用具不良造成坠落； ②防止高空作业不设监护造成坠落； ③防止接触网作业车上下联控不到位造成坠落
4	①防止封锁前上道被撞； ②防止防护措施不到位或防护人员失职造成现场人员被撞； ③防止未及时避让列车被撞； ④防止接触网作业车撞人； ⑤防止通信设备状态不良造成作业人员被撞
5	①防止抛掷工具材料伤人； ②防止作业不标准伤人

五、实训作业步骤

以 DXF-(1.6)II 型分段绝缘器检修作业为例：

1. 作业流程(如图 4-8-12 所示)

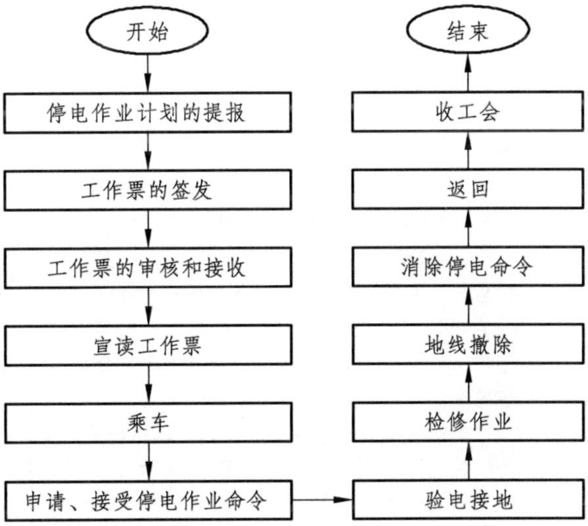

图 4-8-12　作业流程

2. 作业步骤(如表 4-8-5 所示)

表 4-8-5 作业步骤

序号	工作内容	工作要求	注意事项
步骤 1	停电作业计划的提报	工作领导人指定一名安全等级不低于三级的作业组成员作为要令人员，向供电调度员申请停电命令，并说明停电作业的范围、内容、时间、安全和防护措施等	
步骤 2	工作票的签发	根据作业类型签发相应工作票，填写一式两份，一份由发票人保管，一份交给工作领导人	①工作票签发人和工作领导人安全等级不低于四级; ②同一张工作票的签发人和工作领导人必须由两人分别担当; ③工作票有效期不得超过 3 个工作日
步骤 3	工作票的审核和接收	对工作票内容进行审核，审核无误后接收	工作领导人对工作票内容有不同意见时，应向发票人提出，经认真分析，确认无误后，签字确认
步骤 4	宣读工作票	工作领导人提前组织作业组成员(含作业车司机)召开工前预备会，宣讲工作票并进行作业分工、安全预想，将本次作业任务和安全措施逐项分解落实到人，并进行针对性安全提示	有疑问时应及时提出，工作领导人组织答疑并确认无误
步骤 5	乘车	登乘人员快速出动、就近上车原则，到达作业区段	
步骤 6	申请、接受停电作业命令	申请、接受停电作业命令	
步骤 7	验电接地	按命令验电接地，先验电，后接地；先安装接地端，再安装停电设备端	验电和装设、拆除接地线必须由两人进行，一人操作，一人监护
步骤 8	检修作业	(1)检测: ①测量分段绝缘器是否位于线路中心，弛度是否符合要求，并记录。 ②测量分段绝缘器是否与轨平面平行，并记录。 (2)检查及检修 ①检查承力索绝缘子和分段绝缘器绝缘部件状态: 绝缘器的主绝缘应完好，其表面放电痕迹应不超过有效绝缘长度的20%。主绝缘严重磨损应及时更换。 当绝缘棒磨损达到 2 mm 时，可以进行旋转，并不得超过产品说明书规定次数。 ②检查承力索和分段绝缘器接头处线索及连接线夹状态: 绝缘器导线接头处过渡平滑，安装和维护标准应符合产品说明书要求。	①作业过程中要避免碰撞、损伤、污染分段绝缘器，不得踩踏绝缘器; ②绝缘器应位于受电弓中心，一般情况下误差不超过 100 mm; ③安装平面平行于轨面，最大误差不超过 10 mm; ④换分段绝缘器或零部件作业时，应用不小于 25 mm²的等位线短接。作业过程中紧线器应采取防滑措施，并注意消除因紧线工具造成的接触线硬点;

续表

序号	工作内容	工作要求	注意事项
		③检查金属滑板状态： 如果滑板剩余厚度为 1～2 mm，必须更换滑板 ④检查绝缘滑道、绝缘棒相对应轨平面状态；不平行时，按照产品说明书进行调整。 ⑤检查绝缘器的中心位置、弛度；不符合规定，按照产品说明书进行调整。 安装正确的分段绝缘器滑板每个端点（消弧角处的滑板端点），使用 120 N（用弹簧秤）抬升而吊弦不会松弛。如果吊弦松弛，应每隔 10 mm 抬升一次分段绝缘器直至吊弦受力为止。 ⑥检查各零部件状态和防松效果。 ⑦清扫绝缘部件。 ⑧若需更换分段绝缘器，按照理论链接中的安装调试内容进行操作	⑤安装、更换绝缘器或绝缘部件后，应使用力矩扳手对各部螺栓进行紧固校验，防止接触线或绝缘棒抽脱
步骤 9	地线拆除	按命令拆除地线。先拆除停电设备端，再拆接地端	
步骤 10	消除停电命令	作业完成后消除停电命令	
步骤 11	返回	工作领导人确认进出网物品清点核对无误，所有人员料具无误后乘车返回	作业工具材料遗留在作业现场
步骤 12	收工会	①所有作业人员全部返回工区后，由工作领导人组织召开作业收工会； ②对当日完成工作进行总结，指出当日作业中存在不足或好的方法	

六、实训考核标准（如表 4-8-6 所示）

表 4-8-6　实训考核评分表

完成时间：________ min

项目	序号	考核内容及评分标准	配分	扣分	得分	备注
准备工作	1	人员着装整齐，安全劳保用品齐全。个人着装，安全劳保用品一项不合格扣 2 分	10			
	2	制作工具材料型号选择正确、作业开始前摆放整齐，并进行检查。工具选错一项扣 2 分，未进行检查扣 2～5 分	10			
作业程序	1	按标准化作业要求进行，未按要求的，每项扣 5 分	40			
	2	分段绝缘器检修步骤未遵循注意事项的，出现一次扣 5 分				
安全及其他	1	出现意外伤害事故立即停止考核，成绩为不合格	40			
	2	作业过程中出现设备零件、工具损坏的，出现一次扣 10 分				
	3	考核时间为 10 min，每超时 1 min 扣 2 分，超时 5 min 停止考核				
合计			100			

七、思考题

（1）如何调整分段绝缘器滑道与铜滑道的高差?

（2）接头线夹安装不牢固，存在线索抽脱隐患时该如何处理?

任务九　接触网锚段关节的检修作业

一、实训目的

（1）熟悉分段绝缘器检修作业的程序及标准。
（2）了解分段绝缘器检修作业的安全知识。
（3）掌握分段绝缘器检修作业的基本方法和技能。

二、思政目标

（1）树立标准化作业意识。
（2）具有团队合作、深入细致的工作精神。
（3）树立大局观念、时间观念，吃苦耐劳的精神。

三、理论链接

1. 锚段关节(如图 4-9-1 所示)

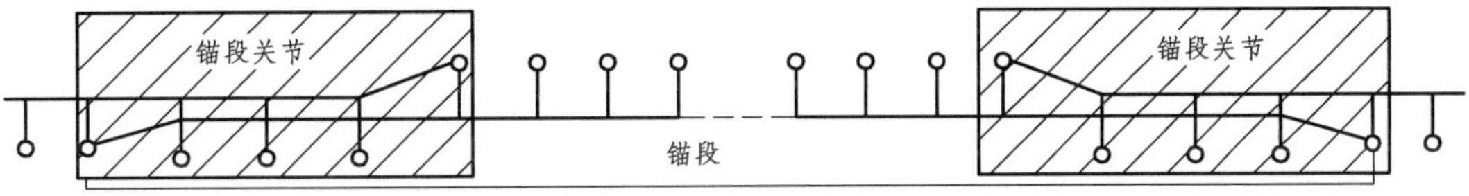

图 4-9-1　锚段关节

为满足供电、机械方面的分段要求，将接触网分成若干一定长度旦相互独立的分段，每一分段叫锚段。两个相邻锚段衔接部分称为锚段关节。

根据锚段所起的作用可分为电分段非绝缘锚段关节和电分段绝缘锚段关节，根据所含跨距数可分为三跨、四跨、五跨锚段关节。非绝缘锚段关节只起机械分段作用，绝缘锚段关节既起电分段作用也起机械分段作用。

2. 锚段关节的作用

（1）实现接触网的机械和电气分段，以满足供电和受流需要。
（2）使受电弓高速、平稳、安全地从一个锚段过渡到另一个锚段。
（3）便于在接触网中安装必要的机电设备。

3. 四跨非绝缘锚段关节（如图 4-9-2 所示）

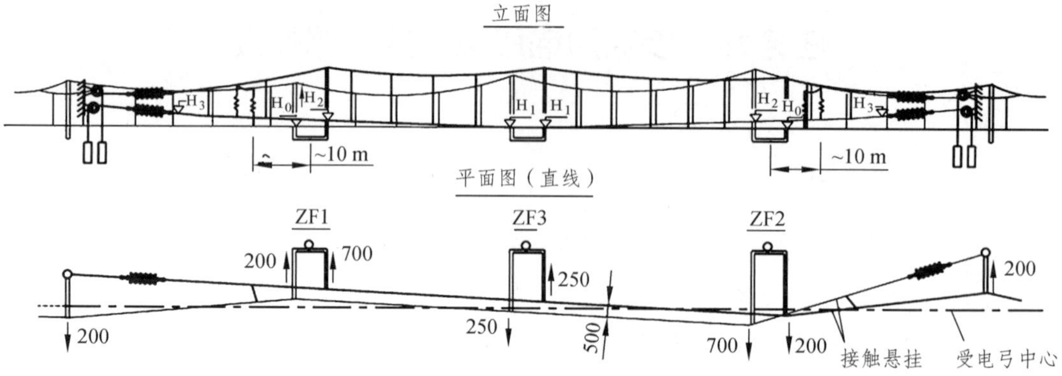

图 4-9-2　四跨非绝缘锚段关节

两临两锚段重叠四个跨距，机械上分段，电气上相互独立。通过隔离开关实现电路的通断，实现同相位接触网间的绝缘。

四跨非绝缘锚段关节由 2 个锚柱、2 个转换柱、1 个中心柱组成。

（1）转换柱处非支、工支接触线水平间距 500 mm，垂直间距 500 mm；

（2）中心柱处两接触线水平间距 500 mm，垂直间距 40 mm。

4. 四跨绝缘锚段关节（如图 4-9-3 所示）

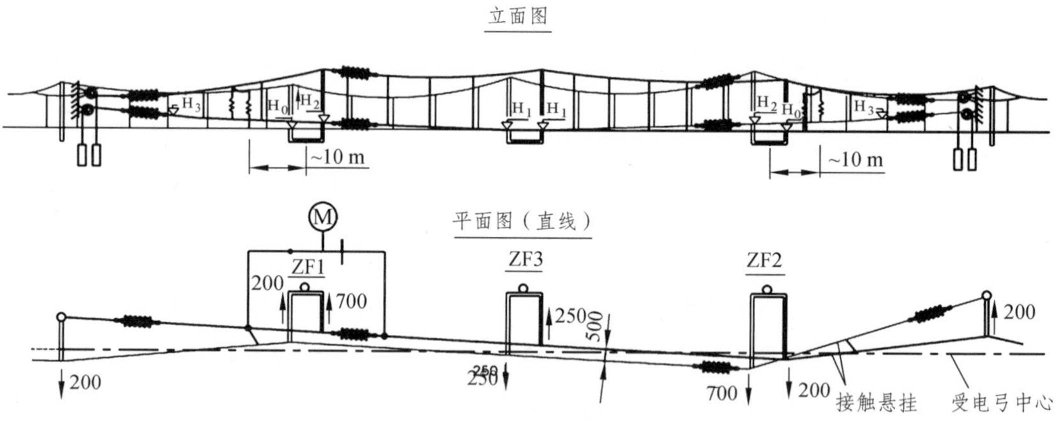

图 4-9-3　四跨绝缘锚段关节

（1）转换柱处非支、工支接触线水平间距 500 mm，垂直间距 500 mm；

（2）中心柱处两接触线水平间距 500 mm，垂直间距 40 mm。

5. 五跨非绝缘锚段关节(如图 4-9-4 所示)

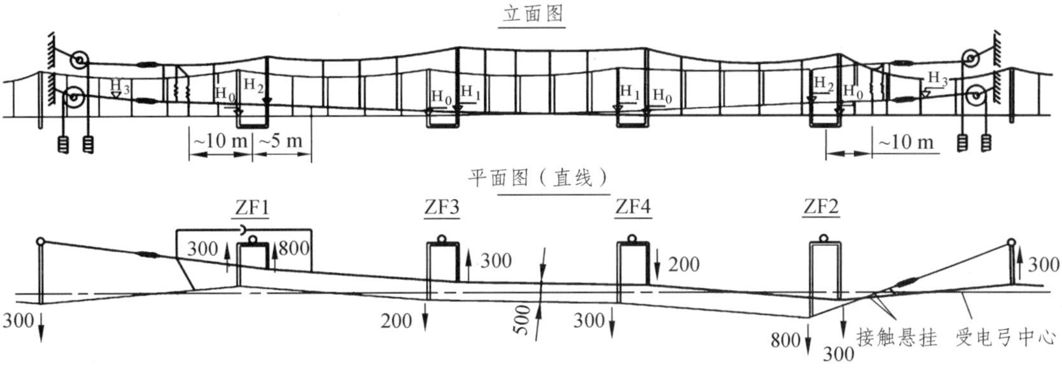

图 4-9-4　五跨非绝缘锚段关节

五跨非绝缘锚段关节由 2 个锚柱、2 个转换柱、2 个中心柱组成。

（1）转换柱处非支、工支接触线水平间距 500 mm，垂直间距 600 mm；

（2）中心柱处两接触线水平间距 500 mm，垂直间距 150 mm。

由于四跨绝缘锚段关节中心柱处接触线弹性差、接触线坡度大问题，整体不适合高速电气化铁路要求，高速铁路采用五跨绝缘锚段关节主要原因：

受电弓接触两接触线是在两导线等高处，且导高又高出 40 mm，在动态压力下受电弓接触两线时间短，接触压力小，克服了四跨结构受电弓接触两接触线时间长且又在悬挂点接触压力大的缺陷和出现硬点的不足。保证了机车高速通过关节时与一般区段的动态接触压力和弓网受流状态几乎没有差异，弓网受流质量良好，接触线使用寿命延长。

6. 五跨绝缘锚段关节(如图 4-9-5 所示)

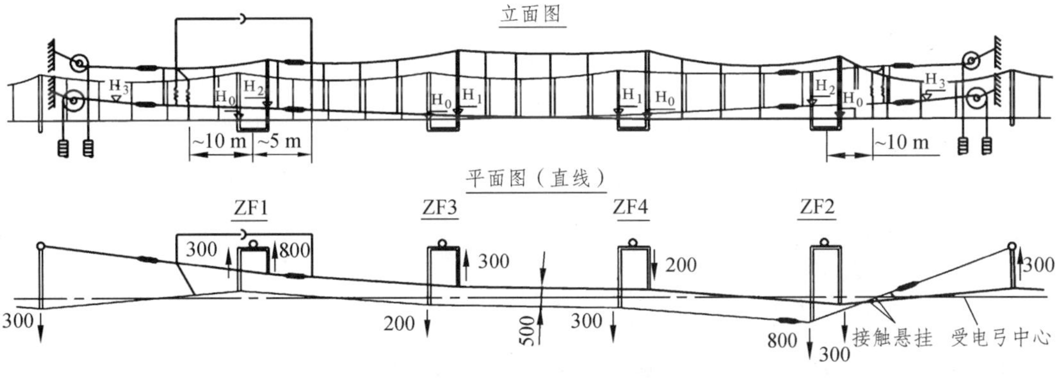

图 4-9-5　五跨绝缘锚段关节

五跨绝缘锚段关节由 2 个锚柱、2 个转换柱、2 个中心柱组成。

（1）转换柱处非支、工支接触线水平间距 500 mm，垂直间距 600 mm；

（2）中心柱处两接触线水平间距 500 mm，垂直间距 150 mm。

四、实训要求

（1）实训时间：根据课程标准设置要求。

（2）实训形式：实习指导教师统一讲解示范，学生分组练习，综合考核。

（3）准备工作：

①人员准备，人员清单如表 4-9-1 所示。

表 4-9-1　人员清单

序号	人员类型	数量	作业内容
1	作业人员	12	现场作业

②材料准备，材料清单如表 4-9-2 所示。

表 4-9-2　材料清单

序号	名称	规格	单位	数量	备注
1	可调式整体吊弦		套	4	
2	棕绳	Φ18 mm，10 m 以上	条	1	
3	安全带		条	12	
4	接地线		根	若干	按工作票上数量
5	短接线	不小于 25 mm^2	套	2	
6	防护旗		面	2	
7	吊弦线夹		套	4	
8	定位线夹		套	4	
9	定位环		套	2	
10	锚支定位卡子		套	2	
11	电连接线夹（承力索）		套	4	
12	电连接线夹（接触线）		套	4	
13	电连接线	20 m	套	1	
14	镀锌铁线	Φ4.0	根	若干	
15	镀锌铁线	Φ1.6	根	若干	
16	电力复合脂		件	若干	

③工具准备，工具清单如表 4-9-3 所示。

表 4-9-3　工具清单

序号	名称	规格	单位	数量	备注
1	接触网作业车或车梯		台	1	
2	接触网综合测量仪	DJJ-8	台	1	
3	钢丝套子	2 m	套	2	
4	接触线整面器		套	1	
5	水平尺	600 mm	把	1	
6	紧线器	50～150	套	2	
7	钢卷尺	10 m	把	1	
8	力矩扳手	0～100 N·m	套	2	
9	手扳葫芦	3 t	台	1	
10	橡胶锤		把	1	
11	验电器	27.5 kV	套	2	
12	绝缘手套		套	2	
13	绝缘靴		套	2	
14	根据具体项目需要携带相应工、机具				

（4）作业安全注意事项，如表 4-9-4 所示。

表 4-9-4　作业安全注意事项

序号	安全事项
1	作业人员必须严格执行“两穿三戴”
2	作业时需先挂地线后加装等位线，作业完毕需先拆除等位线后拆除地线
3	①防止作业范围不明造成触电； ②防止作业不标准造成触电； ③防止作业车平台转向带电设备； ④防止感应电伤害
4	①防止安全用具不良造成坠落； ②防止高空作业不设监护造成坠落； ③防止接触网作业车上下联控不到位造成坠落
5	①防止封锁前上道被撞； ②防止防护措施不到位或防护人员失职造成现场人员被撞； ③防止未及时避让列车被撞； ④防止接触网作业车撞人； ⑤防止通信设备状态不良造成作业人员被撞
6	①防止抛掷工具材料伤人； ②防止作业不标准伤人

五、实训作业步骤

1. 作业流程（如图 4-9-6 所示）

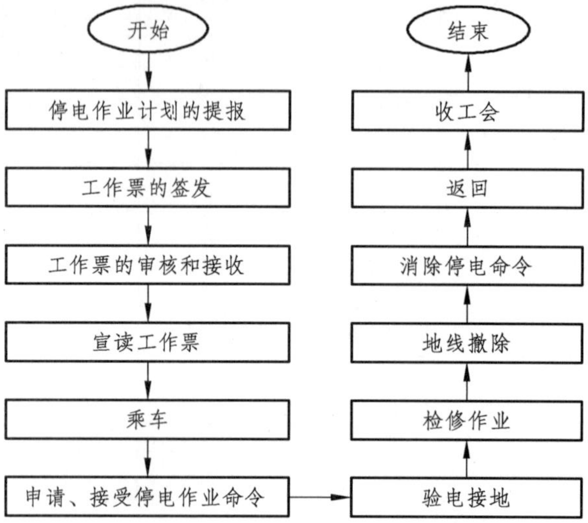

图 4-9-6　作业流程

2. 作业步骤（如表 4-9-5 所示）

表 4-9-5　作业步骤

序号	工作内容	工作要求	注意事项
步骤 1	停电作业计划的提报	工作领导人指定一名安全等级不低于三级的作业组成员作为要令人员，向供电调度员申请停电命令，并说明停电作业的范围、内容、时间、安全和防护措施等	
步骤 2	工作票的签发	根据作业类型签发相应工作票，填写一式两份，一份由发票人保管，一份交给工作领导人	①工作票签发人和工作领导人安全等级不低于四级； ②同一张工作票的签发人和工作领导人必须由两人分别担当； ③工作票有效期不得超过 3 个工作日
步骤 3	工作票的审核和接收	对工作票内容进行审核，审核无误后接收	工作领导人对工作票内容有不同意见时，应向发票人提出，经认真分析，确认无误后，签字确认
步骤 4	宣读工作票	工作领导人提前组织作业组成员（含作业车司机）召开工前预备会，宣讲工作票并进行作业分工、安全预想，将本次作业任务和安全措施逐项分解落实到人，并进行针对性安全提示	有疑问时应及时提出，工作领导人组织答疑并确认无误

续表

序号	工作内容	工作要求	注意事项
步骤 5	乘车	登乘人员快速出动、就近上车原则，到达作业区段	
步骤 6	申请、接受停电作业命令	申请、接受停电作业命令	
步骤 7	验电接地	按命令验电接地，先验电，后接地；先安装接地端，再安装停电设备端	验电和装设、拆除接地线必须由两人进行，一人操作，一人监护
步骤 8	检修作业	(1) 转换柱： 转换柱处两承力索、接触线的垂直、水平距离是否符合规定。 标准值：设计值。 标准状态：标准值±20 mm。 警示值：标准值±30 mm。 限界值：标准值±50 mm。 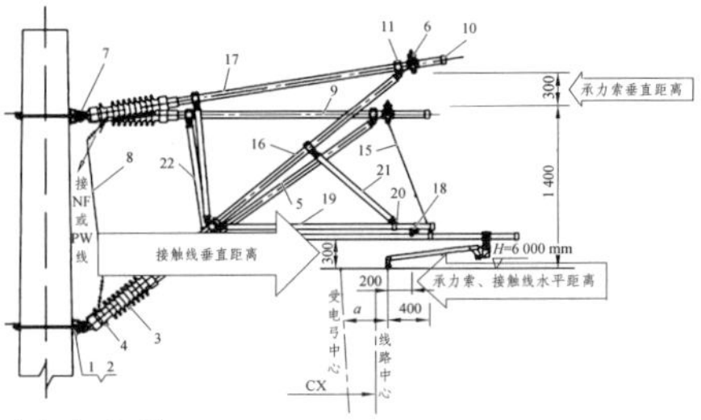 (2) 中心柱： 中心柱处两承力索、接触线的垂直、水平距离是否符合规定。 标准值：等高（设计值）。 标准状态：20 mm（标准值±20 mm）。 警示值：20 mm（标准值±30 mm）。 限界值：30 mm（标准值±50 mm）。 中心柱处接触线等高点接触线高度不应低于相邻工作支吊弦点，允许高于相邻吊弦点0～10 mm。 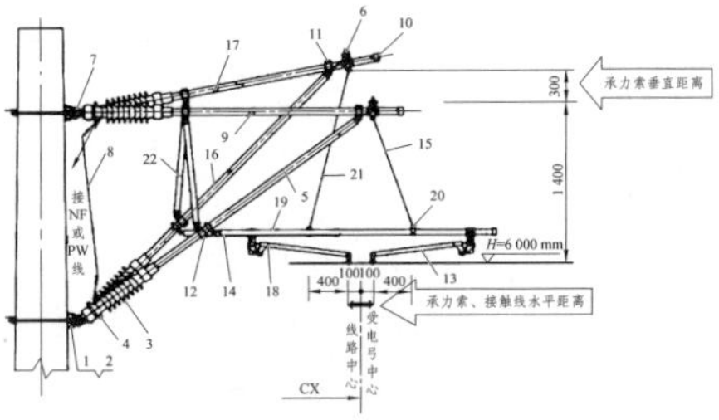 (3) 工作支、非工作支： 工作支、非工作支的接触线高度、拉出值及跨中偏移值是否符合要求，两工作支接触线	①作业时需先挂地线后加装等位线，作业完毕需先拆除等位线后拆除地线； ②进行接触网悬挂调整时，要有防止线索滑脱措施，且作业人员不宜位于线索受力方向的反侧

续表

序号	工作内容	工作要求	注意事项
		是否平滑过渡。  (4) 各部零件: 各部零件是否安装正确;定位管能否随温度变化自由偏转,有无卡滞现象。 (5) 接触悬挂: 两支接触悬挂间距离是否符合规定。 (6) 锚支接触线: 锚支接触线在其垂直投影与线路钢轨交叉处,较工作支接触线抬高是否符合规定。 (7) 绝缘子: 绝缘子串至悬挂点间距离是否符合规定	
步骤 9	地线拆除	按命令拆除地线。先拆除停电设备端,再拆接地端	
步骤 10	消除停电命令	作业完成后消除停电命令	
步骤 11	返回	工作领导人确认进出网物品清点核对无误,所有人员料具无误后乘车返回	作业工具材料遗留在作业现场
步骤 12	收工会	(1) 所有作业人员全部返回工区后,由工作领导人组织召开作业收工会。 (2) 对当日完成工作进行总结,指出当日作业中存在不足或好的方法	

六、实训考核标准(如表 4-9-6 所示)

表 4-9-6 实训考核评分表

完成时间: ________ min

项目	序号	考核内容及评分标准	配分	扣分	得分	备注
准备工作	1	人员着装整齐,安全劳保用品齐全。个人着装、安全劳保用品一项不合格扣 2 分	10			

续表

项目	序号	考核内容及评分标准	配分	扣分	得分	备注
	2	制作工具材料型号选择正确、作业开始前摆放整齐，并进行检查。工具选错一项扣 2 分，未进行检查扣 2～5 分	10			
作业程序	1	按标准化作业要求进行，未按要求的，每项扣 5 分	40			
	2	锚段关节检修步骤未遵循注意事项的，出现一次扣 5 分				
安全及其他	1	出现意外伤害事故立即停止考核，成绩为不合格	40			
	2	作业过程中出现设备零件、工具损坏的，出现一次扣 10 分				
	3	考核时间为 10 min，每超时 1 min 扣 2 分，超时 5 min 停止考核				
合计			100			

七、思考题

（1）四跨绝缘锚段关节和五跨绝缘锚段关节检修作业有哪些差别?

（2）绝缘锚段关节和非绝缘锚段关节检修周期分别是多少？这样设置的原因是什么?

任务十　接触网电分相的检修作业

一、实训目的

（1）熟悉电分相的分类及原理。

（2）掌握关节式电分相检修作业的基本方法和技能。

二、思政目标

（1）树立标准化作业意识。

（2）具有团队合作、深入细致的工作精神。

（3）树立大局观念、时间观念，吃苦耐劳的精神。

三、理论链接

在我国电气化铁路牵引供电系统中，是由牵引变电所将电力系统提供的 110 kV 或 220 kV 三相电转换成 27.5 kV 的单相交流电，给牵引供电网。单相供电容易在电网中产生负序电流，而负序电流对电网中的设备、输电线路、继电保护等产生很大影响。

为平衡电力系统的 a、b、c 三相电流，牵引变电所对接触网实行换相轮流供电方式(a、b 相轮流供电)。为防止相间短路，接触网各相间要采用绝缘物分割，称为“电分相”。因此，在变电所出口处及两牵引变电所之间(供电臂末端)，必须设置电分相装置。

我国电气化铁路常用的分相方式有两种：1、器件式分相 2、关节式分相。集团管内器件式分相分布比较少，现在大多数在沪昆、焦柳渝怀线。京广、广深还存在少量的器件式分相。集团管内高速铁路，大多数用的是关节式分相。

器件式电分相由 3 个绝缘板组成，如图 4-10-1、4-10-2 所示。

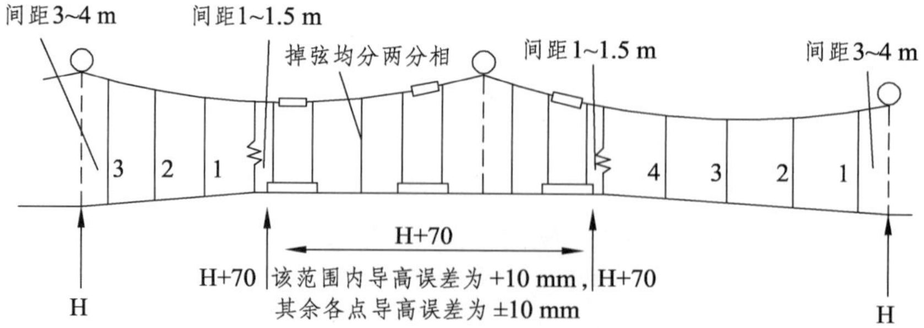

图 4-10-1　器件式电分相

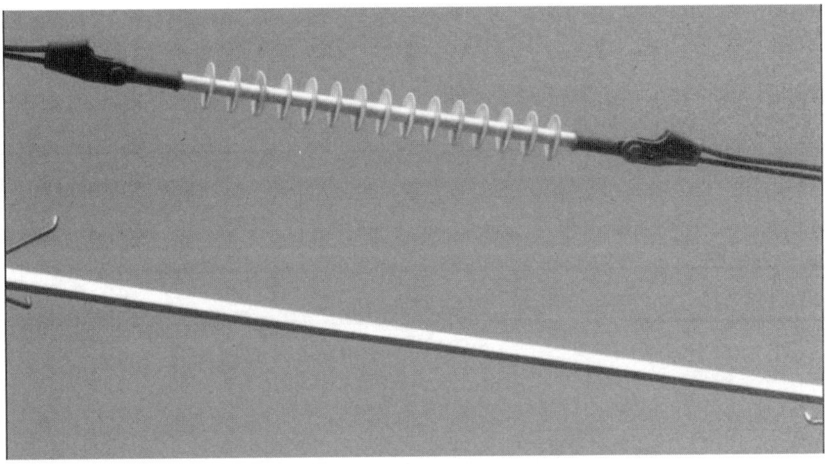

图 4-10-2　器件式电分相实物图

关节式电分相是一种通过在绝缘关节之间设置相间中性段的接触网分相结构。分相一般由两个或三个绝缘关节组合形成，其结构可分为双断口、三断口两种类型，按照分相中性段长度与弓间距的关系又可分为短分相和长分相。根据采用错段关节形式的不同，理论上可组合成多种跨别。

1. 两种电分相区别及优缺点

（1）关节式电分相结构复杂但利于高速行车；器件式分相结构简单但运行中易形成硬点打碰弓、拉弧，不利于高速行车。

（2）关节式电分相的优点是减少了器件式分相对机车受电弓的冲击，能够使电力机车快速平稳地从一个供电臂过渡到另一个供电臂。

（3）关节式电分相的缺点是电力机车在运行至关节式电分相时，机车司机仍需进行机车主断路器断、合电操作，且结构较复杂，参数调整较困难，一旦出现故障抢修难度较大等。

2. 高铁电分相设计（如图 4-10-3、4-10-4 所示）

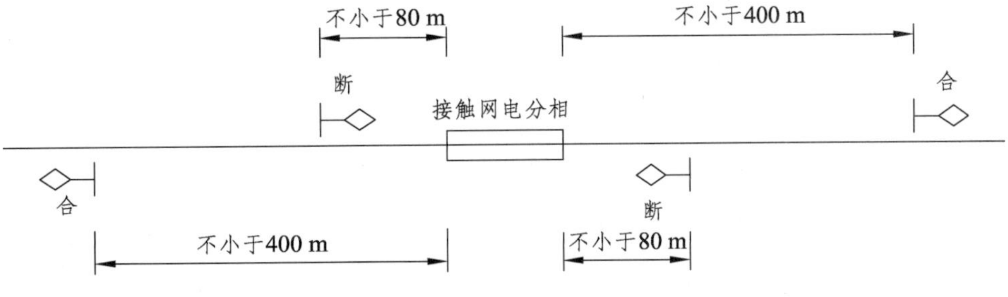

图 4-10-3　高铁电分相设计

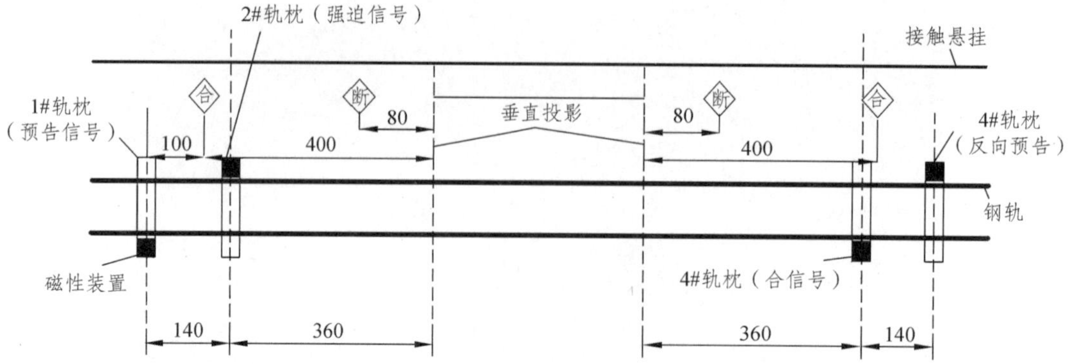

图 4-10-4　高铁电分相实物

在高速铁路接触网电分相前方设断电标，断电标设置在电分相中性区段起始位置前第 2 根支柱上（该支柱距电分相中性区段起始位置不小于 80 m）。

在接触网电分相后方设合电标，合电标设置在电分相中性区段终止位置后 400 m 处附近的接触网支柱上（该支柱距电分相中性区段终止位置不小于 400 m）。

线路反方向按上述规定设置断电标、合电标。

四、实训要求

（1）实训时间：根据课程标准设置要求。

（2）实训形式：实习指导教师统一讲解示范，学生分组练习，综合考核。

（3）准备工作：

①人员准备，人员清单如表 4-10-1 所示。

表 4-10-1　人员清单

序号	人员类型	数量	作业内容
1	作业人员	12	现场作业

②材料准备，材料清单如表 4-10-2 所示。

表 4-10-2　材料清单

序号	名称	规格	单位	数量	备注
1	可调式整体吊弦		套	4	
2	棕绳	Φ18 mm，10 m 以上	条	1	
3	安全带		条	12	
4	接地线		根	若干	按工作票上数量
5	短接线	不小于 25 mm²	套	2	
6	防护旗		面	2	
7	吊弦线夹		套	4	
8	定位线夹		套	4	
9	定位环		套	2	
10	锚支定位卡子		套	2	
11	电连接线夹（承力索）		套	4	
12	电连接线夹（接触线）		套	4	
13	电连接线	20 m	套	1	
14	镀锌铁线	Φ4.0	根	若干	
15	镀锌铁线	Φ1.6	根	若干	
16	电力复合脂		件	若干	

③工具准备，工具清单如表 4-10-3 所示。

表 4-10-3　工具清单

序号	名称	规格	单位	数量	备注
1	接触网作业车或车梯		台	1	
2	接触网综合测量仪	DJJ-8	台	1	
3	钢丝套子	2 m	套	2	
4	接触线整面器		套	1	
5	水平尺		把	1	
6	高斯计		台	1	
7	钢卷尺	10 m	把	1	
8	力矩扳手	0～100 N·m	套	2	
9	手扳葫芦	3 t	台	1	
10	橡胶锤		把	1	
11	验电器	27.5 kV	套	2	
12	绝缘手套		套	2	
13	绝缘靴		套	2	
14	根据具体项目需要携带相应工、机具				

④作业安全注意事项，如表 4-10-4 所示。

表 4-10-4　作业安全注意事项

序号	安全事项
1	作业人员必须严格执行“两穿三戴”
2	作业时需先挂地线后加装等位线，作业完毕需先拆除等位线后拆除地线
3	①防止作业范围不明造成触电； ②防止作业不标准造成触电； ③防止作业车平台转向带电设备； ④防止感应电伤害
4	①防止安全用具不良造成坠落； ②防止高空作业不设监护造成坠落； ③防止接触网作业车上下联控不到位造成坠落
5	①防止封锁前上道被撞； ②防止防护措施不到位或防护人员失职造成现场人员被撞； ③防止未及时避让列车被撞； ④防止接触网作业车撞人； ⑤防止通信设备状态不良造成作业人员被撞
6	①防止抛掷工具材料伤人； ②防止作业不标准伤人

五、实训作业步骤

1. 作业流程(如图 4-10-5 所示)

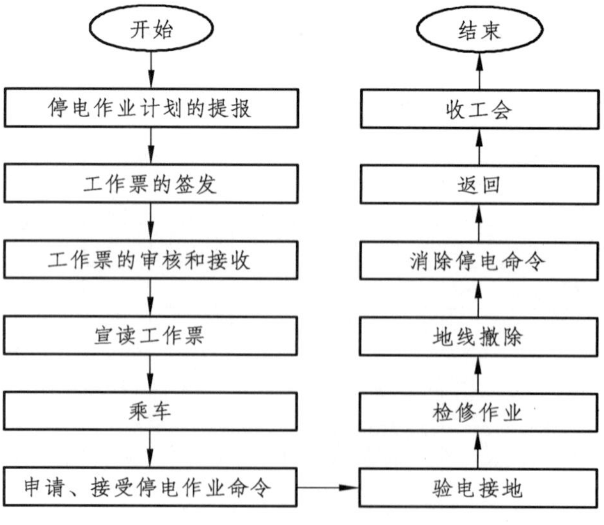

图 4-10-5　作业流程

2. 作业步骤(如表 4-10-5 所示)

表 4-10-5　作业步骤

序号	工作内容	工作要求	注意事项
步骤 1	停电作业计划的提报	工作领导人指定一名安全等级不低于三级的作业组成员作为要令人员，向供电调度员申请停电命令，并说明停电作业的范围、内容、时间、安全和防护措施等	
步骤 2	工作票的签发	根据作业类型签发相应工作票，填写 1 式 2 份，1 份由发票人保管，1 份交给工作领导人	①工作票签发人和工作领导人安全等级不低于四级； ②同一张工作票的签发人和工作领导人必须由两人分别担当； ③工作票有效期不得超过 3 个工作日
步骤 3	工作票的审核和接收	对工作票内容进行审核，审核无误后接收	工作领导人对工作票内容有不同意见时，应向发票人提出，经认真分析，确认无误后，签字确认
步骤 4	宣读工作票	工作领导人提前组织作业组成员（含作业车司机）召开工前预备会，宣讲工作票并进行作业分工、安全预想，将本次作业任务和安全措施逐项分解落实到人，并进行针对性安全提示	有疑问时应及时提出，工作领导人组织答疑并确认无误
步骤 5	乘车	登乘人员快速出动、就近上车原则，到达作业区段	
步骤 6	申请、接受停电作业命令	申请、接受停电作业命令	
步骤 7	验电接地	按命令验电接地，先验电，后接地；先安装接地端，再安装停电设备端	验电和装设、拆除接地线必须由两人进行，一人操作，一人监护
步骤 8	检修作业	(1) 分相磁钢安装相对位置： ①检查中要适用高斯计对磁钢的磁性进行周期检查，在距离磁钢垂直 110 mm 处磁通量不得低于 36GS； ②对固定磁钢的连接螺栓状态及开口销进行检查，防止螺栓松动或开口销缺失。 (2) 分相“断”“合”标安装相对位置： ①检查分相断合标无锈蚀，固定良好； ②记录分相断合标位置，与设计相符（断标设于中性段起始端最外转换柱以外第 2 根支柱上，距最外转换柱 81～120 m。合标设于中性段终止端最外转换柱 400 m 以外，距最外转换柱 401～450 m。） 1. 避雷器状态及隔离开关控制操作性能核对； 2. 线索空间几何参数及各绝缘部位空气绝缘间隙的复测；	①作业时需先挂地线后加装等位线，作业完毕需先拆除等位线后拆除地线； ②进行接触网悬挂调整时，要有防止线索滑脱措施，且作业人员不宜位于线索受力方向的反侧

续表

序号	工作内容	工作要求	注意事项
		3. 电连接状态检查； 4. 接地电阻测试； 5. 各部位力矩	
步骤 9	地线撤除	按命令拆除地线。先拆除停电设备端，再拆接地端	
步骤 10	消除停电命令	作业完成后消除停电命令	
步骤 11	返回	工作领导人确认进出网物品清点核对无误，所有人员料具无误后乘车返回	作业工具材料遗留在作业现场
步骤 12	收工会	①所有作业人员全部返回工区后，由工作领导人组织召开作业收工会； ②对当日完成工作进行总结，指出当日作业中存在不足或好的方法	

六、实训考核标准（如表 4-10-6 所示）

表 4-10-6　实训考核评分表

完成时间：________ min

项目	序号	考核内容及评分标准	配分	扣分	得分	备注
准备工作	1	人员着装整齐，安全劳保用品齐全。个人着装、安全劳保用品一项不合格扣 2 分	10			
	2	制作工具材料型号选择正确、作业开始前摆放整齐，并进行检查。工具选错一项扣 2 分，未进行检查扣 2～5 分	10			
作业程序	1	按标准化作业要求进行，未按要求的，每项扣 5 分	40			
	2	电分相检修步骤未遵循注意事项的，出现一次扣 5 分				
安全及其他	1	出现意外伤害事故立即停止考核，成绩为不合格	40			
	2	作业过程中出现设备零件、工具损坏的，出现一次扣 10 分				
	3	考核时间为 10 min，每超时 1 min 扣 2 分，超时 5 min 停止考核				
合计			100			

七、思考题

（1）器件式电分相检修作业和关节式的检修作业有哪些差别？

（2）线索本体检查的标准是什么？

任务十一　接触网线岔的检修作业

一、实训目的

（1）了解接触网线岔的分类及基本知识。

（2）掌握无交叉线岔检修作业的基本方法和技能。

二、思政目标

（1）树立标准化作业意识。

（2）具有团队合作、深入细致的工作精神。

（3）树立大局观念、时间观念，吃苦耐劳的精神。

三、理论链接

1. 线岔的定义

在电气化铁路区段的站场内两个股道交叉处，为了使电力机车受电力由一股道顺利过渡到另一股道，在两条铁路交叉的上空相应有两支汇交的接触线，在两支汇交接触线的相交处用限制管连接并固定的装置称为线岔，又称等空转辙器或空中转换器。

2. 线岔的作用

线岔的作用是在转辙的地方，当一组接触悬挂的接触线被受电弓抬高时，另一组悬挂的接触线也能同时被抬高从而使它与另一接触线产生高差 Δh。高差随着受电弓靠近始触点而缩小，到达始触点时，高差基本消除而使受电弓顺利交接，以使接触线不发生刮弓现象。使电力机车受电弓由一条股道上空的接触线平滑、安全地过渡到另一条股道上空的接触线上，从而使电力机车牵引的列车完成线路转换运行的目的。

3. 线岔种类

（1）交叉线岔：

交叉线岔在两接触线交叉处用限制管固定，并限制两相交接触线位置的设备，称为接触网线岔。

当机车受电弓从一股道通过线岔时，由于受电弓有一固定宽度，因此在未运行到两导线交叉点时，即已接触到另一股道接触线，该处被称为线岔始触点。

（2）无交叉线岔，如图 4-11-1 所示。

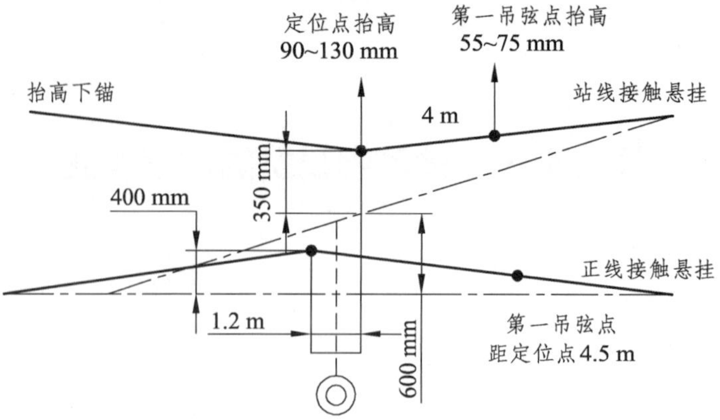

图 4-11-1　无交叉线岔平面布置图

受电弓在道岔区域短时间内同时与两条接触线接触，侧线接触线和正线接触线在受电弓的一个侧面上运行。由于动态抬升作用可能引起接触线滑板与任何倾斜安装的线夹发生剧烈冲撞，可能诱发事故，因此在考虑受电弓的动态抬升及车辆的横向运动等因素的基础上建立无线夹区。

4. 无交叉线岔检修(如图 4-11-2 所示)

图 4-11-2　无交叉线岔检修

无交叉线岔检修可分为地面测量和高空检修两个部分，地面测量部分主要负责测量 A 柱、B 柱、C 柱、始触区等技术参数并进行数据分析。高空检修主要负责无交叉线岔接触网设备的检修及 A 柱至 B 柱及始触区(正进侧、侧进正、正线通过三种情况)接触悬挂冷滑试验，检测线岔处受电弓与接触网匹配关系。

(1)测量开始，首先找到线岔定位柱的 A 柱(线岔开口方向两线路中心线间距约 1.4 m

左右立杆定位的支柱即为 A 柱)，测量定位点两工作支导高、拉出值并记录。A 柱定位点处两接触线等高，允许偏差为侧线比正线高差允许 + 30 mm、 – 10 mm，如图 4-11-3 所示。

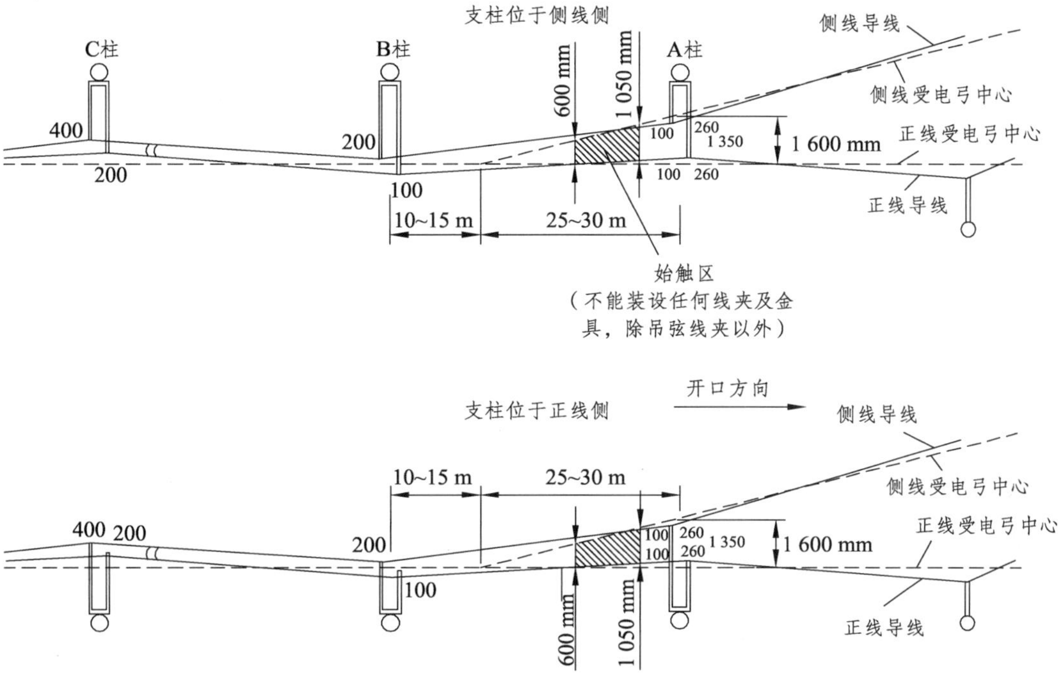

图 4-11-3　无交叉线岔测量

（2）测量始触区：将激光测量仪摆在侧线股道上，测量线岔 A 柱至 B 柱方向的正线相对于侧线拉出值，拉出值 1050 mm、600 mm 的两点，这两点之间的范围即为始触区。此时，还应记录 600 mm、720 mm、1050 mm 处的正、侧线导高值，以便于分析始触区内两支工作状态。正线通过无交叉线岔时，受电弓一般不与侧线接触，无始触区；侧线通过时则有始触区，始触区内不得安装除吊弦线夹以外的任何线夹。

（3）测量 B 柱：第二个道岔柱(A 柱下一根支柱)为 B 柱，测量 B 柱定位点导高、拉出值并记录。B 柱定位点处侧线导高比正线抬高 80～130 mm。

（4）测量 C 柱：C 柱为 B 柱继续往闭口方向的下一根定位支柱，正侧两线已并轨。按正常测量方法即可测量 C 柱导高、拉出值。C 柱定位点处侧线导高比正线抬高 500 mm，允许偏差为±100 mm。

（5）使用车梯上网检查无交叉线岔网上状态。

四、实训要求

（1）实训时间：根据课程标准设置要求。

（2）实训形式：实习指导教师统一讲解示范，学生分组练习，综合考核。

（3）准备工作：

①人员准备，人员清单如表 4-11-1 所示。

表 4-11-1　人员清单

序号	人员类型	数量	作业内容
1	作业人员	12	现场作业

②材料准备，材料清单如表 4-11-2 所示。

表 4-11-2　材料清单

序号	名称	规格	单位	数量	备注
1	载流整体吊弦		套	4	
2	安全带		条	12	
3	接地线		根	若干	按工作票上数量
4	等电位线(含并沟线夹)		套	1	
5	防护旗		面	2	
6	电连接线		套	1	
7	导电膏		件	若干	

③工具准备，工具清单如表 4-11-3 所示。

表 4-11-3　工具清单

序号	名称	规格	单位	数量	备注
1	接触网作业车或车梯		台	1	
2	吊弦压接钳		把	1	
3	钢丝套子	2 m	套	2	
4	模拟受电弓		台	1	
5	水平尺		把	1	
6	钢卷尺	10 m	把	1	
7	力矩扳手	0～100 N·m	套	2	
8	验电器	27.5 kV	套	2	
9	绝缘手套		套	2	
10	绝缘靴		套	2	
11	根据具体项目需要携带相应工、机具				

（4）作业安全注意事项，如表 4-11-4 所示。

表 4-11-4　作业安全注意事项

序号	安全事项
1	作业人员必须严格执行“两穿三戴”
2	作业时需先挂地线后加装等位线，作业完毕需先拆除等位线后拆除地线
3	①防止作业范围不明造成触电； ②防止作业不标准造成触电； ③防止作业车平台转向带电设备； ④防止感应电伤害
4	①防止安全用具不良造成坠落； ②防止高空作业不设监护造成坠落； ③防止接触网作业车上下联控不到位造成坠落
5	①防止封锁前上道被撞； ②防止防护措施不到位或防护人员失职造成现场人员被撞； ③防止未及时避让列车被撞； ④防止接触网作业车撞人； ⑤防止通信设备状态不良造成作业人员被撞
6	①防止抛掷工具材料伤人； ②防止作业不标准伤人

五、实训作业步骤

以无交叉线岔检修作业为例。

1. 作业流程（如图 4-11-4 所示）

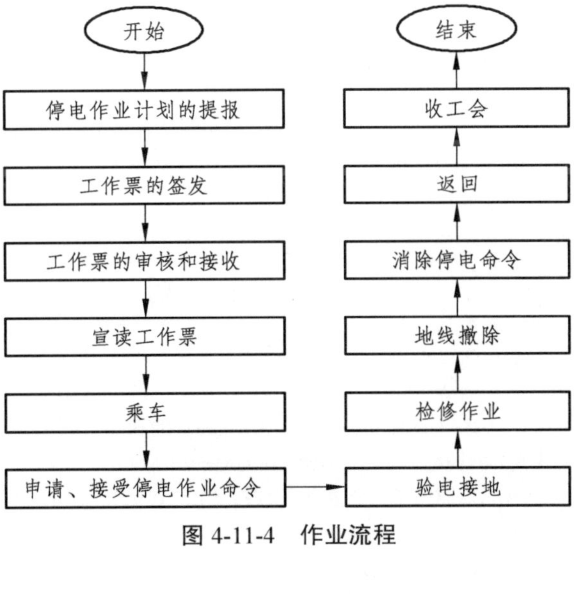

图 4-11-4　作业流程

2. 作业步骤(如表 4-11-5 所示)

表 4-11-5　作业步骤

序号	工作内容	工作要求	注意事项
步骤 1	停电作业计划的提报	工作领导人指定一名安全等级不低于三级的作业组成员作为要令人员，向供电调度员申请停电命令，并说明停电作业的范围、内容、时间、安全和防护措施等	
步骤 2	工作票的签发	根据作业类型签发相应工作票，填写 1 式 2 份，1 份由发票人保管，1 份交给工作领导人	①工作票签发人和工作领导人安全等级不低于四级; ②同一张工作票的签发人和工作领导人必须由两人分别担当; ③工作票有效期不得超过 3 个工作日
步骤 3	工作票的审核和接收	对工作票内容进行审核，审核无误后接收	工作领导人对工作票内容有不同意见时，应向发票人提出，经认真分析，确认无误后，签字确认
步骤 4	宣读工作票	工作领导人提前组织作业组成员(含作业车司机)召开工前预备会，宣讲工作票并进行作业分工、安全预想，将本次作业任务和安全措施逐项分解落实到人，并进行针对性安全提示	有疑问时应及时提出，工作领导人组织答疑并确认无误
步骤 5	乘车	登乘人员快速出动、就近上车原则，到达作业区段	
步骤 6	申请、接受停电作业命令	申请、接受停电作业命令	
步骤 7	验电接地	按命令验电接地，先验电，后接地;先安装接地端，再安装停电设备端	验电和装设、拆除接地线必须由两人进行，一人操作，一人监护
步骤 8	检修作业	按照理论链接里的检修进行测量工作。 使用车梯上网检查无交叉线岔网上状态: ①检查接触悬挂状态; ②检查定位支撑装置状态; ③检查交叉吊弦; 注：受电弓从侧线进入正线时(即从 A 柱往 B 柱方向)，先接触到的第一根交叉吊弦应为侧线承力索悬吊正线接触线，这根交叉吊弦定义为第一交叉吊弦，另一根为第二交叉吊弦。 ④检查线岔区域内，两接触悬挂交叉点处的距离，小于 300 mm 时应加装等电位线;	

序号	工作内容	工作要求	注意事项
		⑤使用模拟受电弓进行冷滑试验，保证过渡平滑，无碰弓、打弓现象	
步骤 9	地线拆除	按命令拆除地线。先拆除停电设备端，再拆接地端	
步骤 10	消除停电命令	作业完成后消除停电命令	
步骤 11	返回	工作领导人确认进出网物品清点核对无误，所有人员料具无误后乘车返回	作业工具材料遗留在作业现场
步骤 12	收工会	(1)所有作业人员全部返回工区后，由工作领导人组织召开作业收工会。 (2)对当日完成工作进行总结，指出当日作业中存在不足或好的方法	

六、实训考核标准(如表 4-11-6 所示)

表 4-11-6　实训考核评分表

完成时间：________ min

项目	序号	考核内容及评分标准	配分	扣分	得分	备注
准备工作	1	人员着装整齐，安全劳保用品齐全。个人着装、安全劳保用品一项不合格扣 2 分	10			
	2	制作工具材料型号选择正确、作业开始前摆放整齐，并进行检查。工具选错一项扣 2 分，未进行检查扣 2～5 分	10			
作业程序	1	按标准化作业要求进行，未按要求的，每项扣 5 分	40			
	2	无交叉线岔检修步骤未遵循注意事项的，出现一次扣 5 分				
安全及其他	1	出现意外伤害事故立即停止考核，成绩为不合格	40			
	2	作业过程中出现设备零件、工具损坏的，出现一次扣 10 分				
	3	考核时间为 10 min，每超时 1 min 扣 2 分，超时 5 min 停止考核				
合计			100			

七、思考题

（1）线岔由哪几部分组成，其作用分别是什么？

（2）交叉线岔的标准定位、非标准定位指的是什么？

任务十二　接触网避雷器的检修作业

一、实训目的

（1）熟悉避雷器检修作业程序及标准。

（2）了解避雷器检修作业的安全知识。

（3）掌握避雷器检修作业的基本方法和技能。

二、思政目标

（1）树立标准化作业意识。

（2）具有团队合作、深入细致的工作精神。

（3）树立大局观念、时间观念，吃苦耐劳的精神。

三、理论链接

避雷器是用于保护电气设备免受高瞬态过电压危害并限制续流时间也常限制续流幅值的一种电器。本术语包含运行安装时对于该电器正常功能所必须的任何外部间隙，而不论其是否作为整体的一个部件，如图 4-12-1 所示。

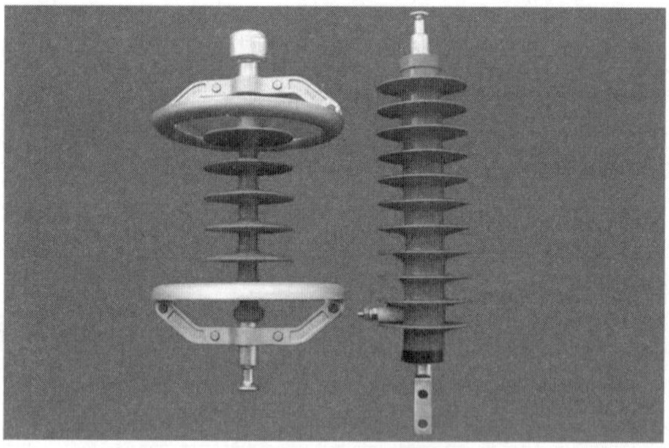

图 4-12-1　避雷器

1. 避雷器分类

避雷器的类型主要有保护间隙、阀型避雷器和氧化锌避雷器。保护间隙主要用于限制大气过电压，一般用于配电系统、线路和变电所进线段保护。阀型避雷器与氧化锌避雷器用于变电所和发电厂的保护，在 500 kV 及以下系统主要用于限制大气过电压，在超高压系统中还将用来限制内过电压或作内过电压的后备保护。

2. 避雷器作用

避雷器连接在线缆和大地之间，通常与被保护设备并联。避雷器的作用是用来保护电力系统中各种电器设备免受雷电过电压、操作过电压、工频暂态过电压冲击而损坏的一个电器。

避雷器可以有效地保护通信设备，一旦出现不正常电压，避雷器将发生动作，起到保护作用。当通信线缆或设备在正常工作电压下运行时，避雷器不会产生作用，对地面来说视为断路。一旦出现高电压，且危及被保护设备绝缘时，避雷器立即动作，将高电压冲击电流导向大地，从而限制电压幅值，保护通信线缆和设备绝缘。当过电压消失后，避雷器迅速恢复原状，使通信线路正常工作。

因此，避雷器的主要作用是通过并联放电间隙或非线性电阻的作用，对入侵流动波进行削幅，降低被保护设备所受过电压值，从而起到保护通信线路和设备的作用。

避雷器不仅可用来防护雷电产生的高电压，也可用来防护操作高电压。

3. 避雷器运行维护（如图 4-12-2 所示）

图 4-12-2　避雷器运行维护

在日常运行中，应检查避雷器的瓷套表面的污染状况，因为当瓷套表面受到严重污染时，将使电压分布很不均匀。在有并联分路电阻的避雷器中，当其中一个元件的电压分布增大时，通过其并联电阻中的电流将显著增大，则可能烧坏并联电阻而引起故障。此外，也可能影响阀型避雷器的灭弧性能。因此，当避雷器瓷套表面严重污秽时，必须及时清扫。

检查避雷器的引线及接地引下线，有烧伤痕迹和断股现象以及放电记录器是否烧通过这方面的检查，最容易发现避雷器的隐形缺陷；检查避雷器上端引线处密封是否良好，避雷器密封不良会进水受潮易引起事故，因而应检查瓷套与法兰连接处的水泥接合缝是否严密，对 10 kV 阀型避雷器上引线处可加装防水罩，以免雨水渗入；检查避雷器与被保护电气设备之间的电气距离是否符合要求，避雷器应尽量靠近被保护的电气设备，避雷器在雷雨后应检查记录器的动作情况；检查泄漏电流，工频放电电压大于或小于标准值时，应进行检修和试验；放电记录器动作次数过多时，应进行检修；瓷套及水泥接合处有裂纹；法兰盘和橡皮垫有脱落时，应进行检修。

避雷器的绝缘电阻应定期进行检查。测量时应用 2500 V 绝缘摇表，测得的数值与以前一次的结果比较，无明显变化时可继续投入运行。绝缘电阻显著下降时，一般是由密封不良而受潮或火花间隙短路所引起的，当低于合格值时，应作特性试验；绝缘电阻显著升高时，一般是由于内部并联电阻接触不良或断裂以及弹簧松弛和内部元件分离等造成的。

为了能及时发现阀型避雷器内部隐形缺陷，应在每年雷雨季节之前进行一次预防性试验。

四、实训要求

（1）实训时间：根据课程标准设置要求。

（2）实训形式：实习指导教师统一讲解示范，学生分组练习，综合考核。

（3）准备工作：

①人员准备，人员清单如表 4-12-1 所示。

表 4-12-1　人员清单

序号	人员类型	数量	作业内容
1	作业人员	12	现场作业

②材料准备，材料清单如表 4-12-2 所示。

表 4-12-2　材料清单

序号	名称	规格	单位	数量	备注
1	脱离器		个	1	
2	螺栓（含螺母）	M8、M10、M12、M16	个	各 2 个	
3	测温片		张	1	
4	其他材料根据具体作业内容携带				

③工具准备，工具清单如表 4-12-3 所示。

表 4-12-3　工具清单

序号	名称	规格	单位	数量	备注
1	接地电阻测量仪		台	1	
2	车梯		台	1	
3	脚扣		对	1	
4	力矩扳手	0～100 N·M	把	1	
5	卷尺	5m	把	1	
6	根据具体项目需要携带相应工、机具				

续表

（4）作业安全注意事项，如表 4-12-4 所示。

表 4-12-4　作业安全注意事项

序号	安全事项
1	作业人员必须严格执行“两穿三戴”
2	作业时需先挂地线后加装等位线，作业完毕需先拆除等位线后拆除地线
3	①防止作业范围不明造成触电； ②防止作业不标准造成触电； ③防止作业车平台转向带电设备； ④防止感应电伤害
4	①防止安全用具不良造成坠落； ②防止高空作业不设监护造成坠落； ③防止接触网作业车上下联控不到位造成坠落
5	①防止封锁前上道被撞； ②防止防护措施不到位或防护人员失职造成现场人员被撞； ③防止未及时避让列车被撞； ④防止接触网作业车撞人； ⑤防止通信设备状态不良造成作业人员被撞
6	①防止抛掷工具材料伤人； ②防止作业不标准伤人

五、实训作业步骤

1. 作业流程（如图 4-12-3 所示）

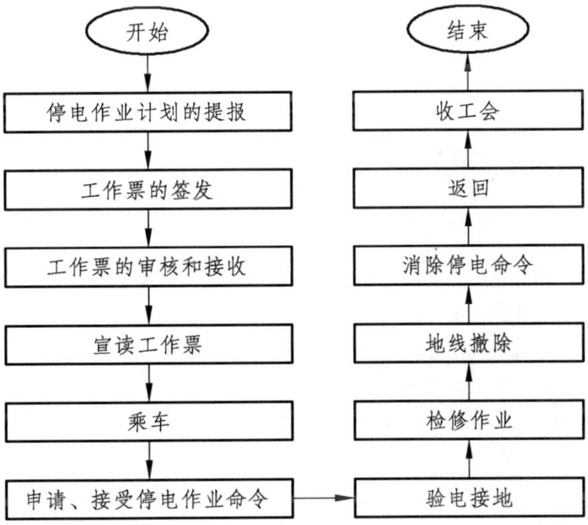

图 4-12-3　作业流程

2. 作业步骤(如表 4-12-5 所示)

表 4-12-5　作业步骤

序号	工作内容	工作要求	注意事项
步骤 1	停电作业计划的提报	工作领导人指定一名安全等级不低于三级的作业组成员作为要令人员，向供电调度员申请停电命令，并说明停电作业的范围、内容、时间、安全和防护措施等	
步骤 2	工作票的签发	根据作业类型签发相应工作票，填写 1 式 2 份，1 份由发票人保管，1 份交给工作领导人	①工作票签发人和工作领导人安全等级不低于四级; ②同一张工作票的签发人和工作领导人必须由两人分别担当; ③工作票有效期不得超过 3 个工作日
步骤 3	工作票的审核和接收	对工作票内容进行审核，审核无误后接收	工作领导人对工作票内容有不同意见时，应向发票人提出，经认真分析，确认无误后，签字确认
步骤 4	宣读工作票	工作领导人提前组织作业组成员(含作业车司机)召开工前预备会，宣讲工作票并进行作业分工、安全预想，将本次作业任务和安全措施逐项分解落实到人，并进行针对性安全提示	有疑问时应及时提出，工作领导人组织答疑并确认无误
步骤 5	乘车	登乘人员快速出动、就近上车原则，到达作业区段	
步骤 6	申请、接受停电作业命令	申请、接受停电作业命令	
步骤 7	验电接地	按命令验电接地，先验电，后接地;先安装接地端，再安装停电设备端。	验电和装设、拆除接地线必须由两人进行，一人操作，一人监护
步骤 8	检修作业	避雷器检查包括避雷器支架、引线吊架状态、设备线夹、脱离器、绝缘部件及各零部件螺栓、螺帽等，测量绝缘电阻值，计数器、接地装置等。 ①外观检查支架安装水平，误差为(0，+100)mm，无锈蚀，若有锈蚀应除锈喷锌; ②外观检查避雷器本体及支撑绝缘子表面无裂缝、无破损、无脏污、无烧伤痕迹，并对其进行清扫;	

续表

序号	工作内容	工作要求	注意事项
		 ③脱离器安装在高压侧，接地侧应接在避雷器上，连接良好，如破损应更换；  ④电连接部分检查，检查连接部位接触应良好，螺栓如有缺失、松动将螺栓按标准力矩紧固并划线。避雷器引线对接地体距离，任何情况下不小于350 mm。小于 350 mm 时，引线必须根据现场情况进行调整；  ⑤计数器计数检查，外观密封良好，连接部位接触良好，记录动作次数；  ⑥接地引线无断线、断股、松弛，接地引线表层绝缘体外表无严重损伤，固定抱箍安装牢固。在天气干燥情况下测量避雷器接地电阻，其接地电阻不大于 10 Ω。小于 10 Ω 时，接地极参照《接地装置检修作业指导书》进行整改	

续表

序号	工作内容	工作要求	注意事项
步骤 9	地线拆除	按命令拆除地线。先拆除停电设备端，再拆接地端	
步骤 10	消除停电命令	作业完成后消除停电命令	
步骤 11	返回	工作领导人确认进出网物品清点核对无误，所有人员料具无误后乘车返回	作业工具材料遗留在作业现场
步骤 12	收工会	①所有作业人员全部返回工区后，由工作领导人组织召开作业收工会； ②对当日完成工作进行总结，指出当日作业中存在不足或好的方法	

六、实训考核标准（如表 4-12-6 所示）

表 4-12-6　实训考核评分表

完成时间：________ min

项目	序号	考核内容及评分标准	配分	扣分	得分	备注
准备工作	1	人员着装整齐，安全劳保用品齐全。个人着装、安全劳保用品一项不合格扣 2 分	10			
	2	制作工具材料型号选择正确、作业开始前摆放整齐，并进行检查。工具选错一项扣 2 分，未进行检查扣 2～5 分	10			
作业程序	1	按标准化作业要求进行，未按要求的，每项扣 5 分	40			
	2	避雷器检修步骤未遵循注意事项的，出现一次扣 5 分				
安全及其他	1	出现意外伤害事故立即停止考核，成绩为不合格	40			
	2	作业过程中出现设备零件、工具损坏的，出现一次扣 10 分				
	3	考核时间为 10 min，每超时 1 min 扣 2 分，超时 5 min 停止考核				
合计			100			

七、思考题

（1）避雷器检修作业中有何要求？

（2）如何测量接地电阻？

任务十三　接触网接地装置的检修作业

一、实训目的

（1）了解接地装置的基本知识及分类。

（2）掌握接地装置检修作业的基本方法和技能。

二、思政目标

（1）树立标准化作业意识。

（2）具有团队合作、深入细致的工作精神。

（3）树立大局观念、时间观念，吃苦耐劳的精神。

三、理论链接

1. 接地装置的定义

接地装置是指埋设在地下的接地电极与该接地电极到设备之间的连接导线的总称。是指把电气设备或其他物件和地之间构成电气连接的设备。(建筑电气施工技术)。接地装置由接地极(板)、接地母线(户内、户外)、接地引下线(接地跨接线)、构架接地组成。它被用以实现电气系统与大地相连接的目的。与大地直接接触实现电气连接的金属物体为接地极。它可以是人工接地极，也可以是自然接地极。对此接地极可赋以某种电气功能，例如用以作系统接地、保护接地或信号接地。接地母排是建筑物电气装置的参考电位点，通过它将电气装置内需接地的部分与接地极相连接。它还起另一作用，即通过它将电气装置内诸等电位联结线互相连通，从而实现一建筑物内大件导电部分间的总等电位联结。接地极与接地母排之间的连接线称为接地极引线。

2. 接地装置的结构和分类

接地装置是由埋入土中的接地体(如圆钢、角钢、扁钢、钢管等)和连接用的接地线构成。

按接地的目的，电气设备的接地可分为：工作接地、防雷接地、保护接地、仪控接地。

工作接地：是为了保证电力系统正常运行所需要的接地。例如中性点直接接地系统中的变压器中性点接地，其作用是稳定电网对地电位，从而可使对地绝缘降低。

防雷接地：针对防雷保护的需要而设置的接地。例如避雷针(线)(现称接闪杆、线、带)、避雷器的接地，目的是使雷电流顺利导入大地，以利于降低雷过电压，故又称过电压保护接地。

保护接地：也称安全接地，是为了人身安全而设置的接地，即电气设备外壳(包括电缆皮)必须接地，以防外壳带电危及人身安全。

仪控接地：发电厂的热力控制系统、数据采集系统、计算机监控系统、晶体管或微机型继电保护系统和远动通信系统等，为了稳定电位、防止干扰而设置的接地，也称为电子系统接地。

3. 接地装置检查方法及标准

（1）接触网支柱及设备接地一般均纳入综合接地系统。

（2）接触网支柱、隧道埋入杆件均应按设计要求接地。距接触网带电体 5 m 以内的金属结构(如桥栏杆、天桥防护栅等)及隔离开关、避雷器、附加导线远离铁路的支柱及行人多的地方和站台上的支柱、架空地线两端下锚处等均应按设计要求设接地极。接地线地面部分涂防锈漆，地下部分涂防腐油，连接牢固可靠，连接处除锈，涂电力复合脂。接地极的接地电阻值不得大于表 4-13-1 的规定。

表 4-13-1　接地电阻值参数

项目	接地电阻值(Ω)
距接触网带电体 5 m 以内的金属结构	30
隔离开关、避雷器	10
架空地线	10
附加导线远离铁路、行人多站台上的支柱	30
避雷线	10

（3）接触网支柱接地线，无明显弯曲，防锈漆无脱落和漏涂现象，埋入地下部分不小于 100 mm。隧道内地线与隧道壁、拱顶密贴，防腐漆无脱落和漏涂现象。镀锌地线的镀层应完好。

（4）接地极埋入地下深度不应小于 0.6 m，地面部分涂防锈漆，连接处应除锈涂电力复合脂，连接牢固可靠。地钢筋接续时接续部分应除锈、除漆，接地线并沟线夹内涂中性凡士林。

（5）在每个闭塞分区处，区间接触网支柱接地体分别用 $2\times95\ mm^2$ 铜缆经上、下行回流线或保护线与钢轨扼流圈中点(通过接线端子)连接，而每根支柱不需要单独与综合地线连接。两相邻完全横向连接的距离约 1.0 km；上、下行扼流圈间用 $2\times95\ mm^2$ 铜缆连接，上、下行扼流圈与综合地线间分别用 $2\times70\ mm^2$ 铜缆连接，如图 4-13-1 所示。

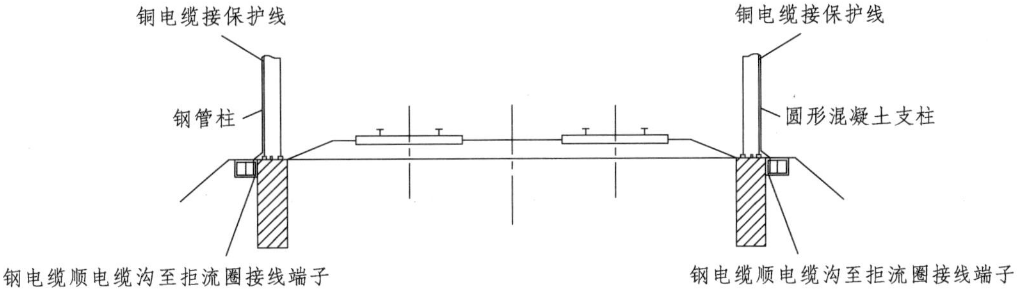

图 4-13-1　接地线引入电缆沟形式

（6）站内零散支柱采用电缆方式埋设架空地线(如 VV-1KV-1×70 型号的低压铜芯电缆)，并与车站两端综合地线连接，如图 4-13-2 所示。

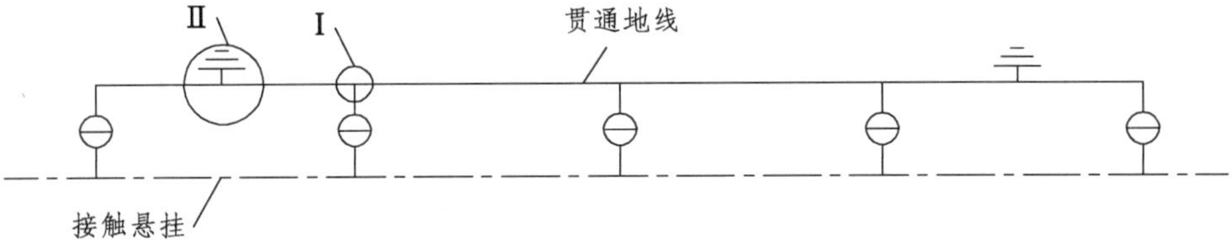

图 4-13-2　站内零散支柱地线

（7）支柱通过 1×70 mm^2 低压电缆与底线相连，如图 4-13-3 所示。

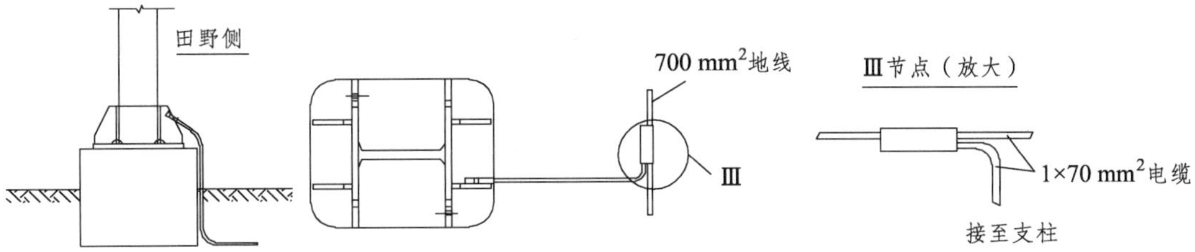

图 4-13-3　电缆相连示意图

（8）地线通过 1×70 mm^2 低压电缆与车站综合地线相连，如图 4-13-4 所示。

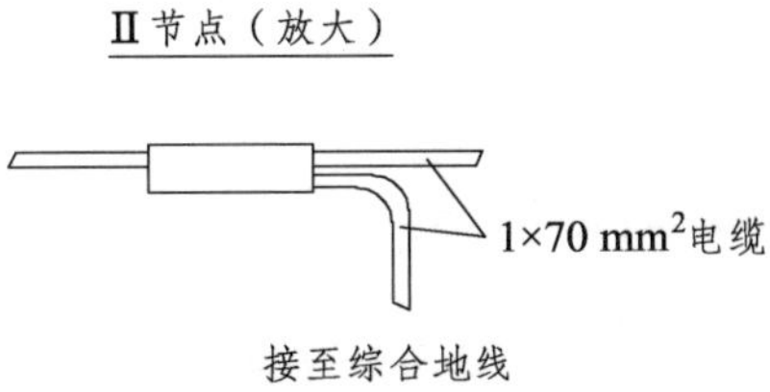

图 4-13-4　电缆相连示意图

当接触网支柱或设备距离综合地线较远时(20 m 以上)可单独设接地极接地；站内保护

线(或回流线)在站台两端还应与车站综合地网相连接。

(9)设备接地电缆与综合地线连接。多股设备接地电缆经固定角钢并使用 1×70 mm^2 的低压铜芯电缆与综合接地连接，如图 4-13-4 所示。

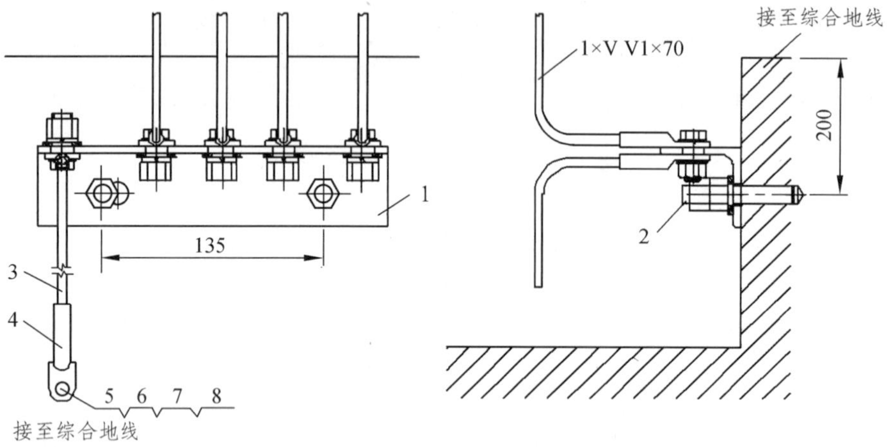

图 4-13-4 电缆相连示意图(**单位**：mm)

(10)触网接地极的接地电阻值(Ω)，如表 4-13-2 的规定。

表 4-13-2 接地电阻值

类别	接 地 电 阻 值
开关、避雷器、吸流变压器	10
架空地线	
避雷线	
零散的接触网钢柱	30
距接触网带电体 5 m 以内的金属结构	

四、实训要求

(1)实训时间：根据课程标准设置要求。
(2)实训形式：实习指导教师统一讲解示范，学生分组练习，综合考核。
(3)准备工作：
①人员准备，人员清单如表 4-13-3 所示。

表 4-13-3 人员清单

序号	人员类型	数量	作业内容
1	作业人员	12	现场作业

②材料准备，材料清单如表 4-13-4 所示。

表 4-13-4　材料清单

序号	名称	规格	单位	数量	备注
1	螺栓及螺母	M10×40、M12×40、M14×40、M16×60	个	若干	
2	中性凡士林		个	若干	
3	铜铝过渡并沟线夹(吸上线与保护线连接)		套	2	
4	铝并沟线夹(开关、避雷器接地线与保护线连接)		套	2	
5	铜接线端子	DTM-70	套	2	
6	铜接线端子	DTM-95	套	2	
7	铜接线端子	DTN-150	套	2	
8	铜接线端子	DTM-240	套	2	
9	接地电缆(铜芯)	70 mm^2	m	15	
10	接地电缆(铜芯)	95 mm^2	m	15	
11	接地电缆(铜芯)	150 mm^2	m	15	
12	接地电缆(铜芯)	240 mm^2	m	15	
13	油刷		个	4	
14	抹布		个	若干	
15	毛刷		套	2	
16	防锈漆		个	若干	
17	砂纸		个	若干	
18	其他材料根据具体作业内容携带				

③工具准备，工具清单如表 4-13-4 所示。

表 4-13-4　工具清单

序号	名称	规格	单位	数量	备注
1	接地电阻测量仪		台	1	
2	钢卷尺	10 m	把	1	
3	断线钳		把	1	
4	导电膏		件	若干	
5	绑扎线		根	若干	

续表

序号	名称	规格	单位	数量	备注
6	工具包		个	2	
7	铁锹		把	2	
8	短接封线		套	1	
9	兆欧表	2500 V	台	1	
10	安全带		条	若干	作业人员每人 1 条
11	接地线		条	若干	按工作票上数量
12	验电器	27.5 kV	套	2	
13	钢丝刷		把	2	
14	绝缘手套		套	2	
15	绝缘靴		套	2	
16	防护旗		面	2	
17	根据具体项目需要携带相应工、机具				

（4）作业安全注意事项，如表 4-13-5 所示。

表 4-13-5　作业安全注意事项

序号	安全事项
1	作业人员必须严格执行“两穿三戴”
2	①防止作业范围不明造成触电； ②防止作业不标准造成触电； ③防止作业车平台转向带电设备； ④防止感应电伤害
3	①防止安全用具不良造成坠落； ②防止高空作业不设监护造成坠落； ③防止接触网作业车上下联控不到位造成坠落
4	①防止封锁前上道被撞； ②防止防护措施不到位或防护人员失职造成现场人员被撞； ③防止未及时避让列车被撞； ④防止接触网作业车撞人； ⑤防止通信设备状态不良造成作业人员被撞
5	①防止抛掷工具材料伤人； ②防止作业不标准伤人

五、实训作业步骤

1. 作业流程(如图 4-13-5 所示)

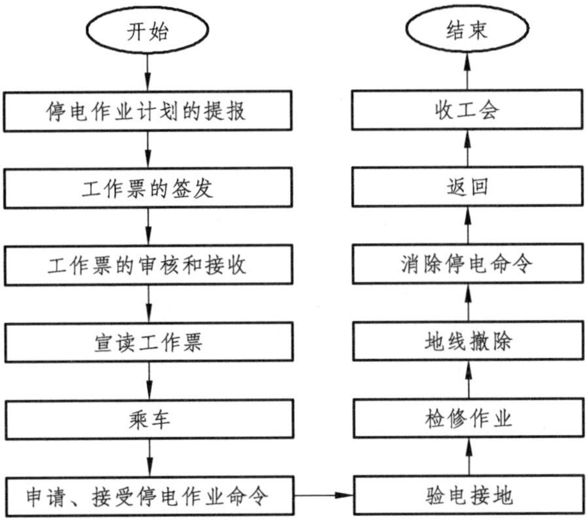

图 4-13-5　作业流程

2. 作业步骤(如表 4-13-6 所示)

表 4-13-6　作业步骤

序号	工作内容	工作要求	注意事项
步骤 1	停电作业计划的提报	工作领导人指定一名安全等级不低于三级的作业组成员作为要令人员，向供电调度员申请停电命令，并说明停电作业的范围、内容、时间、安全和防护措施等	
步骤 2	工作票的签发	根据作业类型签发相应工作票，填写 1 式 2 份，1 份由发票人保管，1 份交给工作领导人	①工作票签发人和工作领导人安全等级不低于四级; ②同一张工作票的签发人和工作领导人必须由两人分别担当; ③工作票有效期不得超过 3 个工作日
步骤 3	工作票的审核和接收	对工作票内容进行审核，审核无误后接收	工作领导人对工作票内容有不同意见时，应向发票人提出，经认真分析，确认无误后，签字确认
步骤 4	宣读工作票	工作领导人提前组织作业组成员(含作业车司机)召开工前预备会，宣讲工作票并进行作业分工、安全预想，将本次作业任务和安全措施逐项分解落实到人，并进行针对性安全提示	有疑问时应及时提出，工作领导人组织答疑并确认无误

续表

序号	工作内容	工作要求	注意事项
步骤 5	乘车	登乘人员快速出动、就近上车原则，到达作业区段	
步骤 6	申请、接受停电作业命令	申请、接受停电作业命令	
步骤 7	验电接地	按命令验电接地，先验电，后接地；先安装接地端，再安装停电设备端	验电和装设、拆除接地线必须由两人进行，一人操作，一人监护
步骤 8	检修作业	(1)外观检查： ①检查各类接地装置安装是否牢固、密贴，联结是否可靠； ②检查接地装置是否锈蚀、烧伤、损伤、断裂。 (2)接地装置接地电阻测量： 用接地电阻测量仪测量接地电阻。 (3)各部位零件力矩检查 检查方法及标准参照理论链接中的内容	检修接地装置时，不得进行开路作业，确需打开检查时要使用短接线先行短接后方可进行作业
步骤 9	地线拆除	按命令拆除地线。先拆除停电设备端，再拆接地端	
步骤 10	消除停电命令	作业完成后消除停电命令	
步骤 11	返回	工作领导人确认进出网物品清点核对无误，所有人员料具无误后乘车返回	作业工具材料遗留在作业现场
步骤 12	收工会	①所有作业人员全部返回工区后，由工作领导人组织召开作业收工会； ②对当日完成工作进行总结，指出当日作业中存在不足或好的方法	

六、实训考核标准(如表 4-13-7 所示)

表 4-13-7　实训考核评分表

完成时间：________ min

项目	序号	考核内容及评分标准	配分	扣分	得分	备注
准备工作	1	人员着装整齐，安全劳保用品齐全。个人着装、安全劳保用品一项不合格扣 2 分	10			
	2	制作工具材料型号选择正确、作业开始前摆放整齐，并进行检查。工具选错一项扣 2 分，未进行检查扣 2～5 分	10			
作业程序	1	按标准化作业要求进行，未按要求的，每项扣 5 分	40			
	2	接地装置检修步骤未遵循注意事项的，出现一次扣 5 分				

续表

项目	序号	考核内容及评分标准	配分	扣分	得分	备注
安全及其他	1	出现意外伤害事故立即停止考核，成绩为不合格	40			
	2	作业过程中出现设备零件、工具损坏的，出现一次扣 10 分				
	3	考核时间为 10 min，每超时 1 min 扣 2 分，超时 5 min 停止考核				
合计			100			

七、思考题

（1）地线安装不牢固的处理方法是什么?

（2）接地极接地电阻不符合规定时的处理方法是什么?

任务十四　接触网附加悬挂的检修作业

一、实训目的

（1）了解接触网附加悬挂的基本知识及分类。

（2）掌握接触网附加悬挂检修作业的基本方法和技能。

二、思政目标

（1）树立标准化作业意识。

（2）具有团队合作、深入细致的工作精神。

（3）树立大局观念、时间观念，吃苦耐劳的精神。

三、理论链接

接触网上的附属导线，又称附加悬挂，种类比较多。接触网的附加悬挂主要包括馈电线、捷接线、并联线、加强线、正馈线、回流线、保护线、跳线、架空地线等。

1. 附加悬挂的种类

1）馈电线

馈电线有时又称供电线，在现场也称为上网线，它是牵引变电所、分区亭、开闭所与接触网连接的线路。其作用是将牵引变电所的电能送到接触网上，一般送至接触网电分相两侧。

2）捷接线

在多山地区和运输繁忙的电气化线路上，由于迂回曲线多坡度大，造成接触网中通过的电流大，往往会增加电能损耗，造成经济上的损失，同时在供电臂的末端使接触网电压下降，会影响电力机车的牵引力和运行速度。为此，可在迂回线路相隔较近的区段上架设捷接线。捷接线可以提高接触网的电压，保证电力机车的正常运行。

3）并联线和加强线

在供电臂较长、坡道大、弯道迂回较多的线路上，可采用并联导线的办法，也可以称之为加强线，实际上，上面讲的捷接线就是一种局部范围内的并联线路。并联线和加强线的作用是，减少线路的电能损耗和线路的电压降，提高供电臂末端的电压。

4）正馈线（AF 线）

正馈线用于 AT 供电区段，AT 供电方式的一个特点是有一根与接触网电压相同的正馈线（简称 AF 线）。利用正馈线将自耦变压器并联在接触悬挂上，即正馈线与自耦变压器绕组的一侧端头相连，接触线与自耦变压器绕组的另一侧端头相连。

5) 回流线(NF 线)

回流线是牵引电流流经电力机车后返回牵引变电所的电流通路。

6) 保护线(PW 线)

保护线(W 线)用于 AT 供电区段，保护线经保护跳线与接触网绝缘子接地端相连，因此当绝缘子发生闪络或击穿时，保护线会给短路电流提供一个良好的金属通路，使变电所继电保护装置迅速动作，达到及时反映和排除故障的目的。

7) 跳线

在 AT 供电方式中，每根支柱上安装跳线，用它将双重绝缘子靠支柱侧串接起来再接到保护线上，当绝缘子闪络或击穿时，短路电流经跳线流进保护线。

8) 架空地线(GW 线)

在 AT 供电方式中，在基本站台或中间站台上，支柱顶部架设了一段架空地线(GW 线)。架空地线在站台的两侧下铺并每端各打一个接地极，直接固定在支架上，并与钢柱相连所以架空地线是保证站台上人身安全、使站台钢柱有双重保护的一根架空地线。

2. 附加悬挂检查步骤

1) 供电线检查

供电线在定位悬挂点时，采用供电线肩架、球头挂环、绝缘子、橡胶衬垫、预绞丝、铝合金套壳、U 形卡子和 16 螺栓(按单支供电线)组成，双支供电线应增加三角联扳、双耳连接器，如图 4-12-1 所示。

图 4-14-1　供电线检查

2) 保护线悬挂检查

保护线支持装置主要由保护线固定鞍子和预绞式护线条组成，如图 4-12-2 所示。

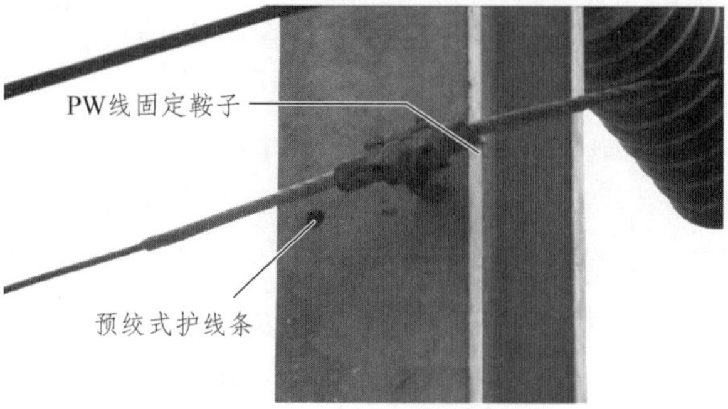

图 4-14-2　保护线悬挂检查

3) 加强线悬挂检查

加强线在支柱上定位形式大部分采用柱顶方式安装，在进出隧道、彩虹桥等个别处所受方向限制采用 H 型钢柱内侧，平、斜腕臂底座中固定，如图 4-12-3 所示。

图 4-14-3　加强线悬挂检查

4) 吸上线检查

吸上线检查，如图 4-12-4 所示。

图 4-14-4　吸上线悬挂检查

四、实训要求

（1）实训时间：根据课程标准设置要求。

（2）实训形式：实习指导教师统一讲解示范，学生分组练习，综合考核。

（3）准备工作：

①人员准备，人员清单如表 4-14-1 所示。

表 4-14-1　人员清单

序号	人员类型	数量	作业内容
1	作业人员	12	现场作业

②材料准备，材料清单如表 4-14-2 所示。

表 4-14-2　材料清单

序号	名称	规格	单位	数量	备注
1	预绞丝护线条		个	2	
2	并沟线夹		套	2	
3	镀锌铁线	Φ4.0 mm	根	若干	
4	绑线	Φ1.6	根	若干	
5	铝绑扎线		根	若干	
6	补强线夹		个	1	
7	补强线		根	若干	
8	钳压接续管		套	1	
9	电力复合脂		件	若干	
10	其他材料根据具体作业内容携带				

③工具准备，工具清单如表 4-14-3 所示。

表 4-14-3　工具清单

序号	名称	规格	单位	数量	备注
1	作业车（或车梯）		台	1	
2	接触网激光测量仪	DJJ-8	台	1	
3	水平尺		把	1	
4	力矩扳手	0～100 N·m	套	1	
5	手扳葫芦	3.0 T	台	1	
6	钢丝套子	2 m	把	2	

续表

序号	名称	规格	单位	数量	备注
7	紧线器	50～240	套	2	
8	钢卷尺	10 m	把	1	
9	断线钳(钢锯)		把	1	
10	棕绳	Φ18 mm	m	10	10 米以上
11	安全带		条	若干	作业人员每人 1 条
12	接地线		条	若干	按工作票上数量
13	爬梯		个	1	
14	压接工具		套	1	
15	验电器	27.5 kV	套	2	
16	绝缘手套		套	2	
15	绝缘靴		套	2	
17	防护旗		面	2	
18	短接线	不小于 25 mm^2	套	2	
19	根据具体项目需要携带相应工、机具				

（4）作业安全注意事项，如表 4-14-4 所示。

表 4-14-4　作业安全注意事项

序号	安全事项
1	作业人员必须严格执行“两穿三戴”
2	①防止作业范围不明造成触电； ②防止作业不标准造成触电； ③防止作业车平台转向带电设备； ④防止感应电伤害
3	①防止安全用具不良造成坠落； ②防止高空作业不设监护造成坠落； ③防止接触网作业车上下联控不到位造成坠落
4	①防止封锁前上道被撞； ②防止防护措施不到位或防护人员失职造成现场人员被撞； ③防止未及时避让列车被撞； ④防止接触网作业车撞人； ⑤防止通信设备状态不良造成作业人员被撞
5	①防止抛掷工具材料伤人； ②防止作业不标准伤人

五、实训作业步骤

1. 作业流程（如图 4-14-5 所示）

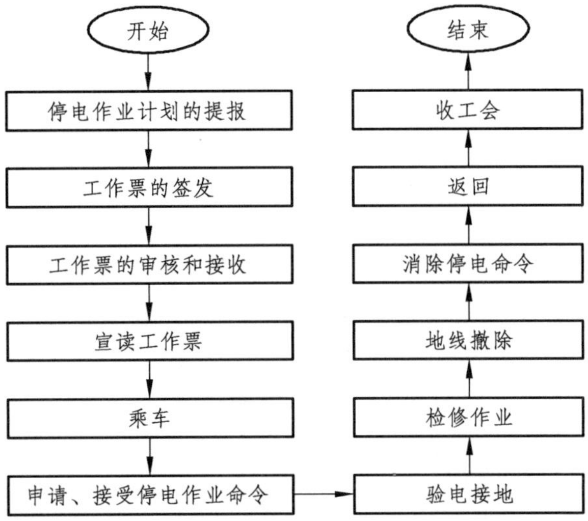

图 4-14-5　作业流程

2. 作业步骤（如表 4-14-5 所示）

表 4-14-5　作业步骤

序号	工作内容	工作要求	注意事项
步骤 1	停电作业计划的提报	工作领导人指定一名安全等级不低于三级的作业组成员作为要令人员，向供电调度员申请停电命令，并说明停电作业的范围、内容、时间、安全和防护措施等	
步骤 2	工作票的签发	根据作业类型签发相应工作票，填写 1 式 2 份，1 份由发票人保管，1 份交给工作领导人	①工作票签发人和工作领导人安全等级不低于四级；②同一张工作票的签发人和工作领导人必须由两人分别担当；③工作票有效期不得超过 3 个工作日
步骤 3	工作票的审核和接收	对工作票内容进行审核，审核无误后接收	工作领导人对工作票内容有不同意见时，应向发票人提出，经认真分析，确认无误后，签字确认
步骤 4	宣读工作票	工作领导人提前组织作业组成员（含作业车司机）召	有疑问时应及时提

续表

序号	工作内容	工作要求	注意事项
		开工前预备会，宣讲工作票并进行作业分工、安全预想，将本次作业任务和安全措施逐项分解落实到人，并进行针对性安全提示	出，工作领导人组织答疑并确认无误
步骤 5	乘车	登乘人员快速出动、就近上车原则，到达作业区段	
步骤 6	申请、接受停电作业命令	申请、接受停电作业命令	
步骤 7	验电接地	按命令验电接地，先验电，后接地；先安装接地端，再安装停电设备端	验电和装设、拆除接地线必须由两人进行，一人操作，一人监护
步骤 8	检修作业	(1)供电线检查： ①检查线索无烧伤、断股、散股等； ②检查连接部件，螺栓紧固，开口销掰折到位，绝缘件清洁、无闪络、烧伤痕迹； ③检查线索的定向距离，特别注意与之交叉的线索距离； ④检查线索在桥梁(彩虹桥)、隧道下锚、线索转角等处； ⑤检查在极限温度时的线索弛度，可用弛度仪直接测量，也可用测量的方式进行。 (2)正馈线悬挂检查： ①检查悬式绝缘子外表面污秽情况。在日常检查过程中要对绝缘子表面的污秽情况进行检查，检查表面是否积污严重，检查表面是否有闪络现象，检查绝缘子本体是否完好； ②检查螺栓力矩及开口销状态。在日常检查过程中要对悬垂线夹与绝缘子连接处的螺栓销的螺帽及销钉是否齐全，力矩是否到位及开口销安装工艺是否合格进行检查； ③正馈线本体检查。利用目测的方法检查正馈线是否出现断股、散股现象； 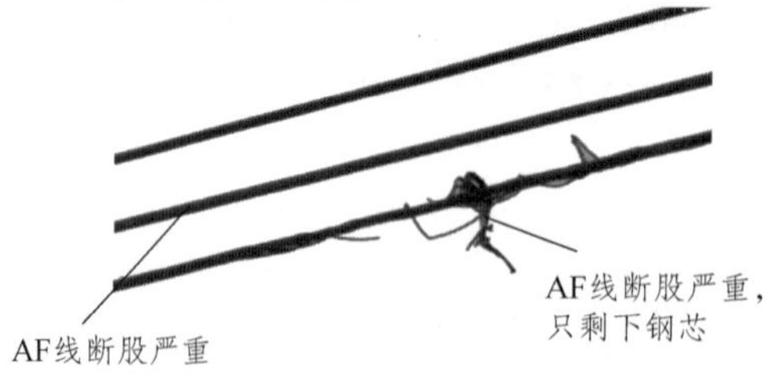 ④正馈线下锚连接处销钉开口销状态检查。在日常检查中，要对正馈线下锚处连接销钉的开口销状态进行检查，检查开口销是否完备，开口销是否按照规定掰折至 120°。	

续表

序号	工作内容	工作要求	注意事项
		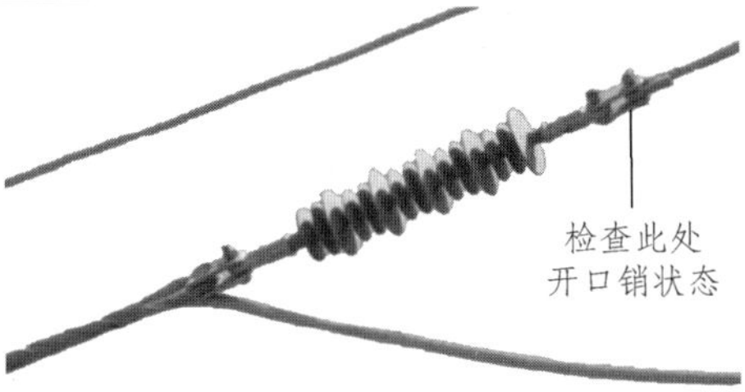 (3)保护悬挂检查： ①检查保护线在固定鞍子上是否安装正确。保护线在固定鞍子内安装应线在外层包裹一层预绞式护线条后放入鞍子本体再扣上压块上紧螺栓，在现场检查中，主要要检查护线条是否齐全、保护线是否安放在固定鞍子内和压块螺栓力矩是否到位三个方面； 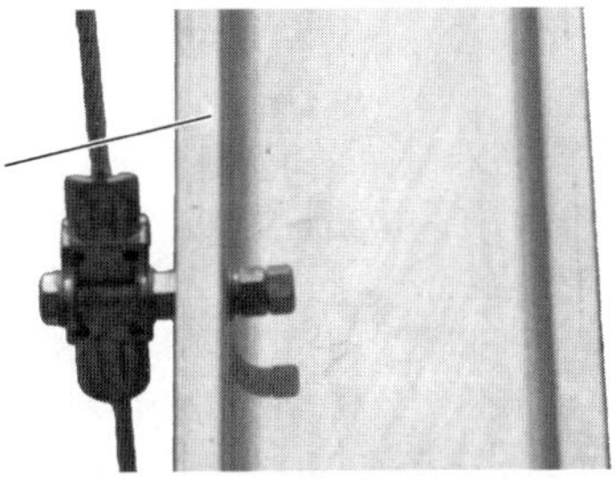  ②保护线转角检查。保护线在战场咽喉区或隧道口往往会出现一个较大的转角，若转角过大，保护线本体受侧向力过大，在运行过程中，易缩短使用寿命，因此在例行检查中要特别注意该问题； 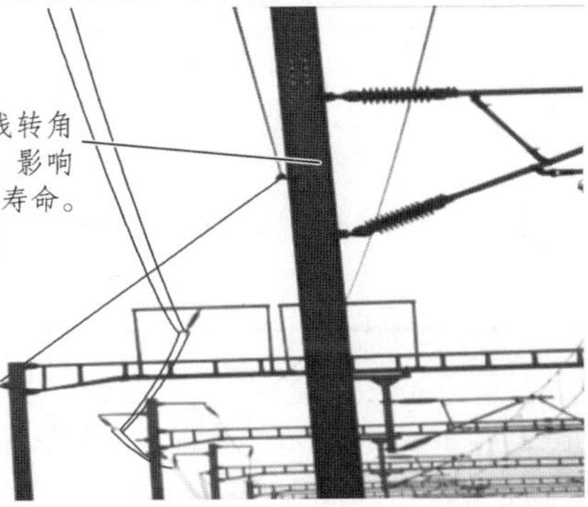 	

续表

序号	工作内容	工作要求	注意事项
		③保护线本体检查。利用目测的方法检查保护线是否出现断股、散股现象； ④检查战场特殊区段保护线与下锚拉线是否出现相磨现象。在个别大型车站，若架空地线对象下锚与保护线单独下锚时，此时往往会出现保护线磨下锚拉线的现象，应高度重视。 (4)加强线悬挂检查： ①绝缘子应竖直，不得偏斜，绝缘子表面干净，本体完好，无脱釉、闪络、烧伤痕迹； ②盖板压板密贴，螺栓力矩紧固； ③线索张力符合要求； ④检查线索的定向距离，特别注意与之交叉的线索距离； ⑤检查线索在桥梁(彩虹桥)、隧道下锚、线索转角等处； ⑥检查在极限温度时的线索弛度，可用弛度仪直接测量，也可用激光测量仪测量的方式进行。 (5)吸上线检查： ①有无放电声或垂直吸上线对支柱放电。倾听电缆有无放电声，支柱上有无放电痕迹； ②吸上线在支柱上的保护情况。保护管有无丢失、损坏，固定抱箍有无锈蚀、缺少； ③吸上线与扼流圈中性板等连接部位及线夹。设备线夹有无损坏、丢失，连接螺栓有无锈蚀、缺少	
步骤 9	地线拆除	按命令拆除地线。先拆除停电设备端，再拆接地端	
步骤 10	消除停电命令	作业完成后消除停电命令	
步骤 11	返回	工作领导人确认进出网物品清点核对无误，所有人员料具无误后乘车返回	作业工具材料遗留在作业现场
步骤 12	收工会	①所有作业人员全部返回工区后，由工作领导人组织召开作业收工会； ②对当日完成工作进行总结，指出当日作业中存在不足或好的方法	

六、实训考核标准(如表 4-14-6 所示)

表 4-14-6　实训考核评分表

完成时间：________ min

项目	序号	考核内容及评分标准	配分	扣分	得分	备注
准备工作	1	人员着装整齐，安全劳保用品齐全。个人着装、安全劳保用品一项不合格扣 2 分	10			

续表

项目	序号	考核内容及评分标准	配分	扣分	得分	备注
	2	制作工具材料型号选择正确、作业开始前摆放整齐，并进行检查。工具选错一项扣 2 分，未进行检查扣 2～5 分	10			
作业程序	1	按标准化作业要求进行，未按要求的，每项扣 5 分	40			
	2	附加悬挂检修步骤未遵循注意事项的，出现一次扣 5 分				
安全及其他	1	出现意外伤害事故立即停止考核，成绩为不合格	40			
	2	作业过程中出现设备零件、工具损坏的，出现一次扣 10 分				
	3	考核时间为 10 min，每超时 1 min 扣 2 分，超时 5 min 停止考核				
合计			100			

七、思考题

（1）附加导线断股损伤截面为 7%～25%时，怎么处理？断股截面超过 25%时，怎么处理？

（2）线索断股接续时怎么处理？

项目五　接触网应急处置

任务一　接触网设备故障抢修作业程序

一、实训目的

（1）了解高铁接触网故障抢修作业规则。
（2）了解高铁接触网故障抢修作业注意事项。

二、思政目标

（1）树立标准化作业意识。
（2）具有团队合作、深入细致的工作精神。
（3）树立大局观念、时间观念，吃苦耐劳的精神。

三、理论链接

1. 故障抢修作业总则

（1）高速铁路接触网故障抢修要遵循“先行供电”“先通后复”和“先通一线”的基本原则，以最快的速度满足滞留列车供电条件，尽快疏通线路并尽早恢复设备正常的技术状态。为保证快速抢通，在确保安全的前提下，允许接触网降低技术条件临时恢复供电开通运行。

（2）牵引供电运行各级管理部门按照“细分供电单元，缩小供电范围，准确判断故障，压缩故障停时”的要求，合理抢修布局，强化抢修设施配套，完善抢修预案，实现快速响应、高效抢修。

（3）接触网抢修基地应针对高速铁路设备特点，配备先进装备、机具和充足的材料。在供电段生产调度指挥场所设置实时的远动（SCADA）和综合视频复视系统。积极推广和应用集设备运行、技术资料、信息传递、抢修预案等功能于一体的接触网抢修辅助决策系统，提高接触网故障应急抢修工作效率与管理水平。

（4）铁路从业人员凡发现接触网故障和异状，应立即报告列车调度员、供电调度员或者邻近车站值班员、供电设备管理单位（含牵引供电外委维修管理单位或公司，从事高速铁路牵引供电的施工单位等，下同）人员，并尽可能详细地说清故障范围和损坏情况。

（5）本规则适用于高速铁路接触网故障、事故抢修及自然灾害和其它事故引起的接触网修复、配合工作。新建设计速度 200 km/h 的铁路参照本规则执行。

2. 抢修组织

（1）牵引供电运行各级管理部门要加强高速铁路接触网故障抢修工作的领导，建立健全各级责任制。铁路局应成立接触网故障抢修领导小组，供电段、车间和工区应成立接触网故障应急抢修组织。

（2）铁路局供电调度员负责接触网故障抢修指挥。铁路局应建立高铁供电应急指挥专家组，应急指挥专家组主要负责指导高铁供电应急处置方案的制定和实施，为电调指挥和现场抢修提供技术支持，实现安全快速抢通。

（3）供电段负责现场抢修组织和实施。抢修时，应明确现场抢修负责人，所有抢修人员必须服从抢修负责人的统一指挥。在配合铁路交通事故救援时，接触网抢修负责人应服从事故现场负责人的指挥。

（4）接触网现场抢修负责人一般由先行到达现场技术安全等级最高的人员担任。抢修负责人变更后应及时报告供电调度。

（5）跨局或两个及以上工区参加抢修时，原则上由设备管理单位人员担任现场抢修负责人。

（6）在高铁车站（含动车段、所）站房内应设立接触网应急值守点。值守点应具有不少于 30 m^2 单独的值守和工具材料房间，满足值守抢修条件。特殊情况时，可在重点区段增设临时应急值守点。在冰雪、大雾、雷雨、台风等恶劣天气时，应加强急值守点人员、车辆等。

（7）牵引供电运行各级管理部门应备有管辖范围的供电分段示意图、接触网平面图和安装图、“一杆一挡”设备档案、抢修交通路线系统等资料。

（8）承担抢修工作的车间、班组和应急值守点有关人员根据作业需要均应配置 GSM-R 手持终端，并保持状态良好。铁路局供电调度应掌握各级抢修组织成员及现场抢修人员的联系方式。

（9）抢修预案应明确 AT 供电、直接供电、迂回供电、越区供电等不同供电方式保护定值组别转换及倒闸作业流程。

（10）接触网发生断线、弓网故障或故障停电时间可能超过 30 min 的接触网抢修，铁路局抢修领导小组成员应及时到达调度台或现场协调组织抢修。供电段负责人应及时赶赴现场组织抢修。

（11）为保证抢修工作的顺利进行，可要求通信部门开通现场至铁路局间电话和图像通信。相关单位应做好后勤服务工作，保证抢修人员生活和物资供应。

四、实训要求

（1）实训时间：根据课程标准设置要求。

（2）实训形式：实习指导教师统一讲解，学生理论学习，问答的形式进行实训。

（3）准备工作：接触网抢修作业相关资料。

（4）作业安全注意事项：无。

五、实训作业步骤

1. 作业流程(如图 5-1-1 所示)

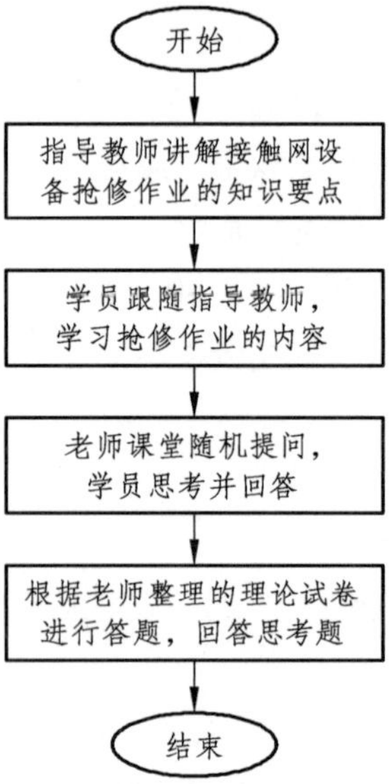

图 5-1-1 作业流程

2. 作业步骤(如表 5-1-1 所示)

表 5-1-1 作业步骤

序号	作业步骤
1	指导教师讲解接触网设备抢修作业的知识要点
2	学员跟随指导教师，学习抢修作业的内容
3	教师课堂随机提问，学员思考并回答，探讨式教学
4	根据教师整理的理论试卷进行答题，回答思考题

六、实训考核标准(如表 5-1-2 所示)

表 5-1-2 实训考核评分表

项目	考核内容及评分标准	配分	扣分情况
问答	对老师提出的问题进行解答，无法准确解答的扣 5 分。	20	
	对老师整理的理论试卷进行答题	80	
总分		100	

七、思考题

（1）抢修作业中，段、车间、班组各自的职责有哪些?

（2）抢修作业中哪个部门具备统一指挥权，它在抢修环节中的主要工作内容有哪些?

任务二　接触网事故抢修应急处理方案

一、实训目的

（1）了解高铁接触网故障抢修应急处理规则。

（2）了解高铁接触网故障抢修应急处理注意事项。

二、思政目标

（1）树立标准化作业意识。

（2）具有团队合作、深入细致的工作精神。

（3）树立大局观念、时间观念，吃苦耐劳的精神。

三、理论链接

1. 整体作业流程（如图 5-2-1 所示）

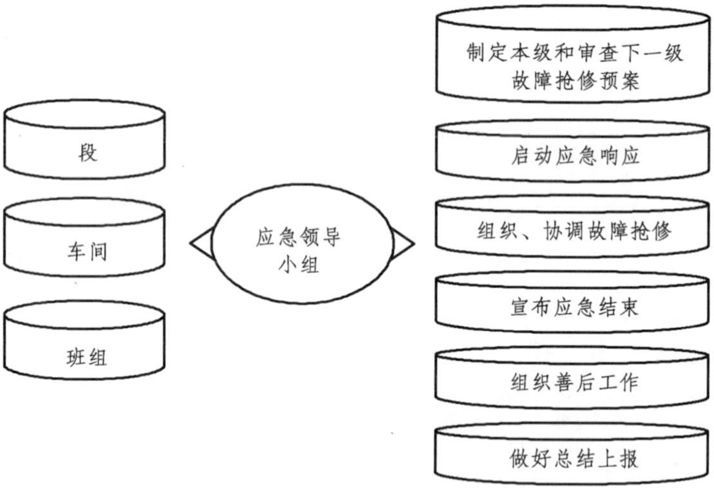

图 5-2-1　整体作业流程

2. 故障判断及查找

（1）凡发生牵引供电跳闸、接触网异常的情况，供电调度员应立即组织供电段巡查设备，查明跳闸、异常情况的原因。需登乘列车检查处理故障时，协调列车调度员办理抢修人员登乘事宜。

（2）发生供电跳闸后，供电调度员应通过保护装置提供的故障报告，结合列车运行、天气情况、视频监控等信息，初步分析判定跳闸故障类别、性质、故障地点或区段。

（3）在动车段（所）发生供电跳闸时，供电调度员应及时与列车调度员联系，确认跳闸时段动车组走行及检修作业信息，调阅视频监控信息等，指导现场排查和分析跳闸原因，协调动车调度员，适时安排供电人员对相关动车组进行登顶检查。

（4）中断供电，故障原因不明时，供电调度员可采取分段试送电的方式基本判定故障区段或设备。故障点标定装置指示在供电线（缆）范围内的近端短路时，可断开故障供电线（缆）上网开关，通过迂回供电方式试送电。

（5）已判明为正馈线故障，可断开正馈线采取直供的方式供电。已判明为变电所馈线开关或供电线（缆）故障，可断开故障区段采取上下行供电臂并联或迂回的方式供电。

（6）抢修人员找到故障点后，应立即向供电调度员报告故障的位置、性质、设备损坏范围，提出抢修建议方案。抢修组要指派专人与电调时刻保持联系，随时汇报抢修进度，传达指挥信息。

（7）发生供电跳闸后，供电段应立即组织人员对接触网设备进行检查，对跳闸原因进行分析，未查找到跳闸原因时还应利用天窗时间再次组织对接触网设备进行检查，直至查明原因。

3. 抢修出动

（1）接触网工区（含应急值守点）接到抢修通知后，应根据抢修预案和现场情况，带好材料、工具等，15 分钟内出动。

（2）抢修人员应优先采取登乘列车的方式出动抢修。登乘人员要本着快速出动、就近上车原则，立即申请要点登乘列车。铁路局列车调度员应及时安排停点上下车，车站、公安、列车乘务等相关部门应积极配合，确保抢修人员尽早到达故障现场。

（3）接触网作业车（抢修列）出动抢修时，按救援列车办理。当故障现场有车辆占用时，抢修人员应视情况登车顶处理，或请求列车调度员尽快安排腾空线路，为接触网抢修作业创造条件。

4. 抢修方案

（1）已判明故障性质及故障最小停电单元，短时内无法彻底恢复，但经确认或处理，满足机车车辆限界及惰行条件的，可采用最小故障停电单元停电，列车降弓惰行通过故障点的方式组织行车。

（2）对影响较小、恢复用时不长的故障，应组织一次性恢复到接触网正常技术状态。故障破坏严重，影响范围大，难以短时恢复到接触网正常技术状态的，宜采用分次恢复方式，即对故障临时处理后，开通线路，申请列车以限速、降弓惰行等方式通过故障地点，另行申请时间组织彻底恢复。

（3）采取列车降弓惰行运行时，降弓范围由现场抢修组提报，并应满足列车惰行运行要求。长距离降弓范围由铁路局抢修领导小组确定。

（4）接触网主导电回路线索断线，采取临时紧起、接续时，须加装电气短接线。短接线截面应不小于被连接导电线索的截面。

（5）抢修方案一经确定，一般不应变动。确需变动时，须报供电调度员，经铁路局抢修领导小组同意。

四、实训要求

（1）实训时间：根据课程标准设置要求。

（2）实训形式：实习指导教师统一讲解，学生理论学习，问答的形式进行实训。

（3）准备工作：接触网抢修应急处理相关资料；

（4）作业安全注意事项：无

五、实训作业步骤

1. 作业流程（如图 5-2-2 所示）

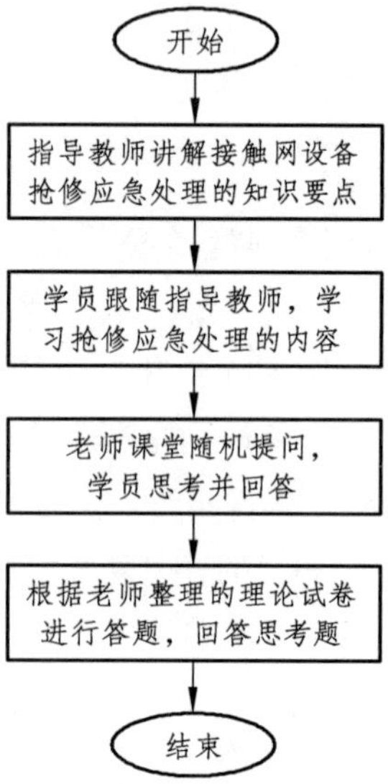

图 5-2-2　作业流程

2. 作业步骤（如表 5-2-1 所示）

表 5-2-1　作业步骤

序号	作业步骤
1	指导教师讲解接触网设备抢修应急处理的知识要点
2	学员跟随指导教师，学习抢修应急处理的内容
3	教师课堂随机提问，学员思考并回答，探讨式教学
4	根据教师整理的理论试卷进行答题，回答思考题

六、实训考核标准（如表 5-2-2 所示）

表 5-2-2　实训考核评分表

项目	考核内容及评分标准	配分	扣分情况
问答	对教师提出的问题进行解答，无法准确解答的扣 5 分	20	
	对教师整理的理论试卷进行答题	80	
总分		100	

七、思考题

（1）故障点查明后，现场抢修负责人将现场制定的抢修方案及需求上报到哪个部门?

（2）处理完毕后，现场抢修负责人及时向哪个部门汇报处理情况?

任务三　接触网断线故障处理作业

一、实训目的

（1）了解接触网断线的类型和基本知识。

（2）掌握接触网断线故障处理流程和注意事项。

二、思政目标

（1）树立标准化作业意识。

（2）具有团队合作、深入细致的工作精神。

（3）树立大局观念、时间观念，吃苦耐劳的精神。

三、理论链接

1. 接触线断线的四种情况

（1）烧断，主要是指电连接器接触不良、绝缘子击穿、吊弦、定位、电连接器、承力索脱落造成接触网对电力机车短路放电、电力机车顶绝缘子击穿爆炸造成接触网对机车大地短路烧断接触线等。

（2）拉断，主要是接触线局部磨耗超标、损伤超标、烧损未及时发现并处理造成拉断。

（3）机车受电弓剐断。

（4）接触线的接头线夹螺丝或线夹损伤造成接触线被拉断，或者某处接头线夹有严重硬点造成局部磨耗严重被拉断。

2. 接触线断线处理技术标准

为了尽快恢复供电，“先行供电、先通后复、先通一线”的原则快速进行抢修，抢修负责人指派人员分别向断线点两端巡视，根据巡视检查结果制定抢修方案。

（1）接触线接头、补强处过渡平滑。该处接触线高度不应低于相邻吊弦点，允许高于相邻吊弦点 0～10 mm，必要时加装吊弦。

（2）接触线接头：

①接触线线夹状态：无裂纹、破损，螺栓、弹垫、平垫螺母齐全、螺栓拧进灵活，装配方向正确；

②接头处接触线平直无弯曲，端部截面应为正截面（严禁斜截面），表面光洁，接头间隙不得超过 0.5 mm；

③螺栓紧固，扭矩为 44 N · m;

④接头线夹安装端正(接触线接头线夹与轨面连线垂直);

⑤接头线夹与相邻两吊弦均应保持 8～10 m;

⑥宜采用符合铁标的带附加导线的接头线夹;

⑦附加导线露头 5～10 mm。

（3）接头距定位点应不小于 2 m，同一跨距内不允许有两个接头。

3. 接触线断线处理关键作业流程

（1）安排人员到相应锚段关节处，检查补偿装置的动作情况，根据作业要求将补偿绳重新入滑轮并调整补偿装置。若坠砣落地，则将其扶起后用 Φ4.0 mm 镀锌铁线将其临时绑在锚柱上，并根据情况适当取下几块坠砣。同时还应派人检查相应锚段的中心锚结是否受损。

（2）利用一个接触线接头线夹对接式的接头方式。

这种方式适用于接触线两断头损伤较轻、需切除部份较少（切除接触线受损部分做好接头后不会造成大面积的定位器、吊弦、限制管等偏移严重超标）。

（3）处理接触线断头。

利用充电式液压接触线切刀切除接触线损伤部分并将两端部截面打磨平整光洁，如图 5-3-1 所示。

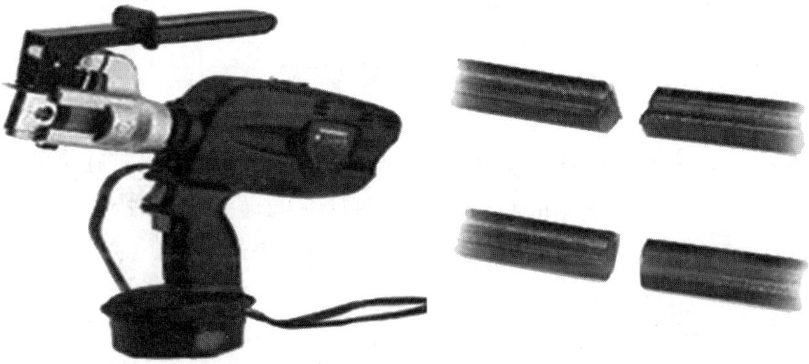

图 5-3-1　处理接触线断头

（4）分别在接触线两端合适位置安装一个紧线器，利用滑轮组将其连接;收紧滑轮组，使两接触线断头间的距离缩短。

（5）在接触线断头一端安装一个紧线器及接触线紧固夹具(端部卡入接触线紧固夹具内并将断头端对齐至紧固夹具中心线，固定夹具的调节旋钮和调节杆)，另一端安装一个紧线器，利用手扳葫芦将其相连接。

（6）收紧手扳葫芦后再松滑轮组，手扳葫芦继续紧线直至接触线两断头进入接触线紧固夹具内，将另一端接触线的端部卡入接触线紧固夹具内，继续紧线至做导线接头的合适位置；固定夹具的调节旋钮和调节杆，使接触线进行水平垂直调节，若接触线出现扭面现象，用扭面器处理。

（7）制作接触线接头。

（8）拆除手扳葫芦、紧固夹具、紧线器。

（9）利用接触线校直器对接触线安装紧线器处和其他弯曲处进行接触线校直，如图 5-3-2 所示。

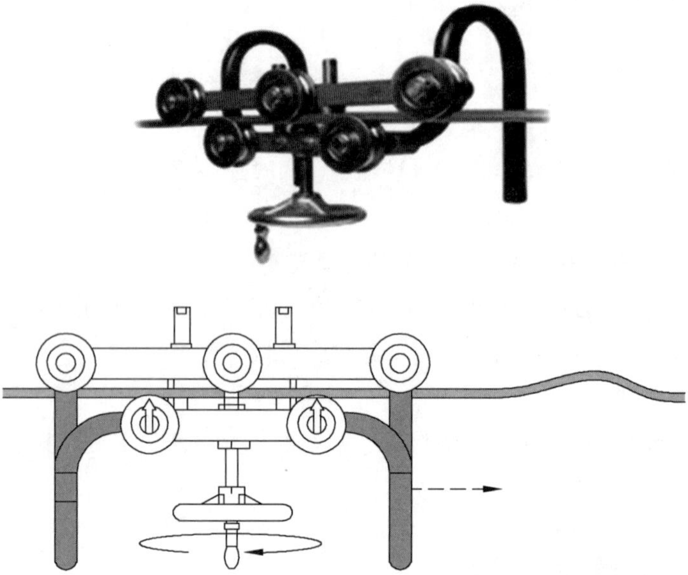

图 5-3-2　接触线校直

（10）在接头线夹一端距接头线夹 200 mm 处安装一根整体吊弦并调整接头线夹处接触线高度比相邻吊弦点高 0～10 mm，并将另一端的吊弦调整至离接头线夹不少于 8 m 处。

（11）利用扭面器调整接触线使接触线接头线夹不歪斜。

4. 接触线接头方式

利用两个接触线接头线夹和一段预制的新接触线与旧接触线对接式的接头方式，这种方式适用于接触线两断头损伤较严重需切除部份较多。

（1）处理接触线两断头，将接触线损伤严重的部分切除并将两断头端部截面打磨平整光洁。

（2）预制新的接触线作为断头连接线，新的接触线与被切除的接触线的长度大体一致（新连接线的型号和材料与被连接接触线一致），新接触线两端端部截面打磨平整光洁。

（3）在地面上，未紧线的情况下直接做新预制连接线与旧接触线的第一个对接式接头。

（4）再按照利用一个接触线接头线夹对接式的接头方式制作第二个接触线对接式接头（将新的连接线与另一端的旧接触线连接）。

（5）安装并调整吊弦使接头处导高及吊弦距接头间距满足要求，如图 5-3-3 所示。

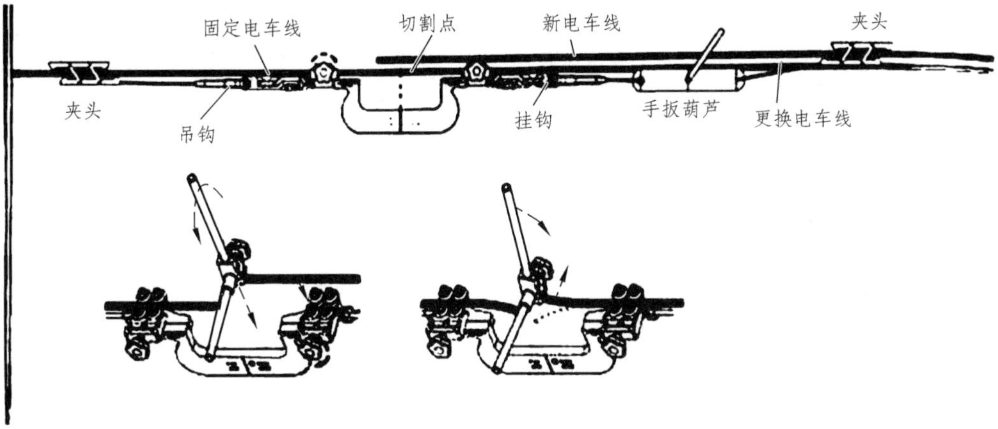

图 5-3-3　安装并调整吊弦

5. 恢复补偿装置

调整线索状态。

四、实训要求

（1）实训时间：根据课程标准设置要求。

（2）实训形式：实习指导教师统一讲解示范，学生分组练习，综合考核。

（3）准备工作：

①人员准备，人员清单如表 5-3-1 所示。

表 5-3-1　人员清单

序号	人员类型	数量	作业内容
1	作业人员	12	现场作业

②材料准备，材料清单如表 5-3-2 所示。

表 5-3-2　材料清单

序号	名称	规格	单位	数量	备注
1	接触线接头线夹		个	2	
2	整体吊弦		个	若干	
3	接触线		根	若干	
4	铁线	Φ 4.0	根	若干	
5	其他材料根据具体作业内容携带				

③工具准备，工具清单如表 5-3-3 所示。

表 5-3-3 工具清单

序号	名称	规格	单位	数量	备注
1	作业车(或车梯)		台	2	
2	钢丝套子	2 m	把	4	
3	紧线器	50～240	套	4	
4	手扳葫芦	3.0 T	台	2	
5	手扳葫芦	1.5 T	台	2	
6	接触线紧固夹具		套	1	
7	接触线扭面器		把	1	
8	木锤		把	1	
9	充电式液压切刀		台	1	
10	接触线正弯器	五轮式	台	2	
11	滑轮组	60 m	套	1	
12	接触网综合检测仪		台	2	
13	力矩扳手	0～100 N·m	个	若干	
14	平锉		把	2	
15	对讲机		个	若干	
16	绝缘手套		套	2	
15	绝缘靴		套	2	
17	防护旗		面	2	

（4）作业安全注意事项，如表 5-3-4 所示。

表 5-3-4 作业安全注意事项

序号	安全事项
1	作业人员必须严格执行“两穿三戴”
2	①防止作业范围不明造成触电； ②防止作业不标准造成触电； ③防止作业车平台转向带电设备； ④防止感应电伤害
3	①防止安全用具不良造成坠落； ②防止高空作业不设监护造成坠落； ③防止接触网作业车上下联控不到位造成坠落

续表

序号	安全事项
4	①防止封锁前上道被撞； ②防止防护措施不到位或防护人员失职造成现场人员被撞； ③防止未及时避让列车被撞； ④防止接触网作业车撞人； ⑤防止通信设备状态不良造成作业人员被撞
5	①防止抛掷工具材料伤人； ②防止作业不标准伤人

五、实训作业步骤

1. 作业流程（如图 5-3-4 所示）

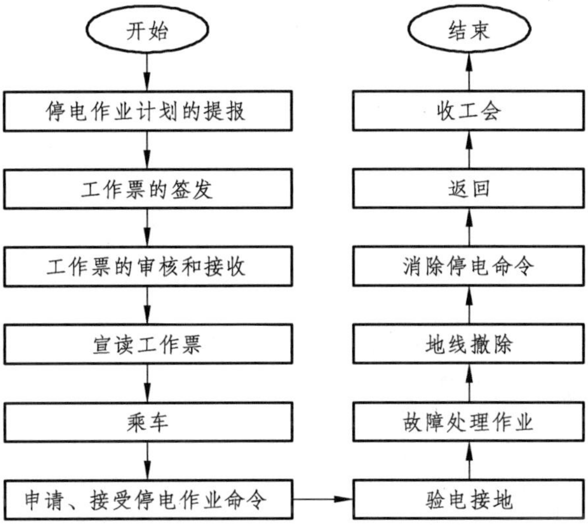

图 5-3-4　作业流程

2. 作业步骤（如表 5-3-5 所示）

表 5-3-5　作业步骤

序号	工作内容	工作要求	注意事项
步骤 1	停电作业计划的提报	工作领导人指定一名安全等级不低于三级的作业组成员作为要令人员，向供电调度员申请停电命令，并说明停电作业的范围、内容、时间、安全和防护措施等	
步骤 2	工作票的签发	根据作业类型签发相应工作票，填写 1 式 2 份，1 份由发票人保管，1 份交给工作领导人	①工作票签发人和工作领导人安全等级不低于四级； ②同一张工作票的签

续表

序号	工作内容	工作要求	注意事项
			发人和工作领导人必须由两人分别担当； ③工作票有效期不得超过3个工作日
步骤3	工作票的审核和接收	对工作票内容进行审核，审核无误后接收	工作领导人对工作票内容有不同意见时，应向发票人提出，经认真分析，确认无误后，签字确认
步骤4	宣读工作票	工作领导人提前组织作业组成员（含作业车司机）召开工前预备会，宣讲工作票并进行作业分工、安全预想，将本次作业任务和安全措施逐项分解落实到人，并进行针对性安全提示	有疑问时应及时提出，工作领导人组织答疑并确认无误
步骤5	乘车	登乘人员快速出动、就近上车原则，到达作业区段	
步骤6	申请、接受停电作业命令	申请、接受停电作业命令	
步骤7	验电接地	按命令验电接地，先验电，后接地；先安装接地端，再安装停电设备端	验电和装设、拆除接地线必须由两人进行，一人操作，一人监护
步骤8	故障处理作业	(1)检查补偿装置： 按照理论链接中的详细作业流程。 (2)利用1个接触线接头线夹对接式的接头方式，按照理论链接中的详细作业流程。 (3)利用两个接触线接头线夹和一段预制的新接触线与旧接触线对接式的接头方式。这种方式适用于接触线两断头损伤较严重需切除部分较多，按照理论链接中的详细作业流程。 (4)按照理论链接中的详细作业流程，恢复补偿装置，调整线索状态。	
步骤9	地线拆除	按命令拆除地线。先拆除停电设备端，再拆接地端	
步骤10	消除停电命令	作业完成后消除停电命令	
步骤11	返回	工作领导人确认进出网物品清点核对无误，所有人员料具无误后乘车返回	作业工具材料遗留在作业现场
步骤12	收工会	①所有作业人员全部返回工区后，由工作领导人组织召开作业收工会； ②对当日完成工作进行总结，指出当日作业中存在不足或好的方法	

六、实训考核标准（如表 5-3-6 所示）

表 5-3-6　实训考核评分表

完成时间：________ min

项目	序号	考核内容及评分标准	配分	扣分	得分	备注
准备工作	1	人员着装整齐，安全劳保用品齐全。个人着装、安全劳保用品一项不合格扣 2 分	10			
	2	制作工具材料型号选择正确、作业开始前摆放整齐，并进行检查。工具选错一项扣 2 分，未进行检查扣 2～5 分	10			
作业程序	1	按标准化作业要求进行，未按要求的，每项扣 5 分	40			
	2	接触网断线故障处理步骤未遵循注意事项的，出现一次扣 5 分				
安全及其他	1	出现意外伤害事故立即停止考核，成绩为不合格	40			
	2	作业过程中出现设备零件、工具损坏的，出现一次扣 10 分				
	3	考核时间为 10 min，每超时 1 min 扣 2 分，超时 5 min 停止考核				
合计			100			

七、思考题

（1）断线处理后，还需要做什么工作？

（2）如何制作接触线接头？

任务四　承力索断线故障处理作业

一、实训目的

（1）了解接触网应急故障处理流程。

（2）掌握承力索断线故障的处理流程和注意事项。

二、思政目标

（1）树立标准化作业意识。

（2）具有团队合作、深入细致的工作精神。

（3）树立大局观念、时间观念，吃苦耐劳的精神。

三、理论链接

为了尽快恢复供电，“先行供电、先通后复、先通一线”的原则快速进行抢修，抢修负责人指派人员分别向断线点两端巡视，重点检查中心锚节损坏情况，支撑装置，下锚补偿状态，补偿绳有无跳槽，滑轮有无破损(站场断线应检查相关联的线岔有无损坏情况)，根据巡视检查结果制定抢修方案。

1. 临时处理

（1）在承力索两断口分别安装紧线器，注意两断头是否在接触线同一侧，否则断线一方应翻线。挂上手扳葫芦和紧线器连在一器，紧手扳葫芦使承力索张力达到要求，可不做接头，多余长的链条必须盘好用铁线绑扎牢固，不得侵入受电弓包络线。最低接触线高度满足 5200 mm，并用一组电连接将接承力索断头电气导通，满足降弓通过条件，如图 5-4-1 所示。

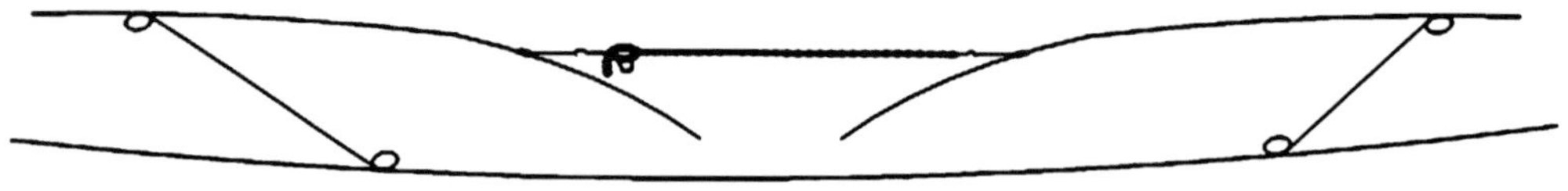

图 5-4-1　临时处理示意

（2）从故障点向两侧下锚方向进行巡视检查，确保中锚、腕臂、定位、吊弦、导线没有异常。对两侧关节及下锚坠砣进行检查，特别是断线侧关节和坠砣，确保关节尺寸符合要求，补偿不卡滞。

（3）按要求设置升降弓信号：降弓手信号人员设在距降弓点前方 350 m 处，升弓手信号人员设在降弓区段结束后 200 m 处，单线时要注意来车方向及时变动相互位置；升降弓标的安装位置要符合规定，如图 5-4-1 所示。

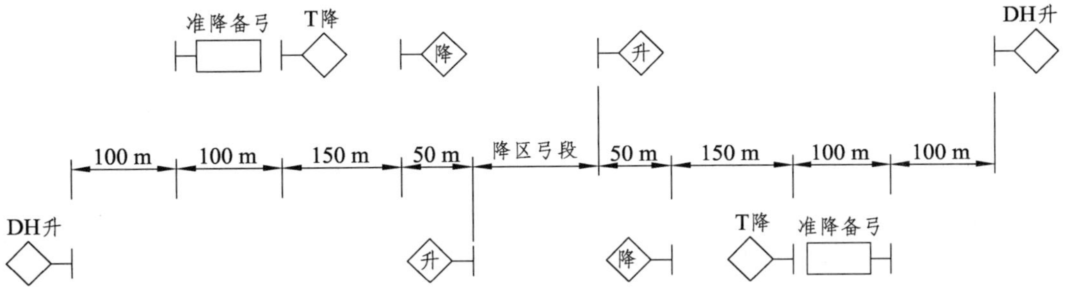

图 5-4-2　升降弓信号

（4）抢修工作完毕后，人员下网，清理现场工具、材料，拆除地线，消令送电。留人员在故障现场观察 1~2 趟列车运行情况。

2. 直接接头处理

（1）承力索断线后，断头处损伤长度短，仅需做一个接头的操作过程。安排人员到两端相应锚段关节处，检查补偿装置情况，补偿绳无跳槽，坠砣完好。在承力索两断口分别安装紧线器，注意两断头是否在接触线同一侧，否则断线一方应翻线。挂上手扳葫芦和紧线器连在一器，紧手扳葫芦使承力索张力达到要求，紧线时安排人员观察补偿滑轮情况无卡滞现象，如图 5-4-3 所示。

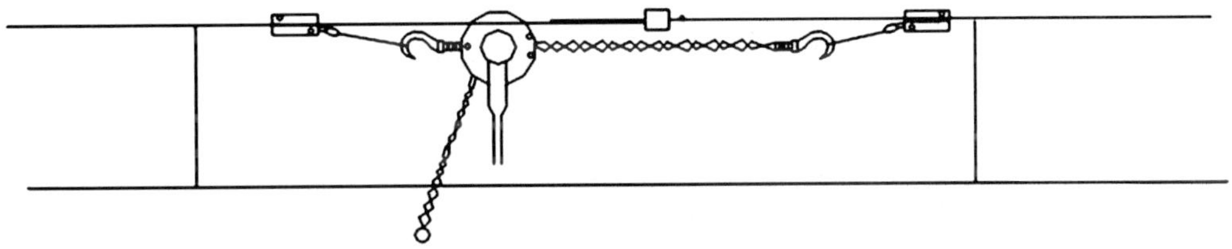

图 5-4-3　承力索断线直接处理

（2）接头时首先对两端承力索断头进行处理，保证承力索顺直，不扭曲和散股，然后在承力索两断口出做回头，并使用双环杆或者一段同材质同型号的承力索进行连接，并用一组电连接将承力索断头电气导通。

（3）接头做好后，先将紧线工具放松，使接头受力。检查接头质量，无误后，拆除紧线工具，检查因承力索断线波及的其它设备状态，安装更换损坏的吊弦，调整偏移大的定位点，使设备达到正常开通条件。

（4）从故障点向两侧下锚方向进行巡视检查，确保中锚、腕臂、定位、吊弦、导线没有异常。对两侧关节及下锚坠砣进行检查，特别是断线侧关节和坠砣，确保关节尺寸符合要求，补偿不卡滞。

（5）抢修工作完毕后，人员下网，清理现场工具、材料，拆除地线，撤除防护，消令送电。留人员在故障现场观察 1~2 趟列车运行情况

3. 断线长度大于两跨距离

（1）方案 1：将两边断头分别用手扳葫芦紧起临时锚固，采取降弓运行。卸掉承力索两边补偿器坠砣各几块，减小其张力，将两边断头利用手扳葫芦与接触线相连紧起，分别临时锚固在接触线上，加装电连接线保证主导电回路畅通；将断线区域的接触线用铁线固定在支撑装置上，保证接触线高度不低于 5200 mm。检查其它设备无异常，采取降弓通过的办法恢复行车，如图 5-4-4 所示。

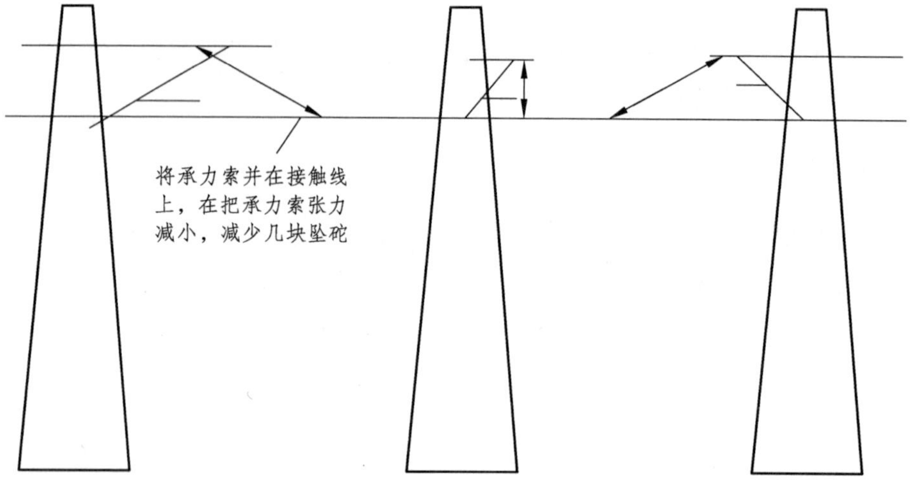

图 5-4-4　承力索断线处理方案 1

（2）方案 2：按照 200 m 断线接续方式进行操作：将损伤的断头部分在合适的位置用断线钳切掉；预制新承力索作为断头连接线；在地面直接做承力索一端头与断线承力索一端头的第一个接头，在新承力索另一端及断线承力索另一端合适位置，安装紧线器，用手扳葫芦与紧线器相连，开始紧线，确认其状态良好后逐步紧线，使承力索张力达到要求，做好第二个接头。紧线时安排人员观察补偿滑轮情况无卡滞现象。

（3）稍松一下手扳葫芦，使第二个接头受力，确认状态良好后并可靠后，撤除紧线工具。安装更换损坏的吊弦，检查因承力索断线波及的其它设备状态。

（4）从故障点向两侧下锚方向进行巡视检查，确保中锚、腕臂、定位、吊弦、导线没有异常。对两侧关节及下锚坠砣进行检查，特别是断线侧关节和坠砣，确保关节尺寸符合要求，补偿不卡滞。

（5）抢修工作完毕后，人员下网，清理现场工具、材料，拆除地线，撤除防护，消令送电。留人员在故障现场观察 1~2 趟列车运行情况。

四、实训要求

（1）实训时间：根据课程标准设置要求。

（2）实训形式：实习指导教师统一讲解示范，学生分组练习，综合考核。

（3）准备工作：

①人员准备，人员清单如表 5-4-1 所示。

表 5-4-1　人员清单

序号	人员类型	数量	作业内容
1	作业人员	12	现场作业

②材料准备，材料清单如表 5-4-2 所示。

表 5-4-1　材料清单

序号	名称	规格	单位	数量	备注
1	承力索接头线夹		个	2	
2	电联结		个	若干	
3	电联结线夹		根	若干	
4	双环杆		根	2	
5	双耳楔形线夹		套	2	
6	其他材料根据具体作业内容携带				

③工具准备，工具清单如表 5-4-3 所示。

表 5-4-3　工具清单

序号	名称	规格	单位	数量	备注
1	作业车（或车梯）		台	2	
2	钢丝套子	2 m	根	2	
3	紧线器	50～150	套	2	
4	手扳葫芦	3.0 T	台	2	
5	手扳葫芦	1.5 T	台	2	
6	开口扳手	450 mm	把	3	
7	滑轮组	60 m	套	1	
8	木锤		把	1	
9	充电式液压切刀		台	1	
10	接触网综合检测仪		台	2	
11	对讲机		个	若干	

续表

序号	名称	规格	单位	数量	备注
12	绝缘手套		套	4	
13	绝缘靴		套	4	
14	防护旗		面	2	

（4）作业安全注意事项，如表 5-4-4 所示。

表 5-4-4　作业安全注意事项

序号	安全事项
1	作业人员必须严格执行“两穿三戴”
2	①防止作业范围不明造成触电； ②防止作业不标准造成触电； ③防止作业车平台转向带电设备； ④防止感应电伤害
3	①防止安全用具不良造成坠落； ②防止高空作业不设监护造成坠落； ③防止接触网作业车上下联控不到位造成坠落
4	①防止封锁前上道被撞； ②防止防护措施不到位或防护人员失职造成现场人员被撞； ③防止未及时避让列车被撞； ④防止接触网作业车撞人； ⑤防止通信设备状态不良造成作业人员被撞
5	①防止抛掷工具材料伤人； ②防止作业不标准伤人

五、实训作业步骤

1. 作业流程(如图 5-4-5 所示)

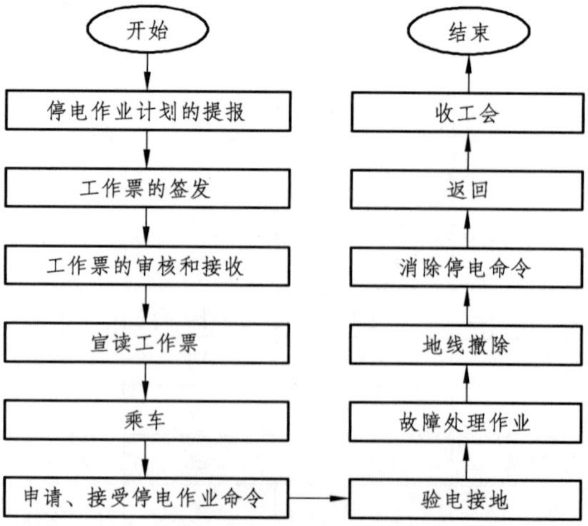

图 5-4-5　作业流程

2. 作业步骤（如表 5-4-5 所示）

表 5-4-5　作业步骤

序号	工作内容	工作要求	注意事项
步骤 1	停电作业计划的提报	工作领导人指定一名安全等级不低于三级的作业组成员作为要令人员，向供电调度员申请停电命令，并说明停电作业的范围、内容、时间、安全和防护措施等	
步骤 2	工作票的签发	根据作业类型签发相应工作票，填写 1 式 2 份，1 份由发票人保管，1 份交给工作领导人	①工作票签发人和工作领导人安全等级不低于四级； ②同一张工作票的签发人和工作领导人必须由两人分别担当； ③工作票有效期不得超过 3 个工作日
步骤 3	工作票的审核和接收	对工作票内容进行审核，审核无误后接收	工作领导人对工作票内容有不同意见时，应向发票人提出，经认真分析，确认无误后，签字确认
步骤 4	宣读工作票	工作领导人提前组织作业组成员（含作业车司机）召开工前预备会，宣讲工作票并进行作业分工、安全预想，将本次作业任务和安全措施逐项分解落实到人，并进行针对性安全提示	有疑问时应及时提出，工作领导人组织答疑并确认无误
步骤 5	乘车	登乘人员快速出动、就近上车原则，到达作业区段	
步骤 6	申请、接受停电作业命令	申请、接受停电作业命令	
步骤 7	验电接地	按命令验电接地，先验电，后接地；先安装接地端，再安装停电设备端	验电和装设、拆除接地线必须由两人进行，一人操作，一人监护
步骤 8	故障处理作业	故障处理作业流程依据理论链接中的流程	
步骤 9	地线拆除	按命令拆除地线。先拆除停电设备端，再拆接地端	
步骤 10	消除停电命令	作业完成后消除停电命令	
步骤 11	返回	工作领导人确认进出网物品清点核对无误，所有人员料具无误后乘车返回	作业工具材料遗留在作业现场
步骤 12	收工会	①所有作业人员全部返回工区后，由工作领导人组织召开作业收工会； ②对当日完成工作进行总结，指出当日作业中存在不足或好的方法	

六、实训考核标准（如表 4-5-6 所示）

表 4-5-6　实训考核评分表

完成时间：________ min

项目	序号	考核内容及评分标准	配分	扣分	得分	备注
准备工作	1	人员着装整齐，安全劳保用品齐全。个人着装，安全劳保用品一项不合格扣 2 分	10			
	2	制作工具材料型号选择正确、作业开始前摆放整齐，并进行检查。工具选错一项扣 2 分，未进行检查扣 2～5 分	10			
作业程序	1	按标准化作业要求进行，未按要求的，每项扣 5 分	40			
	2	承力索断线故障处理步骤未遵循注意事项的，出现一次扣 5 分				
安全及其他	1	出现意外伤害事故立即停止考核，成绩为不合格	40			
	2	作业过程中出现设备零件、工具损坏的，出现一次扣 10 分				
	3	考核时间为 10 min，每超时 1 min 扣 2 分，超时 5 min 停止考核				
合计			100			

七、思考题

（1）断线处理后，还需要做什么工作？

（2）如何制作承力索接头？

附件

附件 1　接触网第一种工作票

__________工区　　　　　　　　　　　　　　　　　　　　　　　　第　　　号

封锁范围				发票人	
作业范围					
作业内容				发票时间	
工作票有效期	自　年　月　日　时　分至　年　月　日　时　分止				
工作领导人	姓名：	安全等级：			
作业组成员姓名及安全等级（安全等级写在括号内）	（ ）	（ ）	（ ）	（ ）	（ ）
	（ ）	（ ）	（ ）	（ ）	（ ）
	（ ）	（ ）	（ ）	（ ）	（ ）
	（ ）	（ ）	（ ）	（ ）	共计：　人
需停电的设备					
装设接地线的位置					
作业范围防护措施					
其他安全措施					
变更作业组成员记录					
工作票结束时间	年　月　日　时　分				
工作领导人（签字）			发票人（签字）		

说明：本票用白色纸印绿色格和字。规格：A4

附件 2　接触网第二种工作票

__________工区　　　　　　　　　　　　　　　　　　　　　　　第　　　号

<table>
<tr><td>作业地点</td><td colspan="4"></td><td>发票人</td><td></td></tr>
<tr><td>作业内容</td><td colspan="4"></td><td>发票时间</td><td></td></tr>
<tr><td>工作票有效期</td><td colspan="6">自　　年　月　日　时　分至　　年　月　日　时　分止</td></tr>
<tr><td>工作领导人</td><td colspan="6">姓名：　　　　　　安全等级：</td></tr>
<tr><td rowspan="5">作业组成员姓名及安全等级（安全等级填在括号内）</td><td>（ ）</td><td>（ ）</td><td>（ ）</td><td>（ ）</td><td colspan="2">（ ）</td></tr>
<tr><td>（ ）</td><td>（ ）</td><td>（ ）</td><td>（ ）</td><td colspan="2">（ ）</td></tr>
<tr><td>（ ）</td><td>（ ）</td><td>（ ）</td><td>（ ）</td><td colspan="2">（ ）</td></tr>
<tr><td>（ ）</td><td>（ ）</td><td>（ ）</td><td>（ ）</td><td colspan="2">（ ）</td></tr>
<tr><td>（ ）</td><td>（ ）</td><td>（ ）</td><td>（ ）</td><td colspan="2">共计：　　人</td></tr>
<tr><td>绝缘工具状态</td><td colspan="6"></td></tr>
<tr><td>安全距离</td><td colspan="6"></td></tr>
<tr><td>作业区防护措施</td><td colspan="6"></td></tr>
<tr><td>其他安全措施</td><td colspan="6"></td></tr>
<tr><td>变更作业组成员记录</td><td colspan="6"></td></tr>
<tr><td>工作票结束时间</td><td colspan="6">年　　月　　日　　时　　分</td></tr>
<tr><td>工作领导人（签字）</td><td colspan="2"></td><td>发票人（签字）</td><td colspan="3"></td></tr>
</table>

说明：本票用白色纸印红色格和字。规格：A4

附件 3　接触网第三种工作票

__________工区　　　　　　　　　　　　　　　　　　　　　　　　　　　　　　　第　　　号

<table>
<tr><td>作 业 地 点</td><td colspan="3"></td><td>发　票　人</td><td></td></tr>
<tr><td>作 业 内 容</td><td colspan="3"></td><td>发 票 时 间</td><td></td></tr>
<tr><td>工作票有效期</td><td colspan="5">自　年　月　日　时　分至　年　月　日　时　分止</td></tr>
<tr><td>工 作 领 导 人</td><td colspan="3">姓名：</td><td colspan="2">安全等级：</td></tr>
<tr><td rowspan="5">作业组成员姓名及安全等级(安全等级填在括号内)</td><td>(　)</td><td>(　)</td><td>(　)</td><td>(　)</td><td>(　)</td></tr>
<tr><td>(　)</td><td>(　)</td><td>(　)</td><td>(　)</td><td>(　)</td></tr>
<tr><td>(　)</td><td>(　)</td><td>(　)</td><td>(　)</td><td>(　)</td></tr>
<tr><td>(　)</td><td>(　)</td><td>(　)</td><td>(　)</td><td>(　)</td></tr>
<tr><td>(　)</td><td>(　)</td><td>(　)</td><td>(　)</td><td>共计：　人</td></tr>
<tr><td>安 全 措 施</td><td colspan="5"></td></tr>
<tr><td>变更作业组成员记录</td><td colspan="5"></td></tr>
<tr><td>工作票结束时间</td><td colspan="5">年　月　日　时　分</td></tr>
<tr><td>工作领导人(签字)</td><td colspan="2"></td><td colspan="2">发票人(签字)</td><td></td></tr>
</table>

说明：本票用白色纸印黑色格和字。规格：A4

参考文献

[1] TB/T 2075.1～2075.23-2010，电气化铁路接触网零部件：中华人民共和国铁道部，2010.

[2] TG/GD108-2014，高速铁路接触网安全工作规则，2014.

[3] TG/GD106-2014，高速铁路接触网故障抢修规则，2014.

[4] 朱申，谢奕波. 接触网. 中国铁道出版社，2008.

[5] 马玲. 牵引供电规程与规则. 中国铁道出版社，2000.